El Árbol del Paraíso

Amador Vega

Ramon Llull
y el secreto de la vida

Ediciones Siruela

En cubierta: Ilustración de *Opera Latina (Breviculum)*,
Karlsruhe, tomo I, figura V
Colección dirigida por Jacobo Siruela
Diseño gráfico: G. Gauger & J. Siruela
© Amador Vega Esquerra, 2002
© De sus traducciones, Amador Vega Esquerra,
Martín de Riquer, Ana María de Saavedra
y Francisco de P. Samaranch
© Ediciones Siruela, S. A., 2002
Plaza de Manuel Becerra, 15. «El Pabellón»
28028 Madrid. Tels.: 91 355 57 20 / 91 355 22 02
Telefax: 91 355 22 01
siruela@siruela.com   www.siruela.com
Printed and made in Spain

Índice

Ramon Llull
y el secreto de la vida

Ramon Llull
y el secreto de la vida

A Victoria Cirlot

Introducción

Hace ahora diez años escribí mi primer estudio sobre Ramon Llull, resultado de los tres que pasé como investigador en el Raimundus-Lullus-Institut de la Universidad de Friburgo de Brisgovia, en Alemania. A pesar del excelente equipo de profesores y estudiosos que me rodearon durante aquel tiempo, y de una espléndida biblioteca que contiene las fuentes principales para el estudio de la filosofía medieval, no podía ver entonces el alcance del inmenso proyecto científico y espiritual que se esconde en las cerca de trescientas obras escritas por Llull en catalán, latín y árabe. Ya en el siglo XVIII, Ivo Salzinger realizó una edición de las Obras latinas (Editio Moguntina) de Llull en Alemania al amparo del príncipe elector Johann Wilhelm von den Pfalz. Durante siglos ha sido la referencia ineludible, pero en tiempos más recientes se ha visto la necesidad de contar con un corpus de textos fijados, lo que inició la etapa de las ediciones críticas de obras completas en latín y catalán, pues hasta el momento no se ha encontrado ningún manuscrito en árabe. Después de algunos primeros intentos frustrados en Mallorca, fue el profesor Friedrich Stegmüller, de la Universidad de Friburgo, quien se propuso la edición íntegra de la Obra latina de Llull, con lo que a su vez daba comienzo la lenta elaboración de un catálogo de las obras, que aún hoy sigue su curso de forma ininterrumpida desde hace ya más de cuarenta años; a ello se ha sumado más recientemente la edición crítica de las obras en catalán. Por lo que respecta a los estudios, tras un primer momento de fascinación por el lenguaje simbólico del «ars combinatoria», que atrajo poderosamente a filósofos como Nicolás de Cusa, Giordano Bruno, Pico della Mirandola, o los proyectos de una «lingua universalis» que ocuparon entre otros a G. W. Leibniz, hasta los últimos trabajos que ven en Llull a un predecesor del moderno lenguaje informático, los estudios se han ocupado de los más diversos aspectos de su original pensamiento.

El impacto del pensamiento de Llull en Europa, al igual que el de su coetáneo el Maestro Eckhart en los países germánicos o de Dante en

Italia, se debe principalmente a que abrió el discurso filosófico a las lenguas vulgares. La incipiente capacidad creativa de un lenguaje surgido de la experiencia, que se venía gestando en los movimientos espirituales europeos ya desde el siglo XII, había de trastocar los anteriores modos de pensamiento y expresión. Si al valor de la experiencia visionaria añadimos su voluntad de comunicación, nos hallamos ante un proyecto de hermenéutica espiritual con proyección universal. Este libro quiere ofrecer una interpretación del pensamiento filosófico y religioso de Llull a la luz del estudio de una obra considerada como autobiográfica, en donde se registran los momentos más decisivos de su itinerario espiritual y existencial, en clave simbólica. De esta manera, en una primera parte se vincula el surgimiento de una gran obra escrita a la necesidad de comprensión de la propia experiencia extraordinaria. Una segunda parte desarrolla la teoría de la contemplación mística y en la tercera se estudian los diversos usos del lenguaje empleados por Llull; para finalizar se incluye una selección de textos representativos de los aspectos analizados en el presente estudio, que intentan dar muestra de la riqueza de su expresión.

Durante el mes de junio de 2000 visité de nuevo el Lullus-Institut para preparar el presente manuscrito; a su director actual, el profesor Peter Walter, deseo expresar aquí mi reconocimiento por su amable acogida; y a Raquel Bouso, investigadora de mi universidad, por su ayuda con la informática en la redacción final, así como también a los profesores Lluís Duch, Blanca Garí (Barcelona) y Antonio Rigo (Venecia) por haberme proporcionado materiales diversos para mi investigación, y de forma especial a Joan Esquerra i Tuñí, que me regaló su vieja edición de las obras de Llull, y a Miguel Dalmau, con quien he visitado la costa norte de Mallorca. No puedo olvidar que, desde que inicié mis estudios sobre mística y filosofía medieval, son varias las personas a las que debo mi sincero reconocimiento: a los que fueron mis profesores en la Universidad de Friburgo: Klaus Jacobi (Filosofía), Charles Lohr (Teología) y Bernhard Uhde (Historia de las Religiones), de quienes adquirí los instrumentos para enfrentarme a un mundo tan complejo; hay dos personas a quienes debo mis mejores conversaciones y orientaciones desinteresadas sobre Ramon Llull: Jordi Gayà (Roma) y Fernando Domínguez Reboiras, este último investigador principal del Raimundus-Lullus-Institut y responsable de la edición latina de sus obras. Un agradecimiento muy especial le debo a mi amigo Wulf Oesterreicher, en la actualidad director del

Departamento de Lenguas Románicas de la Universidad de Munich, pero que antes fue profesor en Friburgo, y de quien aprendí mucho, con quien hablé incansablemente, paseé y disfruté de la vida en la Selva Negra; sin su generosidad, apoyo y confianza no hubiera sido capaz de realizar mis proyectos de entonces. Pero no hubiera escrito este libro de ahora de no ser por la feliz idea que dos años atrás tuvieron Victoria Cirlot y Jacobo Stuart, gracias a tal iniciativa he podido volver a sentir la belleza de la obra de Ramon Llull.

Primera parte
El secreto de la vida

En el diálogo entre lo visible y lo invisible o, en los términos empleados por Llull, entre lo sensible y lo inteligible o espiritual[1], obtenemos el marco hermenéutico de nuestra comprensión del mundo, de las cosas del mundo y de nosotros mismos con respecto al mundo. Esa tierra intermedia, que señala por arriba y por abajo los límites del conocimiento posible[2], se constituye como el fundamento de la experiencia individual y el lugar en el que el yo con vocación de autocomprensión recorre el laberinto de la vida entre dos puntos que marcan la búsqueda y el encuentro de su propio ser constantemente desplazado. Pero sólo mientras la experiencia individual gana su comprensión en el horizonte histórico de lo universal, puede llamarse también vida. En ocasiones, además, la vocación individual se esfuerza por hacer extensivo el significado de su vida a la expresión literaria, y sólo entonces, también, se configura el mundo de la comprensión simbólica de la vida. En tales casos, la experiencia alcanzada en el marco de lo universal vuelve a ocultarse a los ojos de los meros hechos de la historia subjetiva, para emerger en la forma expresa de la vida teórica. A partir de entonces, la propia vida se muestra como un secreto que debe ser comprendido a la luz de la dimensión transhistórica del misterio, a cuyo definitivo desvelamiento se accede desde la conversión de la propia vida en un modelo de sabiduría o, en el contexto del cristianismo medieval, en un modelo de santidad[3]. Es desde esta perspectiva desde la que llevamos a cabo la lectura de la vida de Ramon Llull, teniendo presente la estrecha relación que se ha dado en algunos autores medievales entre vida y lectura[4], de modo que experiencia y comprensión puedan ser también vistas como dos niveles que se alternan en el curso de la existencia y se iluminan mutuamente.

Conversión: 1232-1263

Cuando, pasados los ochenta años de edad, Ramon Llull (Mallorca

1232-1316) se dispone a narrar los acontecimientos más señalados de su existencia en el mundo a los monjes de la Cartuja de Vauvert en París, y que constituye la base de la *Vida coetánea* (Vita coaetanea) o *Vita Beati Raimundi Lulli*[5] –texto aceptado como autobiográfico–, se encuentra en una situación semejante a la de san Agustín cuando escribió sus *Retractationes*. Al final de la narración, y con una clara voluntad testamentaria, Llull incluye una lista de 124 obras escritas, indicando los lugares (París, Génova y Mallorca) en donde quiere que se conserven copias manuscritas de las mismas[6]. El autor tiene conciencia del tiempo transcurrido desde su ya lejana conversión hacia los treinta años de edad, y la lista se presenta como el resultado de una evolución histórica que debe ser mostrada, a causa de una cierta necesidad por relacionar vida y obra escrita. Pero en su caso, a diferencia de Agustín de Hipona, probablemente la intención general no fuese corregir algunas opiniones y limar algunas posiciones polémicas sobre las cuestiones del dogma cristiano con quienes había disputado y conversado, por escrito y de viva voz, en sus misiones políticas y apologéticas por Europa, el norte de África y el Mediterráneo oriental. Más bien observamos el imperativo por comprender un itinerario personal, recuperar un tiempo de la vida, al trazar un modelo propio, seguramente en conversación con los auditores y copistas de esta obra, los monjes cartujos de París, pero principalmente consigo mismo muy pocos años antes de morir. Frente a otras formas del discurso religioso y eclesiástico, se trata aquí del «discurso de la confesión»[7], ante Dios y ante los hombres, en un esfuerzo por adquirir consciencia subjetiva[8]. Los historiadores han destacado el valor político y propagandístico de este documento, pero ello sólo constituye la mitad de su verdad[9]. En efecto, al final de su vida, Llull había conseguido hacerse oír por las personalidades políticas y religiosas más destacadas de la época y, aprovechando la ocasión de su visita al concilio de Vienne (1311-1312), volvía con insistencia sobre las principales obsesiones que habían marcado su vida religiosa, especialmente la necesidad de la predicación en tierra de infieles.

El texto de la *Vita* mezcla hábilmente los temas de los principios doctrinarios y filosóficos con los momentos decisivos de su existencia, es decir, muestra el valor de autocomprensión de la experiencia a la luz del horizonte cultural e histórico. Con ello se ofrecía un modelo simbólico de santidad con valor universal, de modo que la exposición del camino de la conversión se elevara a un modelo de sabiduría válido en modelos culturales diferentes[10]. El relato[11], en tercera persona, comienza autorizando la escritura de los principales hechos:

A honor, gloria y amor del solo Señor Dios nuestro Jesucristo, vencido de la instancia de ciertos amigos suyos religiosos, narró Ramon y permitió que fuera escrito lo que aquí sigue sobre su conversión a penitencia y sobre algunos hechos suyos (Vita 1).

Lo que los monjes de París escriben, con el permiso de Llull, es su retorno a Dios iniciado tantos años atrás, siendo Ramon un hombre pecador que había amado los placeres del mundo. La *Vita* da comienzo con la narración de su «conversión a penitencia» y marca el nacimiento del hombre nuevo. La conversión indica también la consciencia de pecado que se eleva en el sujeto que conversa consigo mismo, con Dios o con los monjes cartujos, y que vierte su vida pasada hacia un futuro en el que ha depositado su fe, lanzando así la vida por encima del presente.

Entre 1232, año del nacimiento de Ramon Llull en Mallorca, y 1263, fecha de las primeras visiones, transcurre el primer período significativo de la *Vita*. El texto apenas nos dice nada de la principal actividad de Ramon antes de su conversión. El único dato con el que se inicia el relato, y del que se quiere dejar clara constancia, es su conocimiento del arte de «trobar»[12] y componer canciones de amor:

Siendo Ramon senescal de mesa del rey de Mallorca, joven aún, y harto dado a componer vanas cantilenas o canciones y a otras liviandades del siglo, estaba sentado una noche junto a su cama, dispuesto a componer y a escribir en su vulgar una canción sobre cierta dueña a quien entonces amaba con amor desatinado. Mientras comenzaba, pues, a escribir la predicha canción, mirando a la diestra vio a nuestro Señor Jesucristo, como pendiente en la cruz. Habiéndolo visto, sintió temor, y, dejado lo que tenía en manos, entró en su lecho para dormir (Vita 2).

Las imágenes del manuscrito de Karlsruhe[13] nos muestran a Ramon sentado junto al lecho, en el mismo acto de la composición poética, mientras eleva la mirada hacia el lugar de la habitación en donde aparecen las visiones de Cristo en la cruz, que se repetirán cinco veces durante los días siguientes, hasta que finalmente «entiende con toda certeza» el viraje al que se habrá de someter su vida, por ser «voluntad de Dios que Ramon dejara el mundo y sirviera totalmente desde entonces de corazón a Cristo»[14]. A partir de aquel momento tan sólo tres propósitos iluminarán y justificarán su existencia: aceptar la muerte por Cristo, convirtiendo a su servicio a los infieles; escribir el mejor libro del mundo contra los errores de éstos; así como promover la fundación de monasterios para que en ellos se aprendieran diversos lenguajes de los sarracenos y de otros. El orden en el plan que se propone llevar a cabo, y que muy probablemente no estuviera tan bien definido en el momento de su conversión, expresa el ritmo que impregna toda la vida: martirio (consciencia religiosa), escritura (formación) y fundación de monasterios (necesidad de la predicación). En cierto modo, la *Vita* muestra que ya desde el comienzo se ha comprendido toda la existencia venidera a la luz de aquellos primeros planes.

De los tres propósitos, la escritura del libro sería la que había de marcar la actividad fundamental de su vida. La escritura es el vehículo que enlaza la vida profana con la vida religiosa, en ella se cobija el «cambio del centro emocional»[15], pero la tarea de la vida seguirá siendo en cierto modo la misma: como forma de alabanza al amor fatuo o como invocación al amor divino. En Llull es el amor profano el que dará sentido al amor divino y en el ejercicio continuado de la escritura, como en una inmensa plegaria, todo se hará presente. Desde aquel momento, su único objetivo es Dios. Lo que la narración refiere cumple el deseo de la reintegración en lo divino. Como se ve mejor en el *Llibre de contemplació en Déu*, la segunda obra que escribirá tras estos hechos y la principal de todo el conjunto, Llull quiere devolver al creador todo lo que él es, lo poco o lo mucho que ha conseguido hacer de sí mismo, y en el proyecto coimplica también a Dios, en esa extraña conjunción en la que el místico suele hablar y conversar con el Otro. Con su escritura devuelve la parte humana del plan divino que se ha encarnado y hecho real en él. Es la búsqueda de la palabra poética la que le conduce a la visión del Crucificado. En esto podría verse un rasgo característico de la poesía trovadoresca, entendida como una «peregrinación interior» motivada por el rostro de la amada, lo cual conectaría este tipo de poesía con la literatura mística[16].

La primera llamada a la penitencia se sitúa en el ámbito de la búsqueda, sea ésta de la amada o de Dios. Lo decisivo es que ya hay una vía abierta a una realidad más allá del yo: la búsqueda del otro, empleando todos los medios de la propia existencia, aun cuando dicho empeño ponga en conflicto la norma familiar o transgreda la ley social, pues en cierto modo así lo exige este radical principio de la vida religiosa[17]: la salida de sí y el abandono de la tierra conocida, según el modelo abrahámico de religión. Es también la disposición básica a un cambio de consciencia la que favorece la conversión y la transformación del rostro de la amada en el rostro de Dios. El tiempo de la conversión converge así con el tiempo de la escritura. El hecho de la visión, lejos de promover un mundo de fantasía e irrealidad[18], transforma el desorden de la vida y el estado de pecado en atención y, según una larga tradición, en vida de oración, convirtiendo la medida vulgar del tiempo en un nuevo comienzo creador del que el imperativo de la nueva escritura será su primer resultado. La escritura funciona así como una suspensión en donde confluyen el tiempo viejo y el tiempo nuevo. La repetición de las imágenes de Cristo en la cruz, que Llull sufre mientras se esfuerza inútilmente por retornar a su actividad anterior, forma parte de un tiempo continuo, pero la llamada tiene lugar en este mundo como referencia ineludible para el otro. No hay conversión sin transformación, de ahí que no cabe tanto hablar de novedad, sino de nueva comprensión de lo ya existente. Hay un cambio en la dimensión, en la perspectiva, que es lo que constituye la vía religiosa frente a la vida sin Dios, pero la naturaleza de su carácter no cambiará: el fundamento es el amor, con la misma intensidad y pasión, antes y después.

Si Llull da comienzo a su historia con la conversión y las visiones, evitando todo detalle sobre la vida anterior, no constituye un modelo retórico, sino el fundamento de una experiencia de verdad, inmutable, siempre igual y con una importante carga simbólica, pues al mismo tiempo quiere asumir y ofrecer el modelo cristológico[19] de redención, en un lenguaje universal en el que puedan inscribirse las historias personales de todos los hombres con voluntad de arrepentimiento y conversión a Dios, anulando así todos los pasados individuales. Si en cierto modo toda conversión necesita de una confrontación básica con la muerte o el sufrimiento[20], se hace plausible pensar que ese fondo de realidad al que despierta la consciencia[21] está estrechamente asociado en Llull a la muerte del amor egoísta que le permite una apertura del yo real. De la misma manera que sin consciencia de caída no hay apertura a la salvación, se precisa también la presencia del amor pecaminoso, de la lujuria, sin la cual no hay sufrimiento y sin cuya experiencia dolorosa –que lleva en sí la ausencia del amor «sin porqué»[22]– no hay consciencia de finitud y de muerte y tampoco conversión[23]. La conversión es un estado absolutamente nuevo sólo en la medida en que a partir de la muerte espiritual pueda surgir la nueva comprensión, súbita, de la condición de pecado y de ahí su inmediata sanación. En Llull el sufrimiento por el amor impuro es la clave para la «imitatio Christi».

La «conversión a penitencia» no llama la atención sobre el hecho de la vida según la carne, de la que Llull parece que disfrutó ampliamente en su juventud[24]; más bien el núcleo del pecado hay que localizarlo en el olvido de Dios, a causa de la «concupiscentia carnis» agustiniana que condena al yo a preferir su propia voluntad frente a la de Dios[25], como se ve en el siguiente fragmento del *Llibre de contemplació en Déu*:

He sido loco desde el comienzo de mis días hasta que pasé los treinta años, en que empecé a recordar vuestra sabiduría y tuve deseo de daros alabanza y recuerdo de vuestra pasión. Pues así como el sol tiene mayor fuerza en el mediodía, así yo he sido loco y con poca sabiduría hasta la mitad de mi edad[26].

Si el autor se propone reconstruir unos hechos de la vida a partir de una formulación que se haga comprensible a los otros, entonces hay que disponer de un marco en el que la historia individual pueda ser leída en el horizonte de la historia mítica de los hombres. En el inicio, pues, el pecado del olvido de Dios remite a un estado de caída. El mito sitúa un nuevo origen, pero además ofrece un modelo de comprensión: en un «illud tempus» el hombre tenía conocimiento inmediato de Dios. Su olvido no procede de la pasión por los sentidos, sino de la atención única al yo; de ahí que en el marco de comprensión de la espiritualidad cristiana, la conversión se explique a partir del «olvido de sí» con objeto de rescatar la memoria de Dios[27].

Una vez que la certeza de la nueva vida en Dios ha penetrado todos sus sentidos, la *Vita* nos cuenta cómo, tomada la primera decisión de ofrecer su vida en martirio[28], Llull se sintió enseguida desanimado al recordar que carecía de todo medio para llevar a cabo tal misión entre los sarracenos:

Pero, en esto, volviéndose a sí mismo, entendió estar falto de toda ciencia para tan alto negocio, como quien ni tan sólo en gramática aprendiera sino acaso muy poco. Por lo cual, consternado en su pensamiento, comenzó a dolerse sobremanera (Vita 5).

La nueva consciencia de sí, sustentada sobre la experiencia de la conversión, necesitaba sin embargo de un marco real que diera sentido a los próximos años, marcando el nuevo horizonte histórico de comprensión. La certeza de la experiencia radical ha de ser expresada a través del único medio conocido: la escritura del «mejor libro del mundo». Pero la imposibilidad de llevar a término este propósito se hace visible a causa de su ignorancia también en cuestiones de teología. Falta entonces el medio de comunicación.

La obra está llena de elementos que muestran la irresistible voluntad del autor, o los autores anónimos, por permanecer en el mundo de lo paradójico. La primera imposibilidad se resuelve en una nueva imposibilidad: la predicación escrita y oral en lengua árabe. Pero la decisión ha de demorarse, hasta que llegada la festividad de San Francisco, escuchando un sermón en el convento de los frailes Menores, incitado por el ejemplo del santo, resolvió hacer irreversible su decisión. Entonces, se abre por delante un período de once años durante los cuales Llull va a adquirir la formación necesaria para la comprensión de sí mismo[29].

Formación: 1263-1274

El primer paso para acercar el horizonte autoimpuesto es la peregrinación a los santos lugares de Santa María de Rocamadour, en Francia, y Santiago de Compostela (1263-1264), cumpliendo con el requisito de pobreza: el abandono de lo familiar y de lo propio. Con ello se significa un nuevo abandono del yo, que crea un espacio vacío y cumple la función de una ascesis preparatoria, anterior a la gran aventura intelectual que se dibujaba por delante. La partida vuelve a situarlo todo en un grado cero: no hay huida del mundo sino inmersión en su incomprensión y en su misterio. Llull se lanza a la aventura de la vida dictada desde el cielo y este paso inicia el nacimiento de la vida secreta hasta el tiempo de la «iluminación de Randa», en donde se le revelarán la «forma y manera» de escribir el libro. A su retorno de la peregrinación tiene intención de marchar a París, dice la *Vita*, para adquirir una formación académica de la que carecía, pero a su paso por Barcelona encuentra a Raimon de

Penyafort, General de la orden de los Predicadores, que le desaconseja vivamente tal aventura, recomendándole en cambio que retorne a Mallorca, en donde encontrará una formación más adecuada para sus planes. Llull se proponía buscar y encontrar un método alternativo que le otorgara autoridad para superar su déficit académico[30]:

Y al llegar allá, dejando el tren de vida tan fastuoso usado hasta entonces, se vistió un hábito vil de paño, el más grosero que pudo encontrar, y así, en la misma ciudad, estudió un poco de gramática y, habiéndose comprado allí mismo un sarraceno, aprendió de él la lengua arábiga (Vita 11).

Entre 1265 y 1274 transcurren nueve años de un silencio altamente significativo, dado que se reduce expresamente todo magisterio a la enseñanza de la lengua, es decir, al vehículo de transmisión y predicación que había de emplear en adelante. En las largas conversaciones con su esclavo, quizás de origen culto, además de la lengua pudo adquirir los conocimientos básicos de la teología islámica[31]. Como si de una necesidad de hacer desaparecer las pistas de su formación se tratara, la *Vita* resuelve el trágico episodio en el que el sarraceno intenta matar a Llull con el suicidio de aquél en la prisión. Descargado pues de toda responsabilidad para con quien tanto le había enseñado, Ramon se estrena como autor.

Cuando durante aquellos años de formación y estudio (1265-1274), entre los 33 y 42 años de edad, Llull escribe sus dos primeras obras[32]: el *Compendium logicae Algazelis/Lògica del Gatzel* (1271-1272) y el *Llibre de contemplació en Déu* (1274), esta última su mayor creación literaria, es todavía un hombre en busca de comprensión para su experiencia visionaria. Han pasado once años desde aquel arrebato de amor que lo lanzó a la peregrinación y al retiro, pero aún comparte la casa familiar de Ciudad de Mallorca con su esposa Blanca y los dos hijos: Domingo y Magdalena. Entretanto se ha convertido en un «contemplativus», como lo llama su mujer con despecho[33]. Estas dos primeras obras fueron escritas en árabe, aunque en la actualidad sólo se conservan copias en latín y en catalán, probablemente traducidas por el mismo Llull. Ambos escritos, pero especialmente el segundo, son una muestra de lo que podemos llamar el lenguaje de la revelación interior, que le ofrecerá el modelo para la predicación exterior. En realidad, los contenidos teóricos de esta experiencia interior son muy simples y Llull se esfuerza por enmarcarlos en un contexto y un lenguaje prestigiosos, tanto de la tradición cristiana como islámica. En ambas obras la influencia de los estudios y preocupaciones de aquellos años por el islam es manifiesta, pero la forma de la expresión y la voluntad de escritura, a pesar de los cuatro años que transcurren entre una y otra, es totalmente distinta[34].

El *Compendium* anuncia el lenguaje de lo que será uno de sus mayores descubrimientos: el «ars combinatoria», mientras que el *Llibre de contemplació*, de forma semejante a una obra de confesión, con frecuentes pasajes autobiográficos, expone ampliamente el marco de su pensamiento místico con el lenguaje de la filosofía y de la teología con el que pudo familiarizarse durante sus estudios. Si hay algo que salta a la vista de estas obras que preceden a la iluminación de Randa, es su aspecto oscuro y en ocasiones errático: el lenguaje pugna por abrirse paso entre una multiplicidad de temas cuya ordenación se hace difícil de captar. Después de Randa los temas no habrán de variar, pero sí la forma del lenguaje. En cierto modo estas dos obras preparan el campo para una nueva recepción que llegará con el poder de la palabra iluminada, que en el contexto religioso conocido por Llull se comprende como un nacimiento espiritual que faculta para la predicación exterior[35].

A la obra de controversia religiosa, cuyo primer exponente será el *Llibre del gentil*, precede, entonces, la obra fruto de los años de estudio y de oración que dotarán de contenido a la revelación. Ello no implica desvalorar el contenido de la experiencia revelada en virtud del aspecto meramente lingüístico, pues en el contexto teológico apropiado, la palabra lo constituye todo, no dando lugar a diferencias entre lo que ella es y lo que ella transmite. En el orden de los acontecimientos históricos, sin embargo, las dos obras responden a un orden que no parece caprichoso. Aun cuando el *Compendium* se presenta al lector como una síntesis de cuestiones de lógica y su aplicación a la polémica teológica, en la que sin duda Llull quería ejercitarse, nada impide ver en este breve tratado una primera propedéutica a su método de contemplación, así como los principios de una topología de la mística que encontrarán desarrollos diversos en la extensa obra posterior.

El *Compendium* contiene diversas partes de la filosofía de Algazel († 1111) que pudieron servir a Llull para familiarizarse con los métodos de discusión racional de la teología islámica (kâlam), pero también contiene otras partes (Additiones), que aún ahora se resisten a una interpretación más comprehensiva[36]. En medio de la selva del lenguaje simbólico luliano, aparecen las primeras figuras en forma de árbol[37] y las formas geométricas (círculo y triángulo) que después alcanzarían un desarrollo muy complejo. Llull introduce, en este pequeño tratado escrito en verso, el uso del lenguaje algebraico basándose en unas letras que enuncian proposiciones que pueden ser convertidas unas en otras y que serán la base de su lógica combinatoria. El ejercicio de la lógica silogística servía, entonces, para dominar el arte de la discusión y la conversación, pero sobre todo le proporcionaba un fundamento a su arte de convertir.

En el segundo de los tratados de aquellas oscuras «Additiones de philosophia et theologia», hallamos un pasaje de difícil lectura, muy abstracto y a un tiempo altamente simbólico, que sólo hallará su explicación con el desenvolvimiento de la vida y la predicación. Se trata de un texto de considerable oscuridad interpretativa[38] en el que Llull expone una rudimentaria epistemología basándose en cuatro modos de significación, que podrían ser entendidos como modos filosóficos de abstracción y que, de manera semejante a las cuatro divisiones de la naturaleza según Escoto Eríugena[39], debían contener todos los secretos de la misma. En este texto se habla de cuatro caminos para hallar los secretos (De investigatione secreti):

Si tu vols null secret trobar,	Si quieres encontrar cualquier secreto,
ab .iiii. mous lo vay sercar.	búscalo de cuatro modos.
Primerament ab sensual	Primero, con lo sensual
ençerca altre en sensual,	busca otro [modo] en lo sensual,
e cor .i. en sensualitat	pues [así como uno] en la sensualidad
dona d'altre significat,	da significado del otro [modo],
cor la forma artifficial	así la forma artificial
de son maestre es senyal.	es señal de su maestro.
Segon mou es con sensual	El segundo modo es cuando lo sensual
demostra l'entellectual,	demuestra lo intelectual,
com per est mon, qui's sensual,	como por este mundo, que es sensual,
entens l'altre entellectual.	entiendes el otro [mundo] intelectual.
Ecte lo terç mou, on greument	He aquí el tercer modo,
impren ostal l'enteniment;	en donde fuertemente
est es con l'entellectual	se hospeda el entendimiento;

d'altre es mostra e senyal,
axi con ver e fals, qui son
los maiors contraris del mon,
e demostren que Deus es;
cor si posam que Deus no es,
so que ver e fals n'es menor,
e si Deus es, es ne maior
contrarietat a ambdos;
e cor maior es abundos
d'esser, e menor ne defall,
donchs pots saber que per null tayll
menor ab esser no.s cové,
pus c'ab lo menor no fos re.
Ab tres mous t'ay demostrat
Deus esser ell significat;
del quart mou te vull remembrar
ab l'entellectual, so.m par,
d'aysó qui's secret sensual,
car theorica t'es senyal
de los secrets de praticha.

es cuando lo intelectual
de otro [modo] es muestra y señal,
así como verdadero y falso, que son
los mayores contrarios del mundo,
y demuestran que Dios es;
pues si proponemos que Dios no es,
verdadero y falso tendrían menor
[contrariedad], y si Dios es,
hay mayor contrariedad entre ambos;
y puesto que la mayor [contrariedad]
es abundante
de ser, y la menor carece [de él],
así puedes saber que de ninguna manera
lo menor conviene al ser,
pues con lo menor no sería nada.
A través de tres modos te he demostrado
ser Dios significado;
del cuarto modo te quiero recordar
con lo intelectual, así me parece,
de aquello que es secreto sensual,
pues teórica es señal
de los secretos de práctica[40].

La vida se concibe como un misterio que hay que desvelar, un laberinto en el que hay que orientarse, entre lo sensible y lo inteligible, según cuatro grados de significación (sensible-sensible; sensible-inteligible; inteligible-inteligible e inteligible-sensible)[41]. En el contexto de la lógica aristotélica estos grados de significación describen el marco de ascenso y descenso de lo particular a lo universal, y viceversa, pero desde una intención místico-contemplativa, como la de Llull, pueden significar los diversos movimientos del espíritu entre la vida activa y la contemplativa, o en el lenguaje aristotélico que él mismo emplea, entre la vida teorética y la práctica. En el desarrollo de las obras posteriores, este esquema, que podemos llamar «transcendental», se convertirá en una escala de sujetos[42], que resumen la amplitud de la creación, desde el ser más perfecto, el ángel, hasta el más inferior, la piedra, señalando así los límites de lo posible y también la perfección de la jerarquía que reina entre las criaturas, según un modelo compartido culturalmente y que en la tradición latina se conocía como «scala creaturarum»[43]. Pero el límite entre lo sensible e inteligible no sólo se presenta, en el esquema descubierto por Llull, como marco para un simbolismo epistemológico (grados de significación) y cosmológico (scala creaturarum), sino que también encierra el secreto del tiempo de la propia vida y los secretos del espíritu, cuyo destino se abrirá paso a través de los nuevos acontecimientos. Este pasaje no entrañaría mayor misterio si el último grado o «modus significandi» propuesto terminara con el conocimiento superior de la realidad inteligible-espiritual, lo cual confirmaría la intención mística del autor, que sitúa las últimas realidades en lo más alto del ascenso del alma. Sin embargo, el cuarto modo obliga a girar de nuevo la mirada hacia el nivel inferior del que se ha partido al comienzo. El pasaje muestra la clara voluntad de su autor por situarse en una tradición filosófico-religiosa de claros componentes neoplatónicos, que judíos, cristianos y musulmanes compartían en la base filosófica de sus propias creencias. Pero en el modelo luliano destaca fuertemente el aspecto del descenso a la luz de la revelación divina. A este movimiento teofánico corresponde, en el ascenso, la vía científico-mística. Pero éste no será en modo alguno el final del camino, pues, tras el éxtasis, la realidad de la dimensión escatológica del tiempo y la historia fáctica individual y colectiva obligan al buscador de los secretos a retornar sobre el mundo sensible, imitando no sólo el modelo de la creación revelada, sino también aplicando en el descenso el nuevo modelo adquirido en el éxtasis contemplativo, cuya referencia religiosa es la experiencia «kenótica», de autohumillación, de la divinidad (cf. Flp 2, 8).

En ningún momento debemos olvidar que se está hablando de «encontrar secretos» (secretum investigari), un método de descubrir una realidad velada al entendimiento limitado, sea a lo meramente sensible, sea a lo inteligible. El pensamiento debe discurrir, dialécticamente, entre estos cuatro niveles de conocimiento que contienen toda la realidad, pues en ellos queda significado tanto lo divino como lo humano. En la perspectiva del pensamiento místico-contemplativo, puede sorprender los estrechos límites a los que Llull, según esta interpretación, quiere someter al pensamiento que desea elevarse hasta lo más alto, en su pretensión por incluir en un todo comprensible racionalmente incluso las verdades divinas. Éste fue el reto ya desde los comienzos: hablar de Dios y de los misterios de la religión en un contexto de significación posible en el que encaje toda argumentación racional.

El texto tiene como principal objetivo hallar una concepción de Dios y de la realidad según argumentos necesarios de cara a la conversión de los gentiles, pero el objetivo más lejano implícito en éste es la transformación de la realidad y el espíritu. Dicho esquema no sólo ofrece un método científico o un modelo epistemológico; también tiene implicaciones de tipo moral, dado que en el círculo que traza entre ambos polos vemos una clara intención de unidad, tal como el mismo texto indica, entre la vida intelectual y la vida ordinaria.

Es un arte de buscar (cat. trobar, lat. investigari) y encontrar (cat. ensercar) los secretos de la revelación: un «arte de trovar» y descubrir la verdad allí en donde ya mora, aunque oculta, para desvelarla a otro. Más que de un método teológico o apologético al uso, se trata de una filosofía religiosa, pues tiene como primer objetivo orientarse en el conocimiento de la verdad y sólo después convertirla en objeto de predicación. Y este arte de encontrar la verdad en los significados del mundo es un arte de encontrar a Dios. Por eso, quien ha dado con él puede ascender y descender por los grados de significación, demostrando, es decir, mostrando los lugares en los que el mundo halla sentido y significado.

Si la lógica y la teología habían ofrecido un campo donde ejercitar la predicación, la inspiración mística acudía enseguida a construir el mundo y la nueva realidad que este lenguaje sorprendente tenía que describir. Así es como la redacción del *Llibre de contemplació en Déu* se abre como un tiempo singular en el que todos los temas que después se desarrollarán ya se hallan «in nuce», aun cuando no disfrutan todavía del lenguaje y el método privilegiados de las otras obras tras la iluminación de Randa. Con todo, el *Llibre de contemplació* sienta las bases para una comprensión intelectual de la vía religiosa. Se trata de una preparación y una ascesis del espíritu, que entabla una larga invocación dirigida al creador del universo, intentando así atraerlo a la propia realidad mundana.

Contemplación: 1274-1283

Después de nueve años de formación intelectual y espiritual en Mallorca, en que las dos obras anteriores han puesto a prueba la capacidad de comprensión de la predicación interior, faltaba entonces el lenguaje de la comunicación que hiciera posible la segunda parte de la vida:

la predicación a los otros. En 1274 Ramon Llull tiene cuarenta y dos años. Las imágenes del manuscrito de Karlsruhe lo muestran en lo alto de la montaña de Randa, en su isla de Mallorca, adonde, terminados sus libros, ha subido a contemplar:

Ocurridas estas cosas subió Ramon a una montaña, no muy lejos de su casa, para poder allá contemplar con más sosiego a Dios; y habiendo permanecido en ella casi ocho días, ocurrió un día, mientras se hallaba absorto mirando los cielos, que de pronto el Señor ilustró su mente, concediéndole manera y forma de escribir el libro de que más arriba se habla contra los errores de los infieles. Dando Ramon infinitas gracias al Altísimo, descendió de aquella montaña y enseguida regresó a la abadía sobredicha y comenzó allí mismo a ordenar y a escribir aquel libro, llamándolo primero Arte Mayor, pero luego Arte General... Cuando, pues, hallándose en la predicha abadía, hubo Ramon compuesto su libro, ascendió de nuevo a la montaña y, en el mismo lugar donde se apoyaran sus pies mientras en aquel monte el Señor le mostrara el método del Arte, mandó construir un eremitorio y en él permaneció sin interrupción durante más de cuatro meses, rogando a Dios día y noche que por su misericordia le encaminara a prosperidad a él mismo y al Arte que le había dado a honor suyo y provecho de su Iglesia (Vita 14).

A la formación intelectual se suma ahora el advenimiento de un lenguaje nuevo por medio de un libro revelado. A las visiones anteriores, bajo la forma sensible del crucificado, que reunían en un solo tiempo la historia de la pasión y el anuncio de la historia de la salvación de Llull, se añadía ahora la gracia de la forma inspirada bajo el más prestigioso de los arquetipos entre las comunidades religiosas: el Libro que le capacitaba para escribir y predicar, quizás sin conocimientos académicos, pero con la autoridad de la revelación divina. Es necesario entender este suceso en íntima relación con las visiones primeras en estado de vigilia[44]. La revelación ha acontecido solamente al final de la comprensión, de lo contrario no habría encontrado el lugar material en el que hacerse visible sensiblemente. Si las primeras visiones habían sido de contenido claramente cristiano, nueve años después el suceso de Randa respondía a las exigencias de un proyecto interreligioso más amplio, con el que ponía fin a su formación.

La revelación a través de un libro sigue aquí voluntariamente el modelo más prestigioso entre las comunidades religiosas monoteístas, y muy particularmente en el modelo alcoránico de lo que se ha llamado «inlibración»[45] para poner de relieve el parentesco teórico que se da en relación con el proceso de la Encarnación; de este modo, la Palabra de Dios se hace Libro. Y éste proporciona a Llull el vehículo de comunicación y un modelo de predicación. Se trataba de la primera formulación sensible de la revelación, cuyo título completo fue: *Ars compendiosa inveniendi veritatem* (Art abreujada d'atrobar veritat). Llull tiene una clara consciencia de la situación de «hermenéutica espiritual» en la que vive el creyente de las «comunidades del Libro» (Ahl al- Kitâb) [46], para quien la creación entera es vista como un símbolo de la acción de la Palabra de Dios a través de los atributos divinos, que él había llamado por primera vez «Dignidades» en el *Llibre de contemplació*. En la capacidad de conversión del nuevo lenguaje de las proposiciones silogísticas busca ahora la huella de la conversión personal promovida por la nueva mirada en lo divino. La genialidad consiste en que su modo de comprensión (modus intelligendi) está condicionado por su modo de ser (modus essendi), lo que a su vez hará posible un nuevo modo de significación (modus significandi). Y a pesar de la novedad se instala perfectamente en la tradición, pues ofrecerá una nueva comprensión sin traicionar el modelo histórico-transhistórico[47] de la verdad revelada. Ha entendido que, de hecho, no hay comprensión «a priori» de la revelación para la comunidad histórica. La revelación debe ser entendida cada vez de nuevo y sólo así adquiere sentido la historia de la salvación a la que el hombre religioso contribuye con su modo de comprender.

Aunque ya había hecho algún uso parecido anteriormente, la principal novedad del nuevo lenguaje tras la última revelación es el uso de las imágenes geométricas como figuras de oración[48]. Todo el mensaje de la predicación se concentra ahora en las «figuras sensibles» como contexto común simbólico: primero el círculo y más tarde también la escalera y el árbol. El *Ars compendiosa*, la obra que desciende del cielo, le proporciona un lenguaje y una gramática que le ordena y facilita los principios para la predicación, pero éstos están configurados y han surgido de la experiencia del largo período de meditación que concluye con la iluminación del *Arte*. El *Llibre de contemplació en Déu* mostraba, ya al final de sus páginas, la intención de Llull de convertir el diálogo con Dios en el fundamento de una teoría de la oración contemplativa, aunque allí en un contexto de meditación exclusivamente cristiano[49]. La figura del Crucificado ha de ser el símbolo principal de la predicación luliana y, por ello, la conversión es una conversión a Cristo (imitatio Christi). Convencido de la crucial importancia de este hecho, pero consciente de la dificultad de introducir en el diálogo con judíos y musulmanes la figura del Hijo de Dios encarnado, Llull precisa de un lenguaje universal que integre en un discurso racional los elementos que hagan posible la comprensión de dicha experiencia religiosa cuyo fin es la conversión. En ello consistirá su esfuerzo por introducir la cruz en el centro del círculo, como si se tratara de un mandala asiático. Se ha sugerido que los círculos fueron el resultado de la contemplación de Llull de la esfera celeste en las noches estrelladas en Randa[50]; en cualquier caso es un símbolo universal, y Llull iba a usarlo también como símbolo de proyección religiosa que fuera comprensible por los fieles de otras tradiciones. A este respecto no se puede olvidar que en el contexto neoplatónico sobre el que se sustentan los tres monoteísmos, Dios es concebido como una esfera inteligible[51].

Parece factible pensar en el *Ars compendiosa* como un libro de introducción al arte de la meditación, cuyo lenguaje es el de los Nombres de Dios, en donde convergen los conocimientos adquiridos hasta entonces, pero entendido no sólo como un manual o guía de predicadores sino como un libro con una proyección mayor, como sucederá en su recepción europea posterior. Es, pues, una obra para todos: judíos, cristianos y musulmanes, y en cierto modo puede decirse que, por su intención universalista, está destinada no ya a la conversión a una religión específica, sino a la única y verdadera religión que integra todos los principios expuestos en ella, aunque su lenguaje específico sea el de la teología cristiana. Todo ello comporta, asimismo, un arte de salvación en un claro contexto escatológico, pues también está destinada a resolver el problema de la predestinación del hombre[52]. Pero conviene destacar que la revelación no consistió en un anuncio profético-escatológico, más bien se trataba de una revelación filosófica, justo aquello no adquirido en las academias. No se revela una forma o un contenido, sino un método (científico, apologético, artístico...), una gramática universal. La divinidad no transmite cosas concretas, sino un modo de comprensión y un lenguaje, quedando de esta manera revelación y hermenéutica ligadas para siempre. Con la experiencia adquirida durante aquellos once años de silencio, Llull buscaba una gramática de la contemplación, un fundamento a partir del cual los otros hombres de religión pudieran convertirse a la verdadera religión, a la cual, sin embargo, ya pertenecían por comunidad histórica, pero que precisaba de un nuevo modo de ser que diera lugar a un nuevo modo de comprender. La predicación tiene como objetivo inmediato la conversión y como horizonte intelectual, una teoría de la verdad.

Los símbolos utilizados por Llull, el árbol, la escala y las figuras geométricas, pertenecen a la tradición universal y podemos encontrarlos ampliamente en las tres religiones abrahámicas. Pero, más allá de las influencias presentes en la obra, no es tanto el lenguaje simbólico lo que debe centrar la atención del lector que ha superado el primer impacto, como el uso que se hace del mismo. En efecto, antes y después de la revelación de Randa, que supone el período marcado por la experiencia de la conversión y su comprensión en un lenguaje concreto y sensible —y de forma independiente a los viajes que pudiera haber realizado durante ese tiempo de formación—, la *Vita* nos dice que Llull se dedicó repetidamente a la oración contemplativa.

Una vez compuesto el libro, encontramos a Ramon subiendo de nuevo a la montaña para dar gracias a Dios, en donde permanecerá durante cuatro meses recogido. Llull aprendió a contemplar con los Nombres de Dios y los círculos recientemente descubiertos en su función de ruedas de oración[53]. Y tras la oración contemplativa, la confirmación del valor del *Arte*, que se abrirá entonces a su cuarta fase: la predicación. Durante el tiempo que pasó en el eremitorio que él mismo había hecho construir en el lugar de la revelación, dice la *Vita* que recibió la visita de un joven y hermoso pastor de ovejas que bendijo su obra, de la que vendrían grandes beneficios para la Iglesia, otorgándole un significado profético. Es interesante hasta qué punto esta visita providencial se inscribe en toda una tradición de compañeros angelicales que inician al neófito en el comienzo de su vida religiosa y que halla figuras semejantes tanto en la tradición hermética antigua como en la islámica[54]. En el caso de Llull, además, se puede adivinar un mensaje de reforma de la Iglesia que, como en el famoso texto del *Pastor de Hermas*, llama la atención de la comunidad escatológica cristiana, que ha ido dejando atrás su condición esencial de «Ecclesia sanctorum». En este lenguaje angelológico, tan propio de la literatura apocalíptica, el pastor de Llull puede significar[55] una teofanía del Verbo divino y, por tanto, una segunda aparición del Verbo encarnado que confirma la realidad histórica venidera, eludiendo así todo tipo de lecturas exclusivamente extáticas de la experiencia mística de Llull.

Todo el texto de la *Vita* persigue constantemente la atención del lector proponiéndole, a través de los diferentes niveles de lectura, numerosas vías de comprensión. En primer lugar, tenemos el ascenso a la montaña y la revelación del *Arte*, con lo que se cierra el tiempo histórico de la conversión iniciado con las primeras visiones de la cruz; en segundo lugar, el descenso para la realización de la escritura, con lo que se cierra también el período de formación intelectual. En este punto nos hallamos en el presente histórico que separa los dos tiempos pasados: la conversión y la formación intelectual, de su actividad contemplativa y del nuevo descenso de la montaña, que simboliza el paso a la vida activa y a la predicación.

La revelación de Randa completaba la experiencia visionaria primera. Pero el lenguaje de aquella teofanía implicaba una nueva expresión del mensaje de salvación. Desde un punto de vista histórico, las bases para esta nueva expresión de la revelación ya se habían gestado en las obras anteriores, pero desde un punto de vista transhistórico o metahistórico, que es el de la *Vita Beati Raymundi Lulli*, a la conversión interior había seguido el poder de la lengua para la predicación. Si tenemos en cuenta el destinatario de ésta, los términos de este lenguaje, cuyo significado se presuponía desde un mismo contexto de revelación religiosa, iban a constituir los fundamentos de una «gramática teológica» común. Pero la recta comprensión de ésta pasa por el conocimiento de un orden secreto que sólo quien ha sido iniciado puede desvelar. El «Ars luliana» se presenta ante nosotros como un laberinto de lenguaje y, al igual que entre los maestros cabalistas, sólo el que se halla puro de corazón, como el cabalista español Abraham Abulafia (nacido en 1241) avisa, puede dominar el arte de combinar los Nombres de Dios, o en el libro de Llull el arte de convertir proposiciones, cuyos términos son las «Dignitates Dei». Todo ello, como se pone de manifiesto, con el horizonte de la conversión de los infieles.

El descubrimiento decisivo que se produce entre la experiencia de la conversión y su comprensión afecta de un modo total a su concepción de las cosas. Su experiencia sensible (visiones) e inteligible (Randa) de Dios le ha proporcionado la medida de la realidad a partir de la cual ha de ver ahora el mundo. Los límites entre lo sensible y lo inteligible lo conforman todo: desde la percepción de lo más ínfimo, la piedra, hasta la concepción sensible-espiritual que permite saltar hacia lo angélico y divino. Desde una posición tal, Llull conseguía ofrecer un esquema racional, en cuya tensión entre ambos extremos cabría recorrer todas las escalas de la creación. No es extraño que, en el contexto de una concepción de la realidad humana y divina como la suya, la inmensa confianza que depositaba en el nivel inteligible de conocimiento resolviera las relaciones entre la fe y la razón, pero también aquellos dos límites constituían un sistema de modos a partir de los cuales conocer la realidad, al tiempo que proporcionaban la manera para la disputa y la conversación. Esta obsesión por reducir constantemente la expresión de la realidad a un único lenguaje es uno de los motivos más complejos de la obra de Llull, pero ofrece las claves para su pensamiento místico.

Un dato que trae de nuevo a primer plano el objetivo primordial de Ramon, la conversión religiosa del otro, lo tenemos en esos mismos años entre 1274 y 1276[56], cuando escribe el *Llibre del gentil i dels tres savis*, la primera obra en la que aplica el reciente lenguaje descubierto tras la iluminación de Randa. La necesidad inmediata de ensayar su ideal contemplativo en el contexto de los distintos credos religiosos podía llegar a mostrar la originalidad de sus argumentos frente a otros métodos de predicación y de apologética, pero sobre todo quería expresar una nueva filosofía religiosa. El modelo de salvación, que surge con fuerza tras la experiencia de conversión personal, lo encontramos en todos los grandes reformadores religiosos, desde Buda y Jesús, hasta Mani y Muḥammad. Una vez la certeza de la liberación por el conocimiento se ha hecho realidad experiencial, la compasión conduce a su comunicación y transmisión a la comunidad de los hombres. El sacrificio que comporta la renuncia a la autosalvación concluye en un ideal de martirio que impregna toda la literatura espiritual, pero que en nuestro caso debe ser comprendido en el contexto abrahámico.

Cuando Llull siente el deseo irreprimible de lanzarse a la predicación y a la salvación de las almas de los infieles, la literatura polémico-apologética hace muchos años que es objeto de estudio en los reinos de la corona de Aragón por parte de mentes privilegiadas con un conocimiento importante de las lenguas hebrea y árabe, como es el caso de Raimon Martí, autor del *Pugio fidei contra Iudaeos*[57] (1278). La diferencia principal de la predicación luliana no es su fundamento en un modelo racional de discusión, ya Tomás de Aquino en la *Summa contra Gentiles* (1258) y el mismo Raimon Martí habían proporcionado una apologética racional a la cristiandad animados por san Raimon de Penyafort[58]. Su método no se centra tanto en prescindir de las verdades reveladas y de la fe, que en modo alguno pueden constituir un lugar común de entendimiento, sino más bien en el ideal contemplativo que subyace en toda su obra. Una cosa es el ideal universalista de su proyecto, así como su obsesión por disponer de una pedagogía bien simple para su transmisión, como por lo demás demuestran las múltiples reformas y síntesis a que somete una y otra vez su obra, y otra cosa muy distinta es el público y el lector al que estaba destinada su filosofía religiosa. Todas sus obras tienen una doble lectura o, todavía mejor, presentan partes que parecen dirigidas a un público conocedor de lo que allí se habla, no exclusivamente cristiano, mientras otras parecen pensadas con mayor esfuerzo didáctico para un público más amplio. El fundamento de la predicación luliana es la transmisión de una sabiduría, cuyos principios debían ser consensuados entre una elite, pero el beneficio de dicho modelo era su proyección universal[59].

En el *Llibre del gentil*, a pesar de que la obra presenta con gran fidelidad el credo de las tres religiones, Llull no pretende explicar a su público sus dogmas y creencias respectivos, lo cual haría de esta obra poco más que un ejemplo de literatura apologética[60]. En la medida en que las tres religiones son experiencias históricas de una misma revelación, la obra se concibe como una simple descripción que facilita un modelo unitario de comprensión, superior al de una comprensión dogmática y fragmentada. La razón del libro no era meramente especulativa, pues estaba pensado como un manual para los alumnos de la escuela oriental de Miramar, en la costa de Tramontana de Mallorca, que tenían que predicar a los infieles en tierra lejana[61]. La estrategia desplegada en el libro consiste en la argumentación mediante el ejercicio práctico de la razón, dejando a un lado la cuestión de la fe. Los Nombres de Dios configuran la base de un contexto común de significado en el que el lenguaje es el punto de partida del diálogo religioso: el buen entendimiento entre los tres sabios que conversan con un gentil se facilita por el uso místico de dichos Nombres como elementos fundamentales de un lenguaje cuya unidad representa y garantiza a la vez la unidad de religiones.

Entre 1274-1276, aproximadamente la fecha de redacción del *Llibre del gentil*, y 1287, en que realiza su primera visita Roma, tenemos un período muy a oscuro de la actividad de Llull. Este nuevo silencio voluntario por parte de la *Vita* es tan significativo como el anterior, entre 1263 y

1274. Si durante el primero se había dedicado a su propia formación intelectual con el ánimo de comprender la experiencia visionaria, ahora cabe pensar que, una vez adquirida la ciencia, tenía que cumplir con la parte completa de su intención primera: la «amància» o ciencia del amor a Dios. La *Vita* continúa con el primer viaje conocido a Montpellier[62] (1274-1275), a donde había sido llamado por el rey Jaime II a causa de la incipiente fama de su actividad en la isla; allí un franciscano examinó sus escritos «y en especial unas meditaciones que había dispuesto en devoción sobre todos los días del año, señalando treinta párrafos especiales para cada día. Las cuales meditaciones halló aquel fraile, no sin admiración, llenas de profecía y devoción católica». Lo que aquí interesa es la relación que se destaca en el *Llibre de contemplació* entre meditación, profecía y devoción. La oración contemplativa que Llull practicaba tenía un fuerte contenido escatológico y en cualquier caso era el fundamento místico-contemplativo de su apologética, al igual que en los místicos judíos y musulmanes[63].

La vida de Llull se mueve constantemente en la tensión entre lo activo y lo contemplativo; tras la actividad frenética de redacción del *Ars compendiosa*, la *Vita* nos anunciaba su voluntad de oración. Sabemos que durante este período escribió su obra mística más significativa y con mayor recepción posterior: el *Llibre d'amic i amat*. Si compuso el *Llibre del gentil* en su estancia en Miramar, nada nos impide pensar que en la soledad y belleza de aquel lugar se dedicó intensamente a la meditación, una vez aprendida la manera de dirigirse a Dios a través de sus Nombres. La proximidad entre las dos obras nos hace suponer, también, que la actividad predicadora y la oración contemplativa en modo alguno se desarrollaban en lenguajes distintos. En aquel momento, la oración es el resultado de la comprensión de la palabra de Dios. De esta manera obtenemos un nuevo ritmo en los acontecimientos de la vida: experiencia visionaria, comprensión intelectual de ésta, oración contemplativa y predicación. La palabra revelada se manifiesta sensiblemente en la visión, adquiere luego un nivel inteligible en la forma del *Arte*, para hallar una unidad entre la forma sensible y la inteligible en la oración, como verdadero cuerpo unitario entre aquéllas. Finalmente, la predicación es la comunicación de la palabra revelada al otro, a aquel que puede convertirse; y también así la predicación, en la misión, es la aplicación de la conversación con Dios a la conversación con el otro. El *Llibre d'amic i amat* fue escrito, según confirma la última edición, hacia 1283 y en la tradición manuscrita aparece como un capítulo o apéndice de la novela *Blanquerna*[64] y como un paso necesario o desarrollo de ésta, que se cerrará, a su vez, con un breve tratado o *Art de contemplació*. Conviene, con todo, leer el *Blanquerna* como un ejemplo de vida en el contexto mismo de la *Vita Raymundi*, con la intención de mostrar constantemente la validez de la tensión vida activa-vida contemplativa o vida sensible-vida inteligible[65].

La preferencia por el ideal ascético-contemplativo, frente a otras formas de vida religiosa, asoma desde los comienzos del libro, cuando el personaje Blanquerna decide «huir del mundo» abandonando las riquezas y posesiones que sus padres le quieren dejar en herencia, para dedicar su alma plenamente al amor divino[66]. La huida del mundo, en el habitual sentido de ambigüedad que flota sobre esta expresión de tradición evangélica y gnóstica, alcanza en Llull una dimensión bien peculiar. La huida *del* mundo pasa por la huida *al* mundo, en el que se vive entregado a la creación, cuya consideración culmina siempre con un amor a la naturaleza y al mundo de la materia. Las múltiples imágenes que Llull emplea lo alejan claramente de un dualismo cosmológico. La huida está representada por la figura del eremita, de aquel que, alejado del mundo, aunque después de una intensa actividad pública de vida religiosa, contempla los últimos secretos que se abren a su percepción mística. No hay, pues, rechazo del mundo, sino recuperación y salvación y, por tanto, integración de aquello que aparentemente nos aleja del misterio. En esa situación paradójica parece vivir el modelo de eremita que en tantas ocasiones nos encontramos en los libros de Llull.

Al rechazar el amor de la bella Natana, que busca ganarlo para la vida marital, Blanquerna le dice: «No es conveniente que ni vos ni nadie esté en mi compañía, pues por compañía no quiero sino la de Dios y los árboles, las hierbas, los pájaros, las bestias salvajes, las aguas, fuentes, prados y riberas, el sol, la luna, las estrellas; pues ninguna de estas cosas impide al alma contemplar a Dios»[67]. La radical separación entre el mundo de lo humano y la cultura, lleno de ignorancia de la sabiduría divina, y el de la naturaleza cósmica, envuelta de la inocencia primordial, sitúa a nuestro personaje en el camino de santidad que es el resultado de una decisión absolutamente excluyente. Como en el relato de la vida del Buda Śākyamuni[68], la madre de Blanquerna, Aloma, hace prometer a su hijo que antes de morir la visitará brevemente. El dolor de la madre es grande aun aceptando la vida superior que ha elegido el hijo, pues desde el ámbito meramente humano de la experiencia, la vida de santidad no deja de ser vista como una pérdida de la vida, cuando lo que el alma del santo busca es, precisamente, la aventura y la pérdida como único horizonte de realización espiritual posible. Los mismos elementos cósmicos (plantas, animales...) que acompañarán a Blanquerna en su soledad, como si se tratara de verdaderos hermanos espirituales, son vistos por la madre como los causantes de su desgracia. Por eso se dirige en oración a Dios Padre en los siguientes términos, recordándole que también su Hijo amado perdió la vida del mundo: «En peligro de malas gentes, de bestias salvajes lo hace ir [el Hijo de Dios]; hará que esté solo todos los días de su vida; le hará comer hierbas crudas; los pelos, los cabellos y el aire serán sus vestiduras... piensa cuando el sol y el viento le ennegrecerán la desnudez y destruirán la belleza de sus facciones»[69]. Con todo, Blanquerna consigue iniciar una vida monacal, al igual que su amiga Natana, quien desde entonces adopta los métodos contemplativos lulianos, que se basan en las virtudes y siempre con la distinción ya paradigmática entre los sentidos corporales y los espirituales[70], con el horizonte de acceso de la naturaleza humano-divina[71]. Las siete virtudes del *Arte* son de esta manera las vías de acceso al mundo religioso y a la ascesis que tiene como objetivo primordial superar el terror a la muerte[72].

Los dos grandes silencios de la *Vita* (1265-1274 y 1274-1287), justo durante el tiempo de formación o receso contemplativo, explican el agotamiento de los lenguajes habituales, tanto el polémico-apologético del primer tiempo como el de la lógica del *Arte*. Su capacidad comunicativa y predicativa les llega de la experiencia mística de la unión con la divinidad inexpresable. La *Vita* alterna lo que desde la perspectiva del lector son períodos de oscuridad y silencio con la luz brillante del discurso sistemático de su autor; todo ello halla su significado profundo en una aplicación de la tradición «dionisiana» de la «vía negativa» y la «vía afirmativa», que en modo alguno debe entenderse en un contexto mistagógico, sino como una aplicación inmediata de la experiencia al discurso de la teología.

Predicación: 1283-1316

Y tras la contemplación y el recogimiento, se inicia el último período de la *Vita Beati Raimundi* bajo el sello de la misión entre los gentiles. Llull tiene clara conciencia de que todo proyecto religioso adquiere su principal fundamento en el exterior, en su autoextrañamiento, en la renuncia misma a hallar comprensión entre los semejantes, pues la propia tierra no reconoce a sus profetas. Llull busca la realización de su proyecto, entendido como una reforma total del «homo religiosus», a partir del testimonio personal. La diferencia del modelo luliano, frente a otros como el de Raimon Martí o Tomás de Aquino, reside justamente en una fórmula aparentemente arcaica que toda sensibilidad religiosa reconoce: el sacrificio o el martirio. En efecto, había fórmulas alternativas de misión para aquellos padres predicadores, como las que privilegiaban el testimonio y la convivencia[73]. Pero a la misión y el martirio tenía que precederle el reconocimiento de la autoridad eclesiástica.

En 1287 y tras no poder hablar con el papa Honorio IV de sus proyectos misionales, pues había muerto el 3 de abril de ese mismo año, y ante el fracaso para obtener la licencia oficial para su misión, es decir, ante la imposibilidad de poner en práctica su método de predicación, se decide por la aplicación intelectual entre académicos y marcha a París, en donde se propone convertir a los maestros de la Sorbona a su *Arte*. Una vez más vemos cómo la *Vita* proyecta el destino, al convertir el ideal religioso en intelectual. Si exceptuamos las visitas de Llull al norte de África, dejando aparte la búsqueda del martirio, parece que optaba por una predicación dirigida primero al intelecto, si queremos al corazón, de aquel que ya ha empezado a buscar, pero carece de un método y de un lenguaje de expresión. De ahí que su pasión misional se concrete en gran parte en un proyecto intelectual (vita contemplativa) que halla su praxis más importante en la oración y después en la misión. La paradoja de tal situación consiste en que sólo la práctica de la oración tiene como resultado la obtención de un proyecto de vida y éste sólo puede comunicarse a aquel que también conoce la meditación. Llull quiere convertir a los maestros de París a la ciencia contemplativa, pues no hay «ciència» sin «amància».

Entre 1287 y 1289, además de sus objetivos intelectuales, Llull contacta con Felipe el Hermoso, en quien, tras la pérdida de las Baleares por parte de su valedor Jaime II, sobrino de aquél, buscaba ahora nueva protección[74] y apoyo para la creación de monasterios de lenguas orientales en aquella ciudad. En esta primera visita a París Llull todavía no piensa en la cruzada. Sus movimientos están, generalmente, motivados por una visión muy realista de los hechos históricos y sociales que le tocaron vivir y que casi siempre vivió de cerca, razón por la cual acostumbraba a dirigirse, para dar cumplimiento a sus propósitos, más a los poderosos de las repúblicas marítimas que a otras autoridades romanas. Además de su actividad política, que no cabe entender autónomamente de su producción literaria, Llull lee públicamente en la Universidad el *Compendium seu commentum Artis demostrativae* (1288-1289), una versión de su libro escrita «in situ», y cuyo eco fue prácticamente nulo.

Ante el escaso éxito de su exposición académica, redacta aquellos tres años el *Fèlix o Llibre de meravelles*. Este nuevo libro busca, a partir del diálogo por medio de ejemplos y semblanzas, mayormente escogidos de la naturaleza, situar los grandes temas de la contemplación luliana en el marco de la jerarquía de los seres creados. La obra se distribuye según una división en diez capítulos que resumen la realidad: Dios, los ángeles, el cielo, los elementos, las plantas, los metales, las bestias, el hombre, el paraíso y el infierno. En conversación con un ermitaño o un filósofo, Félix, el personaje que ha salido a la aventura del mundo para glorificar a Dios, extrae enseñanzas a partir de ejemplos y breves historias morales que, al estilo de los cuentos orientales, sumergen al lector en una continuidad y en un laberinto de significados cuya intención es poner a prueba las facultades mentales. En aquellas páginas, los metales y los animales toman voz dando idea de la gran armonía cósmica en la que Llull pensaba constantemente. Los elementos de la naturaleza entran en diálogo, indicando así la inmensa percepción de lo divino que puede desprenderse de una actitud de atención hacia la naturaleza y sus significados. Sería interesante preguntarse hasta qué punto la redacción de esta novela es anterior o posterior al fracaso académico parisino; resulta verosímil, sin embargo, que sólo un desengaño como el que pudo haber sufrido con la exposición de su *Arte* lo llevara a un cambio en los usos del lenguaje.

De regreso a Montpellier, somete su complejo sistema a una simplificación considerable, cuya versión más importante fue el *Ars inventiva veritatis* (1289)[75]. Considerando el *Arte* una obra de inspiración divina, da que pensar la libertad con que Llull la somete a numerosos cambios y adaptaciones, aun cuando sea «a causa de la fragilidad del intelecto humano», como nos recuerda el relato de la *Vita*. Dicha fragilidad de la mente ha podido ser entendida como la incapacidad de los académicos parisinos de entender un uso del lenguaje no acostumbrado entre profesionales, al cual además se sumaba un «modum loquendi arabicum»[76].

Pero también es posible interpretar este pasaje pensando en su propia fragilidad, en la incapacidad humana de transmitir un lenguaje divino, que lo lleva continuamente a cambiar de registro literario, entre la novela, la obra científica o la de polémica religiosa. Ante la frustración de París, Llull opta por la aplicación inmediata de su método en tierra de infieles y traduce al árabe el *Ars inventiva veritatis*, con la mirada ya puesta en la misión, trasladándose a continuación a Génova, en donde tiene intención de tomar una nave hacia Túnez. Todavía una nueva escala en Roma lo entretiene, durante 1291-1292, para fomentar la creación de escuelas orientales, un año justo después de la caída de San Juan de Acre, la última plaza cristiana en Tierra Santa. Llull tiene sesenta años y el desánimo y la urgencia empiezan a hacer mella en su espíritu pasional.

En este punto la *Vita* inicia un delicado proceso. El narrador ha hecho converger todos los sucesos, hasta entonces ascendentes, de la vida (fase contemplativa) en un nudo en donde el orden intelectual de los acontecimientos no puede continuar hacia delante. De pronto aparece, como si de un recordatorio ascético se tratara, la imagen de su conversión, justo en el momento en que nos aproximamos a una crisis central de la existencia. En el modelo de santidad en que está empeñado todo el texto, carece de importancia el que Llull hubiera llevado con éxito hasta entonces sus contactos políticos con reyes y papas, o hubiera convencido de la genialidad de su *Arte* a los maestros de París. Todo esto hallará su lugar más adelante, hacia el final de la vida, en el momento de redacción de la *Vita*, es decir, cuando parece que la vanidad personal por el éxito no pueda ya afectar a los acontecimientos del presente. Ahora necesita renuncia, autonegación y, finalmente, pasión y martirio. Quizás sólo así, combinando la labor intelectual y la tarea mundana, adquiere pleno sentido la polaridad entre lo sensible y lo inteligible que imprime su pensamiento. La gloria personal, es decir, el triunfo en París y en Roma, hubieran podido producir un apego temprano al mundo. Súbitamente, el recuerdo del Otro, de Jesucristo y su pasión, pero también del infiel musulmán que corre el peligro de condenarse, así como también el recuerdo de la promesa de su propio martirio, reclaman la atención del lector. Todo ello se anuncia en la llamada «crisis de Génova», que se resolverá con la primera misión en África:

Aparejado ya el navío y todo el resto a punto para pasar el mar, según ya se dijo, introducidos en la nave sus libros con todas las demás cosas necesarias, le vino por ciertas ocasiones como algo fijo en la mente, a saber, que si pasaba a los sarracenos le darían muerte sin tardanza a su llegada, o al menos le cautivarían en prisión perpetua. Por ello Ramon, temiendo por su piel, como en otro tiempo san Pedro Apóstol en la pasión del Señor, olvidado de su propósito sobredicho por el cual decidiera morir por Cristo, convirtiendo a su culto a los infieles, permaneció en Génova detenido por cierto temor paralizante, abandonado en tanto a sí mismo, permitiéndolo o disponiéndolo el Señor acaso para que no presumiera vanamente de sí. Pero partido ya de Génova el navío, pronto Ramon, ante el hecho de que quedándose hubiese dado así al pueblo enorme escándalo contra la fe, cayó en completa desesperación, estimando con toda certeza que por ello Dios le condenaría, con lo cual fue herido de tal dolor de corazón que enfermó gravísimamente de fiebres en su cuerpo; y así, languideciendo largo tiempo en Génova, sin descubrir a nadie la causa de su dolor, casi quedó reducido a nada (Vita 20).

La *Vita* sigue contando cómo permaneció un tiempo en el convento de los frailes predicadores de aquella ciudad y la visión que tuvo, en la que se le comunicaba que podría salvarse si entraba en aquella orden religiosa. Pero, inmediatamente, Ramon recordó que sus obras siempre habían tenido mejor acogida entre los franciscanos, con lo que se estableció en su interior un grave conflicto, pues una voz le insistía en que sólo se salvaría entre los dominicos. Llull decide finalmente prescindir de las voces y las visiones, renunciar a toda orden religiosa, que le habría obligado a abandonar su proyecto de predicación del *Arte*, y, simplemente, optar por la salvación de sus libros, que él sabía de origen divino, en lugar de la salvación de su alma.

En los estudios de mística son sobradamente conocidos estos períodos de crisis en los que el alma pasa por un tremendo dolor y sufrimiento moral. En su caso convergen varios elementos: al dolor por el fracaso reciente de la enseñanza del *Arte* entre los maestros parisinos, se suma el recuerdo del martirio olvidado y la resistencia a aceptar el modelo de pasión de Cristo que tanto había anhelado. Pero desde un punto de vista fenomenológico, la parálisis que le lleva al casi aniquilamiento físico puede ser entendida como una suspensión del espíritu que afecta directamente al cuerpo y que se manifiesta en la enfermedad. Ésta es sintomática, pues se trata de una advertencia ante el destino doloroso que se avecina. Puede ser que las dudas entre acogerse a una orden religiosa u otra reflejen el tenso ambiente entre las órdenes mendicantes –la posición político-religiosa de Llull siempre había sido muy próxima a la de los «espirituales» como Arnau de Vilanova, Bernardo Delicioso y Raimon Gaufredi–, pero el pasaje busca justificar el cambio de táctica de la predicación.

En su primera experiencia africana Llull tendrá ocasión de probar sobre el terreno su método de conversión a partir de la disputa. La polémica se basa en un modelo de sabiduría sin el cual no hay acuerdo. No es posible disputar esgrimiendo los propios dogmas o las autoridades de cada religión. La discusión fructífera sólo puede tener lugar entre una comunidad de hombres sabios que hacen uso de la razón y cuyos principios aporta la tradición común: «Aquella fe es propio de todo sabio mantener, que atribuye a Dios eterno, en el que creen todos los sabios del mundo, mayor bondad, poder, gloria, perfección y demás atributos semejantes...» (Vita 26). Llull cuenta con un lenguaje comprensible y con una gran fe en la capacidad simbólica de los Nombres de Dios. El problema, sin embargo, reside en el modo de comprensión de estos Nombres, en relación con el mundo creado en el que se hacen dinámicos en virtud de su actividad «ad extra». Con ello, introducía la posibilidad de lo múltiple en la unidad, pudiendo así demostrar la realidad de la Trinidad de Personas. Llull propone a aquellos de entre «los más versados en la ley de Mahoma» que se le acercan en la plaza, así dice la Vita, convertirse él mismo a su religión si encuentran razones más fuertes que las propias. Vemos cómo el principio de razón, sostenido por el modelo de sabiduría universal del lenguaje de los Nombres de Dios, halla un contexto abonado. Ciertamente, como ya se ha destacado numerosas veces, el éxito de la disputa luliana debía consistir en que renunciaba a confrontar los diversos dogmas, pues éstos son objetos de fe y no de entendimiento, pero no perdía de vista al interlocutor al que quería dirigirse, aquel hombre sabio que ya ha conocido la conversión interior por medio del poder de la oración y la contemplación. Por esta razón, Llull insiste en que su demostración se sostiene en un Arte «a cierto ermitaño cristiano revelada hace poco divinalmente». La nueva autoridad esgrimida proviene de alguien ejercitado en la vida contemplativa y éste era probablemente el único modelo reconocido por las tres «comunidades del Libro». Es cierto que, aprovechando este contexto, quiere hacer accesibles los dogmas de la Trinidad y la

Encarnación, que de ningún modo podían aceptar los musulmanes, pero no parece que la aparente imposibilidad teológica le arredrara. Estaba seguro de que el modelo cristológico, transmitido a través del hecho de la pasión, podía ser un vehículo de aproximación; de ahí también su obsesión por el martirio como modelo pedagógico[77].

El método de Llull subvierte el orden religioso secular, porque, prescindiendo del lenguaje establecido para la disputa por los teólogos de la época, apela directamente al corazón del contemplativo buscando la vía de la compasión, el sufrimiento y la pasión por encima de la fe ciega en la Escritura, y porque también apela a la mente del creyente con la esperanza de poder configurar una noción generosa de Dios que, si nos remitimos a su lenguaje místico, en cierto modo quiere ser anterior y posterior a las tres religiones. Lo que predica es la sabiduría, que en modo alguno debía quedar para unos pocos[78], pero éstos debían ser convertidos primero[79]. Que Llull hiciera uso de un «modum loquendi arabicum» no quiere decir que empleara los métodos de los musulmanes; en modo alguno se ponía en su lugar, sino que buscaba un lugar común, mostrando una perfecta consciencia hermenéutica[80].

Su estancia en el reino de Túnez estuvo a punto de costarle la vida, pues no parece probable que encontrara a sabios tan bien dispuestos y, habiendo sido encarcelado y próximo a la muerte, consiguió, tras algunas nuevas tribulaciones, que se le expulsara de aquella tierra en una nave de genoveses. Estamos en 1294 y Ramon parte de aquel lugar hacia Nápoles, en donde pudo dar a conocer su *Arte* hasta la elección del papa Celestino V, que muy pronto abdicaría. Pero de momento tampoco la predicación de su método entre cristianos encontraba mejores oídos, lo cual muestra hasta qué punto el modelo presentado chocaba con los modos habituales de religión. De allí pasó a Barcelona, y quizás brevemente por Mallorca, y en 1295-1296 lo encontramos otra vez en Roma y en Agnani, siguiendo a la corte del nuevo papa Bonifacio VIII. Ese año de 1296 escribe *Lo desconort*, obra de rara belleza, en donde el lamento por la vida, en la forma de una conversación entre Ramon y un eremita, trasluce ya el cansancio y el desencanto que se apoderan de él. Viendo que sus planes no se iban a cumplir junto a la curia pontificia, dice la *Vita*, continuó viaje a Génova, en donde escribió algunos libros.

Junto a la *Vida coetánea* y a otras obras breves en verso, *Lo desconort* puede considerarse el documento poético más relevante que da significación a su trayectoria espiritual, pero sobre todo es el lugar en donde obtener una imagen llena de claroscuros de su personalidad. Llull ya ha puesto en otras ocasiones su fuerza poética al servicio de la divinidad. Ahora, sin embargo, este largo poema en 69 estrofas cumple una función muy peculiar en el contexto de los acontecimientos que se vienen desarrollando. Este poema autobiográfico describe la gran duda ante la que se encuentra Llull en los momentos frágiles de la existencia: haber escogido bien el camino, o haber interpretado adecuadamente el orden de lo divino, desde la primera llamada a la conversión. Un texto como éste confirma la ausencia de certeza sobre la conversión, es decir, la ausencia de perfección en la experiencia de la vida bienaventurada, en la existencia aun de aquellos que han vivido un arrebato o adelanto de la eternidad. Y todo ello no hace sino enmarcar la experiencia en la dimensión escatológica que le corresponde. Y sin embargo, la ausencia de certeza absoluta, que afecta de forma tan profunda a la experiencia, no incide en el valor moral de la verdad que ha fundado dicha experiencia. La duda que asalta a Ramon se debe a la posibilidad, siempre presente, de que la culpa anterior no haya sido redimida. Esa sombra le asaltará constantemente, lo cual no le impedirá persistir en aquella decisión de carácter obsesivo. La duda es fruto del fracaso de la transmisión del *Arte*. Pero Ramon es muy consciente de la situación anímica en la que se encuentra: se siente culpable, sobre todo por el estado de «ira» y «desconsuelo» (desconort), como le recuerda el ermitaño que conversa con él:

Ramon, ¿por qué lloráis y no mostráis alegre rostro, y no os consoláis de vuestro mal talante? Por esta razón me hacéis temer que, estando en pecado mortal, seáis indigno de hacer nada bueno; porque Dios no quiere ser servido por nadie que esté en pecado. Y si no se realiza aquello que tanto deseáis, no es por culpa de aquellos de quienes os vais quejando, sino porque Dios no quiere que vuestra empresa prospere si estáis en pecado, ya que ningún pecador puede ser principio de ninguna clase de bien, pues el bien y el pecado en nada se parecen[81].

Ramon no tiene razones para estar triste cuando Dios ha previsto que no prospere su sistema de pensamiento. Sentir tristeza va contra el plan de Dios en nosotros. La situación es verdaderamente complicada y paradójica, pues quizás el plan de Dios no pasa, precisamente, por el *Arte*, aun cuando éste tiene todas las virtudes. Quizás, incluso, no le ha sido dado a Ramon ver el éxito de su obra, pues en tanto que revelada tampoco es suya. ¿Podría entenderse la «tentación de Génova» como una confusión respecto al valor de la salvación? ¿O pecado de vanagloria a causa de una excesiva consciencia de autoría? Quizás el pecado consiste más en buscar de forma enfermiza la propia salvación, aunque sea a través de su *Arte* –en este acaso una salvación mundana por la fama–, en lugar de honrar a Dios. Treinta años después de haber comenzado su labor como escritor, esta obra de un hombre que ha superado los sesenta años de edad quiere dejar constancia del sentimiento de inmensa soledad de quien no ha sido entendido verdaderamente hasta el momento.

Entre 1297 y 1299 tiene lugar la segunda visita de Llull a París, en donde volvió a hacer lectura pública del *Arte* y en donde concluye algunas de las obras más importantes de su producción: el *Arbre de ciència* (1295-1296) y el *Arbre de filosofia de amor* (octubre de 1298), dedicado a Felipe IV y a la reina Juana[82], la *Contemplatio Raimundi* (agosto de 1297), de carácter místico, y el *Tractatus novus de astronomia* (octubre de 1297), así como algunas otras obras de polémica que registran la tensión causada por las condenas de las tesis filosóficas averroístas por parte de Étienne Témpier, obispo de París, en 1277[83], problema sobre el que Llull llegaría a escribir, en su cuarta visita a esta ciudad, un importante grupo de escritos[84].

Llull tiene unos sesenta y cinco años. La nula recepción de sus nuevas obras, si exceptuamos la aparición en escena de Thomas Le Myésier, que sería uno de sus primeros discípulos parisinos e impulsor de su obra en Francia[85], dice la *Vita*, lo alejan de aquella ciudad, y en octubre de 1299 lo encontramos en Barcelona, en donde Jaime II de Aragón le concede un permiso para poder predicar en las sinagogas y mezquitas de sus dominios[86]. Entre 1300 y 1301, después de muchos años, Llull vuelve por un largo tiempo a Mallorca, en donde la narración dice que se esforzó por «atraer a vía de salvación a los innumerables sarracenos que allí moran». Pero muy pronto su espíritu inquieto lo lleva de nuevo a cruzar el mar, esta vez hacia el Mediterráneo oriental, ya que había oído que el rey de los tártaros había atacado Siria con la idea de someter aquellos territorios. Llull creía que los tártaros, tras numerosas embajadas a los cristianos, acariciaban la idea de convertirse a la religión de éstos, y veía en todo ello una ocasión inmejorable en sus planes frente al islam. Pero, llegado a la isla de Chipre, se enteró de la falsedad de la noticia. Faltándole tiempo para recomponer su viaje, y frustrado en su tentativa, quiere convencer al rey de la isla para que le organice un encuentro con los cismáticos cristianos, así como con los sarracenos que allí habitaban. La magnitud del proyecto luliano entra de nuevo en conflicto; el exceso por la responsabilidad y la carga del proyecto y sus planes delirantes sitúan a Llull a las puertas de una nueva crisis. El texto sólo dice que, ante la labor febril desarrollada, «quedó abatido por una no leve enfermedad corporal», a la que se sumó un intento de asesinato por parte de dos sirvientes, uno de ellos un clérigo, que debían de haberle cuidado.

Después de estos sucesos, Llull se recupera en Famagusta en casa del Gran Maestre del Temple, Jacques de Molloy, que posteriormente sería condenado en el concilio de Vienne; el mismo en el que Llull atacó duramente a las órdenes militares. Aunque la *Vita* no da ninguna noticia, parece que entonces también viajó a Armenia Menor, Jerusalén y de nuevo de retorno a Génova, pasando por Mallorca. Entre 1303 y 1305 se mueve entre Génova y Montpellier; también este último es el año en que compuso una de sus obras más importantes: el *Liber de ascensu et descensu intellectus*. En Lyon Llull asiste a la coronación de Clemente V, a quien le urge en la fundación de monasterios en donde los misioneros puedan aprender las lenguas orientales, pero todo ello en vano. El fracaso lo lanza de nuevo a la misión, esta vez a Bugía, también en el norte de África, con una evidente voluntad de hallar el martirio y poner fin a su empeño. La táctica ha cambiado y busca la confrontación inmediata con el otro, en un acto cuyo único fin es acabar con todo diálogo: ya sólo vale la muerte como testimonio más alto. Ramon encuentra en el cadí del lugar a un reputado conocedor de la filosofía que, sin embargo, no atiende a los argumentos. Permanece en prisión durante seis meses, hasta que por intercesión de unos genoveses es expulsado del país. Con rumbo a Génova, la nave naufragó a la altura de Pisa. La *Vita* cuenta cómo Ramon se salvó, junto a un misterioso compañero, habiendo perdido todos sus libros en el mar. Allí, en Pisa, escribe el *Ars generalis ultima* (1305), la redacción definitiva de su sistema. Dolido por tanto escollo, Llull promueve la cruzada contra el islam con la intención de recuperar los Santos Lugares (Liber de acquisitione Terrae Sanctae, 1309).

De pronto, cuando ya nada de lo deseado en los inicios de la vida parece cobrar sentido, el texto da un nuevo giro y todo parece dispuesto para el triunfo definitivo de su predicación entre los académicos de París.

Pues justo después de aquellos acontecimientos dramáticos, puede leer con gran éxito las claves de su sistema ante los maestros de aquella prestigiosa universidad. En este punto, el texto de la *Vita* parece confirmar la superioridad del proyecto de reforma del entendimiento frente a la imposible misión entre los infieles. La *Vita* se esfuerza por presentar el triunfo de «una doctrina corroborada por razones filosóficas y que profesaba una sabiduría confirmada también de manera admirable por altos principios de la fe cristiana». En efecto, en 1310 cuarenta maestros y bachilleres en artes y medicina aprueban el *Ars brevis* (1308), que había compuesto poco después del *Ars generalis*. El modelo de sabiduría debe integrar fe y razón, pero ya ha quedado claro que el vehículo de comunicación y predicación es el entendimiento. El *Ars brevis* es un preámbulo idóneo para el conjunto de textos que escribió entonces, en su última estancia en la ciudad, contra los averroístas de la Sorbona, ante quienes demostraba la necesidad de que una religión verdadera debe ser objeto de comprensión inteligible. En 1310-1311 tuvo lugar el concilio de Vienne, en el que Llull, a los ochenta años, puede volver a proponer sus planes de siempre. De esta época son: *Del concili* (1311); *Phantasticus*; *Petitio Raimundi in Concilio generali*[87], en donde encontramos un retrato muy negativo del clero y en el que defiende a ciegas su vida y su destino. Un año después, en 1311, en la cartuja de Vauvert, sita en los actuales Jardines de Luxemburgo, tiene lugar la redacción de la *Vita coaetanea* (septiembre de 1311), en la que se incluye una primera lista de obras.

Hasta aquí el texto de la *Vita*. Hay datos, con todo, que confirman varios viajes, entre ellos otra vez a Túnez, seguramente entre septiembre y diciembre de 1314-1315, quizás acompañado de un franciscano que traducía sus obras al latín. Algunas de ellas están dedicadas al rey de esta tierra. Aun cuando la leyenda ha querido situar la muerte de Llull en un naufragio o, finalmente, a manos de los infieles, parece que murió hacia los ochenta y cuatro años apaciblemente en su isla de Mallorca.

Al final del texto de la *Vita*, tenemos una de las raras ocasiones en que Llull cita la Biblia, zanjando toda discusión sobre la autoría de los hechos sucedidos y lo dicho en ellos: «Pues no sois vosotros los que habláis, sino el Espíritu de vuestro Padre quien habla en vosotros» (Vita 45), pensando quizás en aquellos que debían transcribir lo que habían oído de viva voz. Entonces Llull encuentra la pregunta a una respuesta que había obtenido muchos años atrás en la forma de las visiones de Cristo. La pregunta era cómo llegar a Dios, cómo encontrar por sí mismo a Dios, que aparecía como respuesta a las inquietudes y a la insatisfacción en el amor. Pero en aquel entonces, la vida tenía que abrirse todavía al mundo y a la creación, en donde, según el modelo de la época, Dios estaba en cada elemento de la naturaleza. Entre el final real y la *Vita coetanea*, como final de un proceso de comprensión personal, es decir, entre el final histórico de la existencia, narrado en los hechos de la *Vita*, y el final transhistórico, es decir, su dimensión simbólica con valor predicativo más allá de la propia muerte del autor, la conclusión del relato autobiográfico se resuelve en el objetivo de la vida misma, pues la verdadera predicación interior ha encontrado su sentido. Como otros genios religiosos antes que él, Llull habría podido renunciar a su actividad de predicación y salvación de los otros una vez obtenido el comunicado del cielo. Y sin embargo, en el contexto de la concepción cristiana de la vida, se hacía preciso vivir históricamente el acontecimiento transhistórico de sus revelaciones, pues sin el aspecto sensible de la revelación tampoco su comprensión espiritual resultaba completa.

Segunda parte
Sabiduría y compasión

La lectura de la *Vita Beati Raymundi Lulli* nos proporciona elementos muy significativos acerca de la secreta intención de su autor por silenciar o dar énfasis, alternativamente, a algunos hechos de su existencia en el mundo, al tiempo que revela un esquema de gran utilidad. Los sucesivos ascensos y descensos de Llull a la montaña de Randa no sólo responden a una realidad histórica, según la *Vita*, sino que contribuyen a expresar simbólicamente los movimientos del espíritu. Desde el comienzo, la narración ha puesto suficientemente de manifiesto su preferencia por ofrecer un marco de comprensión entre dos límites: la contemplación y la acción. Aun cuando ambas se alternan en las cuatro fases de la vida propuestas en nuestra lectura del texto, ciertamente son más los años dedicados a la predicación de su arte y a la misión, que aquellos primeros tiempos de peregrinación, estudio y ausencias. Pero también es cierto que la vida activa carece de significado sin la vida contemplativa que le sirve de modelo, mostrando así el valor altamente espiritual que impregna la actividad pública, pues en ella se predica lo contemplado[88]. De este modo, el lugar más alto se sitúa en el más bajo, en una inversión simbólica que va a afectar plenamente a la forma de expresión y a los usos transgresores del lenguaje paradójico tan propios de la literatura mística.

Los principios del arte de la contemplación han sido adquiridos en la cumbre de la montaña, rindiendo así culto a una prestigiosa tradición que los sistemas monoteístas han ido a buscar en la «theōria» platónica. La realización concreta de esta comprensión intuitiva del método contemplativo que le ha sido inspirado a Llull, sin embargo, se lleva a cabo en el monasterio al que ha descendido para escribir «el mejor libro del mundo». Es de nuevo el acto de la escritura el que traza el próximo horizonte, y el hecho del descenso, el que alberga en sí mismo un motivo nada desdeñable para nuestra comprensión de la *Vita* y las vicisitudes de la contemplación luliana. Al igual que otras figuras religiosas antes que él, Llull siente la imperiosa necesidad de comunicar su *Arte*, es decir, su mensaje de salvación. A la adquisición de la sabiduría recibida por la gracia del Espíritu de Dios, acompaña ahora, en un acto de compasión universal, la vía del amor. Y al no permanecer en la quietud de la cumbre, el alma, a cuyo ascenso han contribuido las facultades superiores, inicia un nuevo movimiento de renuncia, una nueva muerte espiritual[89], cuya pendiente señala el profundo sentido escatológico de la experiencia mística luliana. El resto de la vida, tras la contemplación de las virtudes divinas, debe así convertirse en un espacio de enseñanza, una pedagogía en la cual poder transmitir las formas esenciales que convierten la vida en un acto de amor desinteresado. Éste es el marco en el que debemos intentar comprender los complejos procesos y explicaciones que el propio Llull proporciona entre su primera gran obra, el *Llibre de contemplació en Déu*, y el *Ars compendiosa inveniendi veritatem*, escritas ambas en 1274, pero separadas por la iluminación de Randa.

Es ciertamente complicado obtener una idea clara de lo que debemos entender en Llull por contemplación[90], aun cuando sea una de las palabras de más uso en su peculiar modo de hablar y se encuentre en muchas de sus obras[91]. Por otro lado, en casi todas ellas parece que lo esencial se reduce a lo que se ha llamado la doctrina de la «primera intención»[92]: conocer y amar a Dios[93]. En efecto, éstos son los dos términos principales de la gramática luliana a partir de los cuales se desarrolla su sistema científico-contemplativo. En el *Art amativa* (1290), una obra de contenido místico, se dice: «la amancia es defectuosa sin la ciencia y la ciencia sin la amancia»[94]. Ya aquí queda señalado un camino conjunto, en el cual lo sorprendente consiste en que la ciencia representará el ascenso discursivo de las facultades del alma hasta el lugar más alto al que les está permitido elevarse, mientras que la «amància», o ciencia del amor, quedará reservada para el descenso tortuoso, que tiene como modelo a Jesucristo, figura que ha impregnado todo el Occidente cristiano[95]. El contexto teológico de este acto hay que ir a buscarlo en la experiencia «kenótika» (cf. Flp 2, 7) de la divinidad y su lenguaje simbólico en el descenso humillante de la cruz en la Pasión de Cristo. El complejo formado por la *Vita* y los otros textos de Llull ofrece una lectura muy clara de un modelo de vida místico construido sobre los cimientos de las experiencias extraordinarias, como las visiones de la cruz y la iluminación de Randa, pero que en modo alguno manifiesta una intención estática. Con su movimiento de descenso, Llull dignifica el camino hacia la tierra y el mundo, en un acto de amor cósmico que sitúa en su lugar apropiado la experiencia mística del cristianismo. Esta nueva espiritualidad medieval de la «compassio», que se relaciona estrechamente con el acontecimiento amoroso, supone una ruptura con la tradición religiosa anterior y muestra dos modos posibles de cristología: una de la «encarnación del descenso» y otra de la «pasión del ascenso»[96]. El camino que va a seguir Llull, aun estando construido sobre este modelo, va a suponer todavía una nueva ruptura, pues quiere integrar el elemento racional junto a aquel emocional y devocional. La amancia asume la comprensión previa de la ciencia como la experiencia intelectual de Dios –como todo el esfuerzo que Llull ha realizado en el período de formación y estudio–, para proyectar en un segundo momento, con la certeza de la experiencia y con la gracia divina, el amor al otro.

Las diferentes tipologías del ascenso y descenso contemplativos en la tradición cristiana, que hiende sus raíces en lo que McGinn ha llamado el «ideal contemplativo griego»[97], ofrecen curiosamente pocas referencias sobre este modelo místico, cuya base racional e intelectiva prepara al alma no ya para los deleites de la «visio beatifica», sino para los dolores de la unión con el amado, acompañándolo en su pasión voluntaria por el mundo, como encontramos en muchos pasajes del *Llibre d'amic i amat*. Justamente los encendidos versos de este libro, probablemente el más conocido de Llull, en muchas ocasiones han sido leídos sólo con la perspectiva luminosa del ascenso extático del alma que busca a Dios, olvidando su ineludible complemento del descenso oscuro a que ha dado lugar una importante recepción de la «vita Christi».

Aun cuando el *Llibre de contemplació en Déu* no se beneficia todavía del orden y la capacidad sintética de las obras posteriores a la iluminación de Randa, su principal interés radica en la forma expositiva. Se trata de una «literatura de meditación»[98], pues en cierto modo es el fruto de un proceso de autoconocimiento que completará el giro de la mirada iniciado once años atrás[99]. Más que un relato de los estados contemplativos, es la descripción de una vía reflexiva que lleva a cabo la lectura de la creación, maravillándose tanto de la gloria del Creador como de la apertura del espíritu del hombre que va comprendiendo el orden secreto del mundo. Como todo ejercicio de meditación en la tradición cristiana, la lectura del libro está marcada por la consciencia del tiempo. Hay un tiempo de la lectura así como hay un tiempo de la vida, y los cuatro planos de lectura que Llull propone al final de la obra están destinados a configurar una comprensión paulatina de lo expuesto: 1) leer el libro del comienzo al fin, cada día un capítulo, y al final del año empezar de nuevo; 2) saltar de un párrafo a otro; 3) escoger alguna de las rúbricas leídas en el índice. y 4) por último, la reflexión o comprensión intelectual de un texto[100]. La lectura permite que la consciencia se abra y discurra entre el tiempo del yo y el tiempo del mundo, con el deseo de acortar la distancia con el Creador.

Una cristología cósmica

El complejo simbolismo que invade el *Llibre de contemplació en Déu*, del que también forman parte sus ricas divisiones en capítulos y fragmentos, con sus árboles, figuras geométricas y escaleras, responde a una clara intención didáctica, aun cuando en aquella época temprana de su creación resultara todavía poco explícita. Proclamada de una sola vez la vocación contemplativa de su autor en un acto de confesión y actividad frenética de reflexión, ésta no presupone una comprensión inmediata por parte del oyente o del lector. Si el *Llibre de contemplació* despliega la máxima capacidad del lenguaje para recorrer los amplios espacios de la creación exterior, pero también de la memoria como lugar de la creación interior, se debe a una voluntad excepcional de invocar a toda la creación, que se muestra como un espejo. El mundo ante los ojos de quien medita puede ser mudo a los sentidos del cuerpo y del espíritu, si nada hay en el alma del contemplativo. Nada existe si no ha sido ya encontrado en el interior del alma. El gran libro tenía esa finalidad, recorrer todos los caminos, abrir todas las vías para el encuentro espiritual que tuvo lugar once años atrás. Y al encuentro sólo conduce la capacidad siempre abierta de formular la pregunta. La vía no tiene dirección ni sentido propio; en ella la pregunta y la respuesta habitan un mismo cauce. Es el tiempo de la vida el que sitúa el camino en la dirección de la respuesta o de formular la pregunta. En el lenguaje de Llull, la creación sigue siendo muda a aquel que, como el Perceval de Chrétien de Troyes, no ha formulado nunca la pregunta.

En esta obra, cuya extensión ronda el millón de palabras, Llull se esfuerza por situar en el orden de una conversación con Dios todo lo que es posible entre el cielo y la tierra. Se trata de indagar los límites de nuestra capacidad de amar y conocer, y la fuerza de este amor va a crear las bases para una vía contemplativa que le abrirá los ojos a la comprensión final: «Así como el hombre se aventura para conseguir aquello que ama, así nosotros voluntariosamente nos lanzamos a la aventura al tratar de esta obra»[101]. Pero aun cuando sabe de la necesidad de la vida contemplativa como modelo de sabiduría, es una inmensa carga de la que quiere liberarse cuanto antes para culminar su obra con la vida activa y el martirio. La escritura de la obra que está concibiendo le resulta insoportable. En cierto modo sabe que, al escribir sobre todo lo que es capaz de percibir exterior e interiormente, está tocando los límites de la creación y por eso le pide a Dios que esté presente a lo largo de todo el recorrido para, al terminar, «exiliarse de la obra» y devolvérsela a su auténtico autor[102]. Lo insoportable de esta actividad radica en la responsabilidad de lo que tiene entre manos. ¿Quién es él para dar cuenta de toda la creación: desde la esencia oculta e inmanifestada de la divinidad, hasta las criaturas más bajas en la escala de los seres: los vegetales, los metales y las piedras? Hay una cierta consciencia de desdicha en las primeras y las últimas páginas de este libro. Por una parte sabe que su ciencia es el resultado de un impulso creador a causa de la conversión, pero hay algo que le pesa: sus ojos se han abierto al gran misterio de la creación, el espíritu se ha hecho sensible a los secretos de la revelación, pero falta el poder de transmisión y comunicación. El *Llibre de contemplació* es fruto de la experiencia interior, de la ascesis y la oración: las ventanas de su corazón se han abierto y el mundo penetra con fuerza llamándole con la multiplicidad de lenguajes, aunque todavía torpes, y con el cromatismo que desprenden las criaturas. Pero el diálogo con Dios está lleno de inseguridad, lo cual muestra la situación existencial en la que se encuentra: a la espera de aquello que proporcionará forma al caos en el que el espíritu se ha sumido. El fuerte tono escatológico que se respira en toda la obra se debe al período de atención máxima, anterior a la comprensión definitiva, que descansa en la certeza de su primera experiencia.

A lo largo del libro asistimos al despliegue de las más importantes doctrinas teológicas, místicas y formulaciones lógico-algebraicas que se conocerán después, pero no hay sentimiento de certeza todavía. No falta poética a su autor, la inspiración que necesita conviene al principio más importante de su pensamiento: el método de la distinción. Y en este punto su capacidad analítica es impresionante, sin que por ello se vea mermada la fuerza sintética de su expresión, como pocos años más tarde se verá en el *Llibre d'amic i amat* (1283). En diversos momentos de su vida, Llull se ha de enfrentar al mismo problema: el miedo a no saber expresar de forma comprensible la certeza de su mensaje. Ésta es la razón por la que constantemente modula el discurso y la forma de su lenguaje: desde el más lógico-filosófico al puramente poético y de ficción. Su obsesión es el descubrimiento de la forma o el método. En cada ocasión en que consigue aplicar convenientemente un lenguaje nuevo queda liberado. Los conocimientos le llegarán por numerosos canales, desde los habituales de la transmisión cultural hasta los más singulares, como es el caso de su esclavo sarraceno y maestro de árabe. No sucede así con la forma. Ésta llegará con el *Arte* y éste sólo es de Dios. Cuando se leen algunos de los pasajes más abstrusos de los últimos capítulos, cuando, por ejemplo, Llull introduce de súbito el lenguaje algebraico en el contexto del método contemplativo[103], somos conscientes de que se halla muy próximo a una nueva manera de decir, como si se tratara de la intuición de un lenguaje angélico sólo comprensible para iniciados. Y sin embargo, ruega a Dios para poder transmitir este *Arte* a los hombres y principalmente a aquellos que se hallan errados en el camino: los infieles. La revelación de Randa constituirá la visión unitaria de esa forma que, ahora de manera todavía balbuciente y fragmentada, hace tímida aparición en sus escritos. Parece incluso como si él supiera que tal suceso es ineludible y necesario. La paciencia que muestra escribiendo este libro es señal de la ascesis a la que se somete, a sí mismo y al lector, en espera de un único gesto que organice de otro modo las palabras que ya le han sido dadas.

En este clima de espera, el libro se abre para hablar desde el tiempo del mundo y desde la consciencia fáctica de la existencia, que se entiende como el templo de la creación, preparando el instante/eternidad en que, de nuevo, la claridad introduzca orden a la desmesura humana que busca lo divino. Probablemente por esta razón, su autor dispone de un entero simbolismo numérico para la división en capítulos, libros y distinciones[104]. Todo ello forma una suerte de diario en el que se anotan, con idas y venidas, tanto los asuntos del cielo como aquellos de la tierra, dando a entender que la contemplación es un acto de amor al Todo que cotidianamente se manifiesta; que la contemplación de las divinas esencias no es sino el soporte para ver con ojos nuevos, los del espíritu, todos los actos del hombre y las criaturas. Ese mirar activo en el que queda comprendida la voluntad de creación del individuo en la tierra es para Ramon Llull la esencia de la oración contemplativa. Pero la mirada está atenta a la nueva dirección. Llull identifica el estado de pecado con la falta de atención a la unidad originaria, por «haber girado mi cara a otras cosas»[105], confundiendo el verdadero principio de realidad:

Pues yo, Señor, he amado personas, muchas veces, tanto, que noche y día no había otra cosa en mi corazón que el querer amarlas. En donde, por gran locura, Señor, tomaba aquellas cosas que amaba como Dios, pues las amaba según la manera en que vos debéis ser amado[106].

Es la mirada errada la que conduce al alma a contemplar y amar su propio ser[107] y, como consecuencia, a la pérdida en lo múltiple. Desde la perspectiva de la conversión, se entiende el estado de recuperación personal como la plenitud de pensamiento y corazón en Dios. La exclusividad del amor divino evita el pecado de iconoclastia, ya que rechaza la adoración a los ídolos que el alma construye sobre el mundo, como el pueblo de Israel en su marcha por el desierto. La aventura del encuentro con Dios en el mundo abre el alma a la atención y a la contemplación de la unidad divina.

Vemos cómo la contemplación luliana tiene su fundamento en la conversión y en el giro de la mirada[108] que descubre el lugar que ocupan las cosas: por encima las virtudes de Dios y por debajo, en justa correspondencia, las facultades humanas de conocimiento. A través de la experiencia de la maravilla, que años después dará nombre a uno de sus libros más leídos, el *Fèlix o Llibre de meravelles* (1287-1289), el espíritu se manifiesta al alma y le comunica los caminos, para que sus facultades se ordenen en la contemplación[109]. Ésta es activada por un estado de alegría[110] a causa del Ser que todo lo penetra, que se hace extensiva a la alegría por el propio ser, al que ha llegado desde un estado de indigencia y privación ontológica, y por el ser de los otros: tanta es su alegría que a punto está de perder la cordura (seny), pues si los animales que no conocen a Dios son felices, cuánto más el hombre que por su conocimiento llega a amar a Dios. El pensamiento parte de un peculiar sentido de la realidad divina plenamente comprometido con la vida. Desde el comienzo se respira una confianza cósmica y una solidaridad excepcional con la materia. La nobleza del creador no cabe en las criaturas del mundo, pero aun en su limitación

Llull les da más valor que a la frágil voluntad humana, la cual renuncia a conocer los límites de lo posible, aventurándose en lo imposible y así en la pérdida de realidad. La aventura en el mundo está principalmente señalada por el encuentro con el ser de Dios, a partir del cual, como en un ritual cósmico, se inicia una «fiesta» sin fin en el tiempo y cuya única actividad es la contemplación[111]. La plenitud esencial de la creación requiere una máxima apertura de los sentidos, a los que llama «agujeros y puertas de mi casa» con una clara consciencia de su importancia para el ejercicio meditativo[112].

La explosión de belleza literaria de estos primeros capítulos del libro indica hasta qué punto la conversión conduce al hombre a un nuevo nacimiento en donde no hay espacio para el vacío y la diferencia, pues todo es plenitud: «tan lleno estoy, que el mar no está tan lleno de agua»[113]. Desde el comienzo, se introduce aquello que falta al conocimiento para que éste pueda comprender a Dios:

¡Señor Dios! Ya que mi entendimiento no puede (defall) comprender la grandeza de vuestra esencia, os ruego, si os place, que pongáis tan gran amor en mi corazón para amaros que mi entendimiento no pueda imaginar la grandeza de aquel amor[114].

El conocimiento debe amar lo que conoce y el amor debe conocer lo que ama. Ambas perspectivas dan una idea del arte de combinar los términos del lenguaje que practicaba Llull, pues las palabras, y la actividad entre ellas, nos acercan a la realidad cambiante y mutable. No hay un orden de las ideas abstracto y separado de las cosas del mundo. El hombre vive dividido entre conocimiento y amor, pero éstos no responden a dos realidades distintas[115]. En la divinidad hallan su unidad sin diferencia. El conocimiento aislado del amor es la causa del pecado en el hombre y el origen de su estado de caída. La visión negativa que supone el pecado no se debe, como en un sistema gnóstico, a la imperfección o la maldad del mundo creado, más bien es la tierra la que siente «deshonor» (onta) de que el hombre esté sobre ella ignorante de su creador[116]. Así es como la voluntad conduce al encuentro con Dios, que, por su ser infinito, se halla en todas las cosas: «Por todos los lugares y todos los atajos, y en todas partes puede el hombre encontraros, si buscar os quiere»[117]. Y por ello, el lamento de Ramon es grande al recordar cómo en su juventud se olvidó de Dios al cerrar los ojos de su alma para, voluntariamente, perderlo y no encontrarlo.

Con la descripción de las virtudes divinas, aunque no en su forma definitiva todavía[118], se ofrece en esta primera parte del libro el modelo de contemplación. Llull distingue entre atributos de la esencia divina (activitas ad intra): Infinidad, Eternidad, Sabiduría, Poder, Amor, Virtud, Simplicidad, Perfección, así como otros, y atributos en su actividad creativa (ad extra): Creación, Gracia, Misericordia, Justicia, Soberanía, Humildad, Largueza, Grandeza, Gloria y otros. La Infinidad le da ocasión para tratar de la finitud humana. Ésta establece un orden del conocimiento sobre el entendimiento y los límites dentro de los cuales éste se halla encerrado. Pero la clausura de la razón, paradójicamente, no está destinada a limitar sus posibilidades. Su modo de ser se debe a la naturaleza de su objeto: el mundo. Sólo puede crecer y multiplicarse si se aplica a él, pero pierde su condición si transgrede los límites de la creación. Desde una perspectiva de la historia del mito, aquí la «historia sagrada», la transgresión del límite puede entenderse como consecuencia de una pérdida o disminución del poder del hombre causada por los dioses; pero si situamos la reflexión luliana en el contexto de los ejercicios de meditación, la contención de las facultades estaría destinada a una explosión mayor de su capacidad perceptiva y cognoscitiva por medio de los sentidos corporales y los sentidos espirituales del alma. La caída se debe a la transgresión, pues ésta impide la realización ordenada de las propias facultades mentales, lo que inevitablemente conduce a un conocimiento defectuoso de la realidad y, como consecuencia, a la falta de libertad.

Toda la obra discurre en esta dialéctica entre los límites, intentando mostrar que el conocimiento de lo que está más allá del entendimiento no se alcanza irrumpiendo fuera de él, sino penetrando el propio límite, en una bella imagen de la relación «lejos-cerca», que invade la poesía trovadoresca[119], pero también toda la literatura religiosa, y que se encuentra tanto en san Agustín como en el Corán, y que Llull recoge fielmente: «No hace falta que se os vaya a buscar lejos, pues estáis muy cerca...»[120]. De esta forma, la contemplación se extiende más y más a causa de la facultad de maravillarse y sorprenderse. Y después de la Infinitud, trata de la Eternidad del Ser de Dios, recorriendo así, «por los predicados que corresponden a los elementos personales y racionales que el hombre posee en sí mismo, aunque en forma más limitada y restringida», aquellos que son pensados como absolutos en Dios[121]. En tanto que principios de contemplación, los predicados de Dios son los únicos que verdaderamente tienen un fundamento en el ser, pues carecen de comienzo y son eternos. Y de la contemplación de aquello que no tiene fin, dice Llull, ha de obtenerse un ser propio sin fin[122]. El ser en las criaturas es un sustento temporal en espera de la salvación final, pues si «vos desampararais a las criaturas, todas volverían al no ser»[123]. Lejos-cerca, infinitud-finitud, serno ser: el pensamiento contemplativo discurre dialécticamente entre un arriba y un abajo que finalmente encontrará su mediación. La contemplación es un don del corazón, y en ella la eternidad halla su lugar en el tiempo. Al igual que en la escuela especulativa alemana[124], en Llull el ser sólo pertenece a la divinidad, en donde todos los seres están comprendidos, y el hombre puede salvarse al participar de tal plenitud.

Esta exclusividad del ser en Dios llama la atención frente a la multiplicidad de las cosas y la pérdida a que nos conducen. Uno de los principios del pensamiento de Llull y base para su método de contemplación es la comprensión de que Dios es una única sustancia a la que se pueden atribuir, sin embargo, múltiples virtudes, lo cual situará el problema del monoteísmo divino en un nuevo plano. Para Llull no representará un problema introducir en la reflexión sobre la divinidad la doctrina de la Trinidad o de los Atributos activos, frente a su ociosidad, tal como son entendidos por el islam. La teología luliana, como la de san Agustín, es una teología de la conversión, lo que implica una gran libertad en la consideración de la divinidad, así como también intimidad entre los términos de la contemplación, lo que se hace difícil de comprender para el teólogo dogmático no avezado en las paradojas del pensamiento místico. La conversión ha introducido una nueva mirada y una perspectiva múltiple. El contemplativo ve a un tiempo la unidad indivisible de Dios y su actividad personal en relación con la historia y las criaturas. Por ello, para Llull, tanto la encarnación de Cristo como la Trinidad son motivos de reflexión mística, lo cual, lejos de ocultar el misterio en las nebulosidades e incertidumbres de la fe, obliga al pensamiento a un esfuerzo de construcción racional. Y esto no sucede por un capricho del lenguaje (la lógica combinatoria), sino porque un espíritu capaz de mirar con ojos nuevos considera en primer lugar el mundo como lugar de transformación en el cual aquel espíritu debe hallar su cuerpo y su materialidad[125]. La argumentación por «razones necesarias» (necessàries raons), que surgirá de su literatura de disputa, apunta a la conveniencia de contar con una base de comprensión singular, nueva y transformada, y lejos del estado de pecado en donde lo uno y lo múltiple no podían encontrarse.

La conversación con la divinidad requiere, con todo, una manifestación próxima de aquello lejano. La relación entre las tres personas de la Trinidad ofrece el marco idóneo para una comprensión de la eternidad en la temporalidad a partir de la idea neoplatónica de «generación y procesión» divinas. La actividad interna de las personas (Padre, Hijo y Espíritu Santo), en su constante generar y ser engendrado en un círculo trinitario, proporciona una base sólida para aceptar la propia necesidad de lo ajeno, del Otro, cuyo fundamento último es el amor entre las personas. Y esta actividad viva intradivina tiene su reflejo en la naturaleza humana en su formación tripartita de «cuerpo, alma y espíritu»[126]; actuando el último de nexo (conjunció).

La reflexión sobre la Trinidad llega a ser obsesión en toda la obra de Llull, no sólo porque sabía que era uno de los puntos más controvertidos en la disputa con el islam, que veía en este dogma cristiano una suerte de politeísmo, sino porque, ya en el cristianismo, hace posible la vida contemplativa en el marco de la historia y del tiempo. Lo que diferencia de forma característica a la teología cristiana de las otras dos religiones abrahámicas es justamente la idea de la Trinidad, pero los místicos como Llull son conscientes del valor «personal» de la experiencia trinitaria de Dios y de su proyección universal. Lo que propondrá Llull al infiel es una comprensión del «modo de creer», a partir de lo que en sentido restrictivo o exclusivamente cristiano es la Pasión y Encarnación, y en un sentido universal sería la comprensión de la unidad humano-divina de Jesucristo como modelo de sabiduría en este mundo, pero sobre todo modelo de salvación para el otro. Si nos quedamos con los aspectos estrictamente tipológicos de la experiencia mística, no es difícil hablar de una convergencia entre las religiones: en todas ellas se dan procesos parecidos de aproximación y unión con la divinidad[127]. No sólo por el carácter esencialmente cristocéntrico de su lenguaje, sino principalmente por la realización temporal y personal de la divinidad, en virtud de su comprensión trinitaria, la mística cristiana es también cósmica y humana (cosmoteándrica[128]) y toda la actividad mundana de Llull a lo largo de su predicación tiene como referente esa dimensión espiritual de lo próximo. Pero el modelo trinitario también es decisivo en la creación de un lenguaje que refleje la experiencia de conversión de los términos de su gramática, que es uno de los rasgos más característicos de la mística: «pues así, Señor, como vuestra sustancia es en tres personas, así las tres personas son una sustancia»[129]. Y sin embargo, cuando analiza la «ciencia divina», Llull deja claro que el conocimiento de las tres personas no implica el conocimiento de la sustancia o esencia divina, es decir, de la unidad incognoscible[130], siguiendo en esto la tradición del neoplatonismo cristiano. La vida intratrinitaria muestra el principio por el cual es posible comprender la unidad necesaria de amor y conocimiento en el hombre, pues cada uno de estos términos halla su significación plena y su realización en el otro. El misterio de la esencia última de las cosas, lo que ellas son en sí mismas, también se extiende al hombre: «Gran maravilla es, Señor Dios, que nosotros seamos aquella cosa que no sabemos ni entendemos lo que es en sí misma»[131]. El misterio de la «cosa en sí» forma parte del plan de la salvación y entretanto el hombre ha de comprenderse en su extensión a la naturaleza y a los demás.

La experiencia de la conversión ha trastocado la perspectiva con que las cosas son percibidas; por esta razón la teología de Llull es una teología de la conversión. Sus temas centrales están regidos por la necesidad de ser trasladados del lugar estático que normalmente ocupan. Este arte de la combinación y conversión de términos tiene su origen en una experiencia de traslación y transformación personal. Desde ese momento el mundo se presenta ante el hombre de nueva mirada como un conjunto de partes, ninguna de las cuales es fija, porque su verdadero ser está en otro, así como el de ese otro está en el primero. La aventura de la búsqueda del ser esencial viene señalada totalmente por ese abandono constante de lo propio, cuyo modelo hemos visto en la misma vida intratrinitaria, pero cuya realización plena se da en la Encarnación, uno de los dos dogmas del cristianismo que Llull estaba convencido de poder comunicar racionalmente o basándose en la experiencia. Pero aquí hay que advertir que Llull está pensando en la experiencia que proporciona la comprensión del modelo de sabiduría que se desprende de la Pasión de Cristo, la cual a su vez sólo se hace visible desde la conversión. Por ello el diálogo que pretende establecer está dirigido casi exclusivamente al hombre sabio. El principio de racionalidad al que se apela ha de entenderse desde una base de experiencia cuya comunicabilidad estaba garantizada por el lenguaje de los Nombres de Dios. La racionalidad surge, pues, de la mística trinitaria y es consecuencia de una visión espiritual del mundo y la materia, es decir, de una visión de la realidad muy tangible y muy próxima.

El principio ontológico que rige el ritmo del lenguaje combinatorio se aplica tanto a la comprensión espiritual de lo sensible como a la dimensión sensible de lo espiritual y dicha práctica conduce a la comprensión más alta de la Trinidad en la unidad y viceversa[132]. El misterio de la unidad en la multiplicidad nos conduce a una lógica paradójica que busca el secreto del lenguaje de Dios, pues su sabiduría no se arredra ante la contradicción característica del tiempo[133], dice Llull, ya que el mismo Dios carece de contradicción interna[134].

La contemplación de las «propiedades» o virtudes divinas, que continúan con el «Poder», es una forma especial de ver su participación y actividad en los seres, como cuando Llull se acerca a la revelación de la naturaleza que nos ha de acompañar hasta los últimos días, tras los cuales se hará comprensible la revelación divina:

Cuanto más pensamos, Señor, en vuestro saber, tanto más virtuoso y maravilloso lo encontramos, bendito sea. Pues vos sabéis cuántas son todas las montañas y todas las planicies, y sabéis todos los ríos y todas las fuentes y todos los pozos y todos los mares, y sabéis cuántos son los lugares del mundo, y sabéis cuántos granos de arena hay y cuántos átomos. De todo sabéis la cantidad[135].

La contemplación recorre el poder y la sabiduría divinos en un recuento detallado de la creación, haciendo intervenir a la eternidad en el transcurso del tiempo, cuya naturaleza primera es la cantidad. Pero verdaderamente no hay diferencia entre la revelación natural y la divina a no ser por la asociación que el hombre hace con la temporalidad o con la eternidad respectivamente. No hay desprecio del tiempo de la naturaleza, pues sin él, como sin la historia, no llega el fin, con lo cual nos hallaríamos en un ciclo infinito que plantearía un cosmos totalmente distinto y sin salvación. La salvación es en el tiempo: «Nuestra salvación, que esperamos venga de vuestra piedad y misericordia, no es otra cosa sino veros y contemplaros y alegrarnos y amaros»[136]. En el tiempo, pero fuera del tiempo —siguiendo la paradoja de la revelación cristiana–, porque la analogía con la vida gloriosa que puede entreverse en la contemplación comporta la idea de que esta vida no es verdadera, lo cual lleva a una cierta nostalgia del paraíso que, a pesar de todo, está presente en el pensamiento cristiano: «Maravillosamente, Señor, me parece esta vida ser cosa mundana y vana y con poca verdad, por lo que hace a sí misma, pues en un momento este hombre está vivo y en otro muerto»[137]. Por esta razón, la mística cristiana pugna por partir de la naturaleza caída y mortal para ascender a la visión de la realidad. Y cuando Llull llega al elemento más bajo de la realidad mundana, de nuevo asciende en busca de otra virtud divina: la Bondad, con cuya capacidad «difusiva», según la fórmula del neoplatonismo cristiano: «Bonum est diffusivum sui», se multiplican los bienes de la creación sin ser la causa de los defectos que de forma accidental se suceden[138]. Y con la Bondad, Llull da por terminado el primer nivel de contemplación arquetipal y a continuación, en el segundo libro, inicia la contemplación de la creación, en donde se ha de ver la acción de las virtudes divinas en su belleza ejemplar[139].

Las criaturas no proceden del misterio de la esencia divina en la creación, sino «ex nihilo» (de no re). El creador es visto como un gran ordenador del cosmos, anterior a éste, que en una conjunción de poder y voluntad dio el ser a la criatura, creándola junto al tiempo y al lugar. Todas las cosas corporales están compuestas de la «primera materia» surgida de la nada y ésta es inalterable, pero en ella subyacen dos contrarios: forma y ausencia de forma. Nuestro modo de entenderla es mediante las cosas sensibles o inteligibles: según el primer modo, la materia participa más de la forma que en el segundo, y por esa razón se hace perceptible a los sentidos corporales, mientras que la materia privada de cuerpo y forma es objeto de los sentidos espirituales[140]. El orden del cosmos depende de la oportunidad que tuvo la materia de recibir la forma. Este análisis de la materia es principal en el desarrollo del pensamiento contemplativo; tanto la materia como la forma, mientras permanecen separadas, no son perceptibles a la vista, lo cual haría imposible la comprensión de la naturaleza humana y divina de Cristo. La conjunción de materia y forma, así como la necesidad que vemos en ella, muestran al entendimiento de qué modo podemos comprender la encarnación de la divinidad.

Esta materia primera está compuesta de los cuatro elementos más el firmamento, al que Llull llama «quinta esencia», y que por su cualidad más sutil envuelve a las demás partes. El firmamento es un lugar de pureza inalterable, y a partir de su contemplación el hombre se aproxima a las bellezas de la creación, pero en primer lugar es necesario hacerse digno de ese lugar hasta que sea propio[141]. Y entonces asistimos a una primera incursión de lo que podemos llamar una «cristología cósmica», que marca los orígenes del método contemplativo luliano: «Pues así como habéis creado el sol en medio del firmamento para iluminar y calentar la tierra, así habéis querido poner la santa cruz en la tierra, para iluminar a los ciegos y para calentar el corazón de los católicos»[142]. La cruz, vista como «axis mundi» –en ella, dice Llull, «vos fuisteis crucificado en medio del mundo»[143]–, es el símbolo máximo de la contemplación y desarrolla un cristocentrismo obsesivo, cuyo simbolismo heliocéntrico habría que ir a buscarlo en lo que Mircea Eliade ha llamado «cristianismo cósmico»[144], proveniente de un sustrato arcaico precristiano y que apunta a una idea de salvación universal. Desde el comienzo del libro, este lenguaje nos recuerda cuál es el «objeto» de contemplación único: el Hijo o la humanidad humillada de Dios, a través de la estrella solar en el centro del universo. Esta consciencia cósmica, más preocupada por la función litúrgica que por la concepción histórica del misterio cristiano, como se desprende del ritmo cíclico de la lectura del *Llibre de contemplació*, integra sin embargo el elemento escatológico, el cual aparece una y otra vez. Es siempre la estaca de la cruz, clavada en el centro de la tierra, la que recuerda a quien la contempla la perspectiva desde la cual debe afrontarse este mensaje de salvación, no pospuesto a un más allá totalmente transcendente, sino en un más acá que permite no abandonar antes de tiempo toda la materia de la que está hecho el mundo.

La materia es la base de la contemplación siempre que la entendamos como receptora de la pasión divina; materia que muestra en la gradación sutil de los elementos el perfecto orden que conduce a la divinidad: fuego, aire, agua y tierra, en sus afinidades y oposiciones[145], configuran la topología primera del alma que asciende, pasando por los metales y los vegetales, que, como el árbol que «renueva sus hojas, su flor y su fruto», recuerdan al orante la cruz, en donde la esencia divina y la naturaleza humana confluyen en la muerte, cuya figura es el fruto, última etapa de la vida, pero también la primera que anuncia la renovación de la planta[146]:

El más noble vegetal y mejor que ha sido creado, fue el árbol de la santa cruz, donde fuisteis martirizado: pues aquel árbol estuvo en el comienzo cubierto de verdor, y de hojas y de flores y de frutos dulces y sabrosos; y al final, fue cubierto y vestido de vuestra deidad y de vuestra humanidad, y fue bañado de sangre preciosa y de lágrimas de vida[147].

Las tradiciones devocionales sobre la cruz emergen con fuerza aquí y elevan la cruz y al crucificado, que extiende sus brazos acogiendo a los hombres y la naturaleza entera[148], a un símbolo universal del que participan todos los elementos de la escala de los seres, según un sistema de pensamiento analógico constantemente presente en el autor. Así, por ejemplo, la generosidad divina ha hecho derramar sangre y agua del cuerpo del crucificado sobre la roca en la que está clavada la estaca cósmica o árbol de la cruz, mientras la avaricia humana no consigue hacer brotar agua de los ojos ni sudor en los vestidos[149]. En cualquier caso, es un símbolo omnicomprensivo del sacrificio y del amor: ya sea como «lecho de muerte», ya como lugar en el que Dios busca al hombre para unirse a él y redimirlo[150]. La cruz es motivo central de la contemplación luliana: «pintada de vientos y de lluvia, entre el cielo y la tierra», exponiendo a los elementos el cuerpo sacrificado como lugar de inversión de la vileza humana y la bondad divina[151]. La cruz es un espejo[152] en donde las virtudes divinas pueden ser contempladas, siendo los «ojos corporales» los que ven la figura, mientras en los «ojos espirituales» se representa la pasión implícita en ella. La relación entre ambos grupos de sentidos en la contemplación es de una inmensa armonía, así por ejemplo el olor de la rosa, símbolo de la pasión por excelencia, mueve al alma a rememorar la divina figura, pero también el terrible olor de la muerte en la lejana Jerusalén mueve al alma a rememorar los dolores. Son finalmente las virtudes del alma (memoria, entendimiento, voluntad) las que dan los mejores frutos de contemplación, en una analogía con la fertilidad de la tierra que confirma el carácter cósmico de este método de oración[153]. Pero en el acto de pintar y representarse la cruz, Llull da especial prioridad a la imaginación y la contemplación[154], pues ésta puede unir tanto el nivel sensible e inteligible como el humano y divino, lo cual constituye el núcleo y el templo de toda meditación.

En la perspectiva de una actividad contemplativa, que se lleva a cabo desde el mundo, la acción creadora de Dios es comprendida, a su vez, como una completa recreación de la naturaleza caída con una importante carga del elemento salvífico, de manera que la recreación adquiere un valor simbólico muy superior a la creación[155], pues señala el camino de la «theosis» (divinización) en el hombre[156]; y al mismo tiempo es la recreación de la naturaleza humana la que muestra la inmensa grandeza de la divinidad y su nobleza («con vuestra deidad nos creasteis y con vuestra humanidad nos recreasteis»[157]). Esta recreación del linaje humano se entiende en términos de salud, en donde el simbolismo de la sangre y el cuerpo sacrificado del Hijo de Dios convoca siempre a la meditación sobre el árbol cósmico[158]. En él puede el hombre encontrar todo el sufrimiento y el mal de este mundo y a un tiempo todo el bien y las virtudes, como se encuentran en el *Arbre de ciència* (1295-1296), en donde funciona como árbol de virtudes y vicios. El poder del símbolo viene acentuado aquí por su carga moral, pero sobre todo indica la realidad total que alcanza, como lugar en donde convergen los contrarios y la naturaleza buena y mala quedan conciliadas. La meditación luliana ha ido adquiriendo poco a poco su lenguaje devocional: es el alma del hombre la que por la vista de la pasión en la cruz debe fortalecerse[159]. De los metales y los vegetales a la naturaleza animal y angélica, todo el proyecto divino muestra su voluntad de recrear la naturaleza humana que ha perdido el paraíso, pero que puede regresar a él no por una suerte de regresión nostálgica, sino por el conocimiento y el amor a esa misma naturaleza caída.

El cultivo de las virtudes, como el de la tierra, precisa de la sabiduría de aquel que puede distinguir «entre tiempo y tiempo», «entre lugar y lugar», «entre simiente y simiente»[160], en una bella semblanza que recuerda al Qohélet bíblico y que conduce aquí a la disposición de un tiempo histórico, fáctico, frente a uno transhistórico y virtual. El gran reto del modelo contemplativo cristiano propuesto por Llull se sostiene sobre la difícil ecuación tiempo-eternidad y orden natural-orden revelado, pues el hombre que contempla debe seguir un modelo histórico de despliegue de la creación, de ahí que el relato y su lectura precisen también de un tiempo real en el que efectivamente el alma sigue paso a paso el plan divino, como límite superior para los sentidos espirituales, y la pasión terrena de Cristo, como límite inferior, destinada a los sentidos del cuerpo, que despiertan gracias a la devoción en que se inspiran. El tiempo de la meditación debe dar la medida de la historia cósmica de la creación y de la historia del alma individual. Por esa razón, aun cuando la acción divina sobre el cosmos es el modelo de la meditación luliana, el orante sigue el decurso del orden natural con la confianza de encontrar en él al Único que comulga continuamente con los animales y las plantas. No hay conflicto con la creación ni juicio moral sobre ella, pues se acepta desde el comienzo que el orden que rige en ella es una copia del orden celestial. Es, pues, la idea de orden la que irrumpe con fuerza en la reflexión luliana haciendo más consistente las relaciones entre ambos mundos y el gran desequilibrio entre el orden divino y la incapacidad humana para comprenderlo, que deriva en desorden del alma y principio del pecado, y que según Llull es la incapacidad para percibir el orden cósmico, es decir, incapacidad de contemplación.

El cuerpo de la contemplación

Pero al orden exterior corresponde un orden interior según una concepción común en la Edad Media, que ve una estrecha relación entre macrocosmos y microcosmos[161]. De ahí que en el hombre y sus facultades, es decir, aquello que lo faculta para contemplar y no para desordenarse, podemos seguir la armonía del cosmos, razón por la cual el alma humana dispone de cinco potencias: vegetativa, sensitiva, imaginativa, racional y motora[162]. Llull, como otros espirituales de su tiempo, conserva una estrecha relación entre el progreso espiritual y la ascesis y mortificación del cuerpo, única vía para el olvido de sí y el amor al otro[163].

La potencia sensitiva, por la cual el hombre activa los cinco «sentidos sensibles» o corporales[164] y por la que es capaz de oír, ver, gustar, oler y sentir, permite percibir la diversidad (colores, olores, sabores) que se halla dispersa en la naturaleza y a partir de la cual la potencia imaginativa, ya sea en estado de vela o durmiendo, se encarga de crear una figura. Y es en este punto donde el hombre pasa del conocimiento de lo sensible al de lo inteligible, «pues en la medida en que los hombres tienen conocimiento de las cosas sensibles, perciben la verdad de las cosas invisibles»[165], según aquella famosa fórmula conocida por los hombres medievales: «ad invisibilia per visibilia». El germen de este conocimiento superior, inscrito en la sensualidad, se debe a la gran virtud que la naturaleza dispone gracias a la actividad teofánica de la divinidad. Los análisis dedicados a los sentidos muestran una clara preocupación por conciliar la multiplicidad sensible con la unidad inteligible y espiritual. Hasta tal punto es relevante la idea de orden en todo el sistema luliano que el único motivo conducente al pecado en el hombre consiste en el desorden. No porque su naturaleza le lleve a ello, sino por la ignorancia e incapacidad de usar correctamente (ordenadamente) sus facultades. Por ello es necesario que todo discurra conforme al orden natural de las cosas, cuyo conocimiento ha de revelarnos su armonía con el orden sobrenatural, sin menospreciar ni nuestro espíritu ni nuestra naturaleza creada. La armonía de ambos órdenes es más bien el resultado de una cierta comprensión de la experiencia humana de Dios.

La potencia sensitiva tiende a «mirarse a sí misma y a amarse», mientras la racional mueve al hombre hacia el bien. Nada sorprende esta visión de la naturaleza humana en un filósofo cristiano como él, pero cabe destacar que la inclinación al mal (los sentidos) o al bien (la razón) tiene una coherencia propia. El bien, conducente al Bien supremo, como una de las virtudes increadas en Dios, es lo ajeno y lo lejano al hombre; la potencia racional tiene como objetivo principal desviar la atención sobre el sí mismo atrapado por una atención desmesurada de los sentidos. Lo bueno es la salida de sí y el giro de mirada que conlleva el olvido de lo propio. En esto Llull concuerda con la tradición del platonismo cristiano —Dios ha querido que hubiera dos siglos[166]—, que ve la potencia racional sometida al cautiverio de los sentidos por causa del pecado original[167]. En todo caso, la potencia racional es medio entre la potencia más lejana, la imaginativa, y la más próxima, la motora[168]. El ideal de sabiduría en Llull se concreta en la capacidad por mantener el orden de las cosas[169], por la contemplación, la devoción y el amor[170]. El hombre sabio es, pues, aquel que conoce los dos caminos o intenciones que Dios ha ordenado en su naturaleza: mientras que por la doctrina de la «primera intención» debe llegar a amar y conocer al creador, por la segunda debe hacer todo lo posible por alcanzar la primera intención, de manera que la primera se presenta como el objetivo lejano o el modelo de vida, y la segunda como el instrumento para lograrlo. El desorden se produce cuando el amor a sí mismo ocupa el centro de la primera intención. Toda la teoría de las dos intenciones y del orden del mundo se encamina hacia una comprensión posible del dualismo reinante, hasta el punto que para Llull la «segunda intención», podríamos decir, actúa de «vía negativa», de manera que por ella se revela la necesidad de la primera, de la misma manera que la existencia del mal nos conduce a la verificación del bien y su conocimiento, lo cual sin embargo no presupone una existencia previa del mal sobre el bien. Es sólo en estado de caída cuando se produce este reconocimiento. No se trata, en cualquier caso, de una teoría de la justificación o de una teodicea primitiva. Simplemente, en su modo de pensar este dualismo moral, no es más que el camino necesario para llegar a la unidad igual que el tiempo y la multiplicidad conducen la eternidad hacia su unidad. Y sólo el giro de la mirada hacia el exterior de uno mismo capacita al alma del hombre a entender la existencia necesaria del estado de pecado, única vía que puede llevar a la salvación. Por decirlo así, la salvación sólo procede de la asunción del pecado y del mal y de la distinción entre ambos[171]. Estas disquisiciones teológicas que aparecen en un contexto del análisis de los sentidos, recuerdan al orante su condición temporal y múltiple y sitúan la contemplación en el marco teológico apropiado[172].

Con la «distinción» dedicada a la vista, la meditación se extiende en el tiempo. Parece como si la lectura de estos capítulos que, según el simbolismo luliano, debe durar todo un día, respondiera a la lentitud propia de la percepción sensible, que debe recorrer la creación, viendo y recordando cada una de las cosas que son objeto de atención. La vista, en efecto, es un sentido privilegiado en este sistema; ella es la que percibe la diferencia: si es la vista corporal, percibe la diferencia intrínseca a la creación, y si es la vista espiritual, la diferencia entre la referencia lejana, Dios, y la próxima, las cosas creadas. De hecho, pues, la percepción de las diferencias tiene como objeto llamar la atención sobre la naturaleza espiritual que también reside en las cosas y que se oculta en ellas, como la deidad en la naturaleza humana de Dios[173]. La vista contribuye poderosamente al ejercicio meditativo, dado que es el medio por el cual contemplar en la cruz, como si se tratara de un espejo, las bellezas y fealdades en uno mismo[174]. Los ojos del espíritu son capaces de traspasar el yo básico para situarse, como hemos visto, en el marco escénico de la pasión de Cristo. La belleza interior es vista por los ojos espirituales cuando la atención está bien dirigida a la devoción de la gloriosa deidad. El papel de la devoción es crucial en todos estos pasajes, porque ella es la que dirige la conversión, entendida como una «alteración» del estado de pecado al estado de amor a Dios, igual que el agua puede cambiar su frialdad en calor. Esta idea de alteración y cambio es el resultado de la acción de la temporalidad sobre los sentidos[175]: la consciencia de tiempo, la dimensión de la vida como el lugar transitorio de la contemplación, es probablemente uno de los motivos que diferencian este tipo de método de las tradiciones orientales, en las que la supresión del carácter temporal en la meditación parece uno de los presupuestos necesarios.

La percepción de las diferencias conduce al contemplativo a valorar las diversas escalas del ser y la riqueza a que dan lugar en el mundo creado. Entonces Llull recorre las vicisitudes de la creación desplegando la mirada desde las plantas y los animales hasta las diversas clases de hombres según su condición temporal. La confianza cósmica del autor hace que sepa ver en los seres inferiores de la creación la gran belleza que la virtud divina ha depositado en ellos. El Llull contemplativo contrasta sus años de esterilidad (hasta los treinta años) con el gran año cósmico y su capacidad fructificadora[176], y lo compara con la cualidad de la hoja perenne, que significa la eternidad frente a la hoja caduca en los árboles que señala el paso del tiempo hacia la muerte. De esta manera la «sapientia luliana» sigue el ejemplo del orden natural que supera el cambio y la degradación de lo corpóreo, al tiempo que es un modelo de sanación y salvación[177].

Es interesante observar hasta qué punto el autor de esta obra compleja, a causa de su mirada prismática, concede tanta importancia al orden natural: en la imitación de aquello que hacen los animales y las plantas, el hombre tiene oportunidad de alejarse de la atención a sí y, a través de aquéllos, dirigir la mirada hacia lo alto. En las bestias que ofrecen ejemplo de sabiduría al hombre[178], o en el movimiento de los pájaros mientras vuelan cruzándose entre sí, ve también el contemplativo el símbolo de la cruz[179]. Pero son finalmente las propias facultades las que deben superarse: de la misma manera que los animales superiores triunfan sobre los inferiores, también la facultad racional está llamada a dominar sobre los sentidos; lo decisivo es que el dominio de las facultades y su dialéctica se producen en la misma naturaleza humana: «por eso el hombre se vence a sí mismo con aquello que es de sí mismo»[180]. Ciertamente, las condiciones para la salvación están en uno mismo: la enfermedad del alma subyace en el desorden de sus raíces, es decir, en las cinco potencias del alma, en sus tres naturalezas (memoria, entendimiento y voluntad) y en los cinco sentidos espirituales[181]. De la raíz al fruto, son los sentidos corporales y su armonía los que nos deben conducir a los espirituales[182]. El alma es vista como una nave que en caso de tempestad siente gran tribulación, tanto a causa de unos sentidos como de los otros, por eso conviene ver al espíritu en estrecha relación con la vida sensible y su buena disposición[183]; así, por ejemplo, los sentidos espirituales son llamados pastores de los corporales[184].

El análisis del quinto sentido corporal está dedicado a la sensualidad en general[185] y culmina con una lista de vicios a los que el hombre es sensible. Es interesante observar cómo, a diferencia de la tradición cristiana oriental y eremítica, la tristeza no es motivo de pecado en el hombre, sino que más bien vivifica al alma y la obliga a cambiar[186]. La sensualidad, pues, lo invade todo entre el nacimiento y la muerte[187], tanto la vida del cuerpo como la del espíritu, pudiéndose distinguir entre una sensualidad sensible (el cuerpo), otra intelectual o inteligible (los accidentes del alma)[188] y una tercera compuesta de las otras dos:

Cuando el hombre religioso mira, Señor, en la cruz vuestra figura, que muestra vuestras llagas y vuestros trabajos y la grave muerte que sostuvisteis, entonces se es sensible sensualmente; y cuando por la sensualidad sensual comienza a rememorar vuestra pasión y muerte, entonces siente intelectualmente; y cuando comienza a llorar y a suspirar y a amar y a sentir contricción y devoción, entonces se trata del sentimiento compuesto corporalmente e intelectualmente[189].

Ya en este momento, el margen de diferenciación entre lo espiritual e inteligible es muy estrecho, de manera que para acceder al conocimiento y la experiencia de la deidad hay que activar el alma por medio de la oración y la contemplación[190] y así dirigirla a la visión de las virtudes de Dios. El discurso sobre los sentidos alcanza su punto más alto cuando éstos se purifican mediante la ascesis que conducirá a un ensanchamiento de la percepción sensible[191].

La importancia de la imaginación en todo este proceso de conversión de lo múltiple en lo uno es tratada con todo detalle. Y aun cuando la potencia imaginativa media entre la sensitiva y la racional, está sujeta siempre a la acción del tiempo presente, no pudiendo imaginar a un tiempo dos cosas contrarias[192], mientras que la racional puede moverse con facilidad entre el pasado y el futuro. El objeto de la imaginación está, pues, en el orden natural de las cosas[193], de lo contrario podría dar lugar a fantasías, como cuando desequilibra aquel orden por haber prestado más atención a la sensibilidad que a la potencia racional[194]. Ella fija el presente en un lugar verdaderamente virtual, ya que es un puente entre el pasado y el futuro, pero su existencia se asienta sobre la virtud entre lo sensible y lo inteligible[195].

La idea de «sentido» en Llull es ciertamente compleja; al comienzo se hace una clara distinción entre, por ejemplo, el ver de los ojos corporales y el ver de los «ojos espirituales» o bien «ojos del alma»:

Por razón, Señor, de que los ojos corporales son limitados y finitos, conviene que los ojos espirituales se extiendan y atraviesen el límite en el cual los ojos corporales son finitos. De ahí, Señor, que los ojos del alma alcanzan a ver las cosas que los ojos corporales no pueden ver... De manera semejante entendemos, Señor, de qué manera los ojos espirituales se extienden más allá de los límites de los ojos corporales, pues como éstos no pueden ver las cosas espirituales, en la demostración que los ojos corporales hacen a los espirituales, los ojos espirituales ven y aperciben en las sensualidades las cosas intelectuales[196].

La percepción de las diferencias e identidades que se da en este campo de limitación mutua —«las sensualidades limitan a las intelectualidades, y las intelectualidades limitan a las sensualidades»— está encaminada a descubrir la divinidad oculta en la naturaleza humana de Dios, siempre como un modelo para la naturaleza divina en el hombre.

A un tiempo el límite de lo corporal acaba por implicar también a lo espiritual, que no es capaz de percibir toda la grandeza de la creación: hay unos sentidos espirituales realmente limitados al discurso racional y su función es extender el simbolismo de los sentidos inferiores:

Benigno Señor, así como la vista corporal está limitada a las cosas invisibles, así los ojos del alma, que son ojos espirituales, están limitados a las cosas visibles; pues los ojos del alma no ven sino cogitando y recordando e imaginando y entendiendo[197].

Se trata de una consideración de lo espiritual arraigada en lo corporal y sensible, pero esto no debe ser visto como una limitación del sistema contemplativo, más bien da idea de que el ver que tiene lugar en el templo de la creación está sujeto siempre a la naturaleza. La distinción sensible-inteligible o corporal-espiritual salvará la diferencia en la mirada del hombre que contempla y que tiene capacidad de ver o intuir en lo limitado el secreto de una revelación superior. Ciertamente, Llull otorga un campo de acción más amplio a los ojos del alma que a los del cuerpo, en sutileza y finura, pero en ningún momento se exagera su función.

La nomenclatura para el segundo grupo de sentidos, con todo, no es siempre clara, pues bajo «sentidos espirituales» también hay que entender lo que indistintamente se llama: «ojos del espíritu», «orejas espirituales», «del corazón» o «del entendimiento», así como «gusto intelectual». El uso religioso del latín clásico «sensus» no sólo para «sensus carnalis», sino también para «sensus spiritualis» o «sensus intellectualis», propio de los autores del siglo XII, se extenderá a la Alta Edad Media. Así, por ejemplo, ya en el siglo XIII, Alberto Magno pone en relación los sentidos espirituales con el conocimiento místico; en general son considerados actos de la inteligencia dirigida a la contemplación de las realidades divinas y no ya facultades o potencias del alma. Pero en el análisis exhaustivo de los sentidos «espirituales-intelectuales», tal como los llama Llull en el *Llibre de contemplació en Déu*, se hará difícil encontrar algún paralelismo con las doctrinas de Bernardo de Claraval o Buenaventura[198]. Lo que sorprende de la división de las facultades del alma es su dependencia del mundo sensible y aún más su capacidad discursiva e intelectual. Todo ello se debe, ya lo sabemos, a la voluntad integradora de Llull, para quien el conocimiento de lo invisible se produce, aunque en forma secreta, en el mundo sensible. Es, pues, tan importante no reducir la sensualidad a lo meramente físico como tampoco dejar volar demasiado alto al espíritu por encima de lo que la razón puede entender. Por supuesto, Llull reserva para la fe el conocimiento de los artículos y misterios del dogma, pero no hay que olvidar que el sistema contemplativo luliano tiene un claro objetivo apologético, y esto último necesita de la razón y no de los dogmas.

Con el estudio de la «cogitación» (meditación) al cual Llull llama sentido «espiritual-intelectual»[199], vemos la necesidad de que el alma dirija exclusivamente su mirada hacia las Dignidades o virtudes divinas sin distraerse en las cosas sensuales:

La mejor contemplación en que puede estar el hombre es, Señor, que éste tenga su cogitación en vuestra nobleza y virtud, sin que su alma esté ocupada de nada sensual; pues el fervor y el amor es mejor y mayor cuando una cosa intelectual contempla en otra cosa intelectual, que no cuando una cosa intelectual contempla en cosa sensual[200].

Superado el nivel de la sensualidad sensible (los sentidos corporales), el alma se abre a una percepción superior. Pero en el lenguaje de Llull esto no quiere decir renunciar a la sensualidad, más bien hay que aceptar que la única sensualidad óptima es la que proviene de Dios y a ella hay que dirigir la mirada. Por decirlo así, de nada sirve al alma disponer de sentidos espirituales si éstos no pueden hacerse sensibles en el orden de la naturaleza humano-divina atestiguada por la Encarnación, que dignifica espiritualmente al cuerpo y los sentidos[201]. Los sentidos espirituales siguen estando sujetos, en cierto modo, a la vida del cuerpo, pues, si la distracción se apodera de ellos, aquéllos descienden de la contemplación de las virtudes divinas. La reflexión sobre la humanidad de Cristo es el paso intermedio para la contemplación de la deidad, de ahí la necesidad de contar con un modelo espiritual del cuerpo y los sentidos. En su capacidad óptima, la cogitación escapa al dominio del espacio y del tiempo, pudiendo moverse a voluntad entre pasado, presente y futuro. En tal estado, dice Llull, el alma se halla «unida y acostada» a Dios en su contemplación[202]. Pero son los ojos del espíritu los que alcanzan a ver intelectualmente la humanidad de Dios en este mundo, no pudiendo verla sensualmente en su figura por los ojos del cuerpo:

En este mundo, Señor, el hombre ve vuestra humanidad intelectualmente, cogitando; pero no la puede ver sensualmente en la figura en que está. En esto se puede conocer la mayor nobleza que hay en la vista intelectual que en la sensual; pues los ojos del alma bastan para captar y ver aquello que los ojos corporales no pueden hacer[203].

Se trata de una visión intelectual del cuerpo espiritual de Cristo, cuya figura escapa a la percepción de la sensibilidad humana que no ha subido al nivel sensible-inteligible. En el paso hacia lo puramente inteligible Dios establece una vía de comunicación con el hombre por la gracia, y el hombre se dirige a Dios mediante las tres virtudes del alma (memoria, entendimiento, voluntad)[204]. Todo el sistema epistemológico luliano, encerrado en el ciclo sensual-inteligible, hace al hombre que no puede salir de él un esclavo de la razón[205], pero la fe puede ir más allá de lo inteligible superando la distinción sensible-inteligible por medio de la inteligible-inteligible. Llull reserva el problema de las verdades a la razón, mucho mejor dispuesta que la fe en estos cometidos[206]. La cogitación, por su naturaleza «espiritual-intelectual», se ha mostrado como un lugar superior del alma, quizás próximo a lo que algunos medievales, como Buenaventura, llamaban «apex mentis».

Por el «apercibimiento» o la apercepción[207], segundo de los sentidos espirituales, el hombre puede elevar su sensualidad al nivel de lo espiritual, no por una gracia especial concedida al cuerpo por el espíritu, sino por la buena disposición, armonía y orden de los sentidos, que son la base del conocimiento inteligible, así como también pueden ser la causa de su desvío. El cuerpo es un espejo que debe mostrar la mayor transparencia y pureza en las representaciones para que el intelecto pueda contemplarse; de ahí que el nacimiento espiritual en el hombre esté condicionado a la buena disposición de los sentidos. Hasta tal punto es importante el orden sensible en el hombre que, de no existir, la visión y comprensión de la realidad inteligible puede escapar o llegar deformada al alma humana:

Pues así, Señor, como la mujer busca el espejo más claro para que no le mienta en sus facciones, así quien quiera apercibir las cosas intelectuales con las cosas sensuales, debe primero mirar que las sensualidades no se hallen turbadas, desordenadas ni empachadas en la demostración que hacen de las intelectuales y debe esforzarse tanto como pueda en buscar aquellas sensualidades que son más convenientes para demostrar y significar aquellas intelectualidades sobre las que el hombre quiere tener certeza[208].

La característica de este sentido es que permite, a partir de lo sensible, preparar y entender intelectualmente la naturaleza de las cosas sentidas[209], lo cual indica que en modo alguno lo sensible es lo primero conocido; partimos de ello, está claro, pero el conocimiento de lo que es en sí mismo nos lo proporciona el nivel superior en un movimiento dialéctico entre ambos niveles (sensible-inteligible). La comprensión de cada una de las dos naturalezas queda, por tanto, fuera de sí mismas; de la misma manera, si el hombre se mueve en forma dialéctica entre el orden natural y el sobrenatural, abandonando ahora uno ahora el otro, puede tener un cierto conocimiento de lo que desea. Sólo lo que se halla fuera de sí mismo puede efectivamente conocer:

Pues así, Señor, como el hombre que va por un camino pone un pie para poder levantar y adelantar el otro, así quien quiera apercibir lo que es natural, conviene que ponga su entendimiento en aquello que es sobrenatural y quien quiera apercibir lo que es sobrenatural, conviene que ponga su entendimiento en lo que es natural... pues uno es ocasión para el otro, cuando uno es apercibido por el otro[210].

Esta relación de alteridad está asociada a una teoría de los contrarios que se da entre los cuatro grados de significación ya conocidos por el *Compendium* (sensible-sensible; sensible-inteligible; inteligible-inteligible; inteligible-sensible[211]) que Llull desarrolla en el contexto de este sentido espiritual y que está presumiblemente encaminada a una disciplina del espíritu en su ascenso intelectual-contemplativo de las facultades superiores: «Pues según qué será, Señor, el color negro, significará el color blanco, y según qué será el color blanco, dará significación al color negro, pues cuanto más contrarios sean los colores más se demostrarán el uno al otro»[212]. El conocimiento se muestra aquí como una aventura y un ir de un lado a otro, no confiando conocer nada de lo que se visita; más bien parece un método de ascesis intelectual para el conocimiento de sí y el mantenimiento del orden de las facultades. La «apercepción» se presenta como un estadio de consciencia superior a la «cogitación» (momento meditativo y reflexivo), en donde simplemente el alma se hacía cargo de todos los sujetos de la creación. Ahora, sin embargo, se pone a prueba la capacidad espiritual del hombre a partir del dominio de las distinciones superiores. Esta forma de «entender una manera por otra manera»[213] es el método de comprensión fundamental que conlleva la experiencia de la conversión, ya que sólo el que ha mudado de una vida a otra puede entender la función de esta topología del alma que convierte su entendimiento, sin confundirlo, basándose en una clara convicción de vida ascética y de renuncia y olvido de sí. La incomprensión sobre este entero sistema de órdenes, entre lo sensible e inteligible, o entre lo natural y sobrenatural, se debe a la fundamental ignorancia que el hombre tiene de las concordancias y contrariedades que se dan entre ambos campos y que configuran el gran secreto del mundo y de la existencia[214]. El verdadero «modus cognoscendi» que promueve el sentido de la apercepción consiste, pues, en una aventura de la que se obtienen certezas en la medida en que entramos y salimos de ese loco escenario, confirmando así nuestros aciertos o dándonos cuenta del estado de duda en que nos hallamos. El lenguaje de Llull está impregnado de la gran perplejidad que emerge del mundo en torno, hasta el punto de que lo clarividente debe ser confirmado de nuevo por la distancia que separa a lo posible de lo imposible[215].

Uno de los grandes temas del pensamiento de Llull es el encuentro con lo natural revelado: trampolín para ascender al conocimiento de los graves y oscuros secretos. Pero este orden de lo natural no muestra una mera disposición de las cosas creadas, más bien en él se hallan impresas las huellas de la divinidad para que el hombre espiritual penetre la escala de los seres[216]. Es en el mismo hombre, a causa de su composición sensible-inteligible, en donde mejor pueden buscarse dichos secretos a partir del movimiento dialéctico entre los cuatro grados de significación[217] y especialmente en el alma, que es un espejo en donde se reflejan los secretos cuando ella contempla las virtudes divinas. A pesar del poder contemplativo del alma, que es una sustancia espiritual compuesta de materia y forma[218], le está vedado el conocimiento de la esencia divina, de la misma manera que al espejo le es imposible conocer las imágenes que se reflejan en su interior; lo que se contempla en el espejo del alma son las virtudes divinas pero no la esencia, por eso recomienda Llull, con un gran sentido de la realidad, que el hombre se esfuerce en conocer aquello que es posible y no lo imposible. Lo que se percibe de Dios no es el ser en sí mismo, sino la manifestación de su ser, es decir, la sustancia en las tres personas y las virtudes[219]; sabemos que Dios es Ser pero no conocemos qué sea en sí mismo dicho ser[220].

Al análisis de la cogitación y la apercepción sigue el de la «consciencia», que es la puerta al arrepentimiento[221]. Por este sentido espiritual el hombre sabe de los enormes límites a los que está sujeta su alma[222]. Si los dos anteriores tenían un carácter reflexivo y autorreflexivo, respectivamente, la consciencia nos recuerda la naturaleza eminentemente religiosa del proyecto intelectual luliano, pues sitúa aquellas reflexiones en el contexto de la vida moral del hombre. La «sutileza», cuarto sentido espiritual, es una cierta forma de ingenio o disposición en el hombre por la cual el alma tiende más hacia la vida del cuerpo o del espíritu[223] y, finalmente, el «coraje o fervor» sería un sentido relacionado con el ánimo y la actitud devocional[224].

¿Cómo entender este laberinto de las facultades humanas? La sensualidad como principio de conocimiento no implica una aceptación ciega de todo lo sensible[225]. El camino de conocimiento hacia las realidades superiores de la inteligencia sólo tiene lugar a través de un justo proceso de correspondencias y significaciones entre ambos límites. Hay por tanto un camino de selección, que propiamente constituye un arte de buscar y

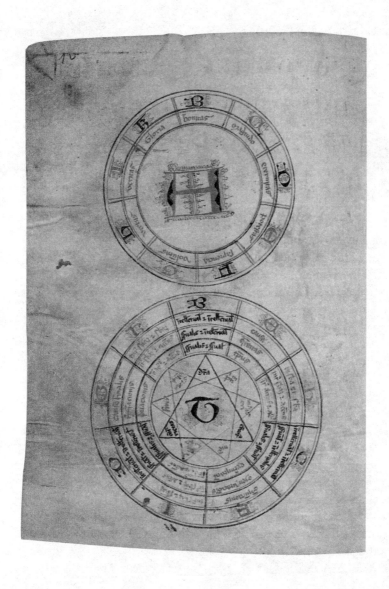

Figuras I y II del *Ars generalis ultima* (ROL 128),
Munich, Bayerische Staatsbibliotek (clm 10522), fol. 1ᵛ.

Figura I

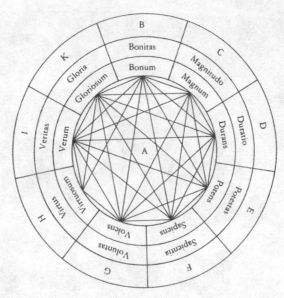

Figura II

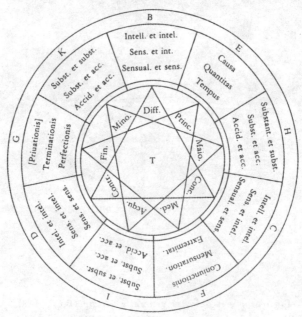

Figura III

BC	CD	DE	EF	FG	GH	HI	IK
BD	CE	DF	EG	FH	GI	HK	
BE	CF	DG	EH	FI	GK		
BF	CG	DH	EI	FK			
BG	CH	DI	EK				
BH	CI	DK					
BI	CK						
BK							

Figura IV

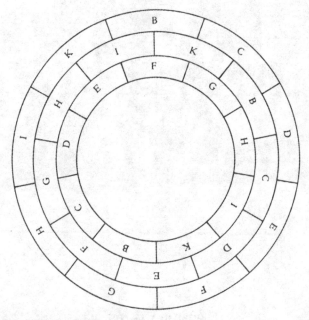

81

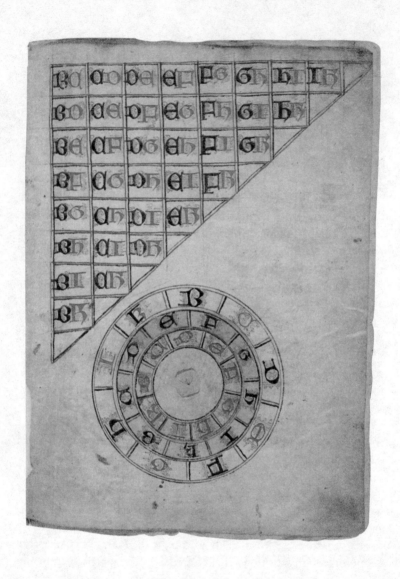

Figuras III y IV, fol. 2ʳ.

encontrar la verdad (ars inveniendi). Todo conocimiento, en efecto, se inicia en la experiencia sensible, pero sólo cuando desde lo inteligible tenemos consciencia de su contradictoria realidad podemos volver la mirada hacia él con la intención de descubrir qué sensualidades ocultan los secretos superiores. En cierto modo, este sistema nos quiere dar a entender que también la creación, como lugar de la revelación divina, es el lugar natural en el que se esconde lo sobrenatural. El curso natural de las cosas es un inmenso misterio que no puede ser penetrado si el alma no ha visitado antes las cimas de la contemplación.

Esta relación de alteridad, en el núcleo mismo del sistema, está asociada a una teoría de los contrarios que, como veíamos en el *Compendium*, se da entre cuatro grados de significación y que ahora reaparecen en el *Llibre de contemplació* en el análisis de los sentidos espirituales:

Quien quiera adquirir el arte y la manera de apercibir y conocer las contrariedades sensuales e intelectuales precisa de cuatro maneras: la primera es, Señor, que se comience por las contrariedades sensuales y que por un contrario sensual se busque el otro; la segunda manera es que por los contrarios sensuales se busquen los contrarios intelectuales; la tercera manera es que con unas contrariedades intelectuales se busquen las otras contrariedades intelectuales; la cuarta manera es que con las contrariedades intelectuales se busquen las contrariedades sensuales[226].

A mayor contrariedad mayor nivel de significación y demostración. Pero, al mismo tiempo, la estrecha estructura de este esquema desvela su profundo significado ascético-místico, con una ineludible dimensión moral y simbólica, ya que obliga a quien busca a salir constantemente del lugar conocido o en el que vitalmente se halla. Pero el modelo contemplativo, incluso en sus más sublimes pretensiones, se halla sujeto a una topología señalada por lo superior y lo inferior. Hacía falta una conversión topológica, a partir de la cual el arriba y el abajo intercambiaran los significados inscritos en sus lugares, y esto acaecería con el *Ars compendiosa inveniendi veritatem* y con el uso pleno del «ars combinatoria».

El descenso iluminado

La antropología espiritual luliana, especialmente en la segunda parte dedicada a los cinco sentidos intelectuales, nos ha abierto caminos hasta entonces desconocidos en la tradición, debido principalmente a su empeño por llevar el sustrato racional a todos los niveles, evitando así una imagen fantasiosa de la realidad. El simbolismo del centro ha contribuido a la formación de una topología espiritual, en donde los múltiples niveles del ser y de la creación hallan sus correspondencias en la clasificación de las facultades del alma humana. La relación entre macrocosmos y microcosmos, que se hace presente en la división interna del libro, respondía a una «imago mundi» compartida y muy apreciada por los sabios de los monoteísmos religiosos, quienes no sólo se esforzaban por ajustar sus interpretaciones racionales a los relatos de sus propias escrituras sagradas, sino que también confiaban en poder sintetizar platonismo y aristotelismo, convencidos de que, si eran dos modelos verdaderos, podrían encontrarse[227].

Llull se acoge al mejor y más prestigioso lenguaje de la tradición cuando en sus figuras geométricas sitúa el simbolismo de la cruz en el centro de la «esfera inteligible»[228] –figura de clara reminiscencia neoplatónica en la que se diluye todo posible intento de representación de la divinidad–, en virtud de la naturaleza no estática y omniabarcadora de su soteriología[229]. La cristología mística de Llull, aun cuando recoge los bellos elementos del paganismo precristiano inscritos en el símbolo de la cruz, no da lugar a aventuras divinizadoras que no pasen necesariamente por la doble naturaleza humano-divina de la experiencia religiosa cristiana. El contemplativo eleva su mirada a la cruz, que es un espejo en donde los «ojos corporales» y los «ojos espirituales» centran su atención[230]. Llull tenía poderosos motivos para llevar a los más altos grados de contemplación mística sus discursos racionales. El principio para la predicación tenía que salir de la experiencia extraordinaria, creando así un «medio de comunicación místico»[231], entre el predicador y el oyente, a través de los atributos de Dios, que se consideraban el fundamento de una gramática teológica cuyo ámbito de significación estaba garantizado por las «razones necesarias». Los principios racionales se asentaban, por tanto, en la autoridad de la experiencia extática. La topología mística, según el modelo ascendente, ofrecía estos mismos escalones al proceso de abstracción del intelecto, de manera que un mismo esquema funcionaba tanto como modelo de conocimiento científico como contemplativo.

Ahora, sin embargo, la principal novedad del *Ars compendiosa inveniendi veritatem*, el libro revelado en Randa, es el uso conjunto del lenguaje combinatorio, las figuras sensibles y el método de la «inventio». La intención religiosa del libro se anuncia en el prólogo: «Descubrir la verdad, contemplar y conocer a Dios, así como vivificar las virtudes y mortificar los vicios»[232]. Pero, en primer lugar, es un arte de la conversión fundamentado en la capacidad de la mente humana para convertir proposiciones según el lenguaje de la lógica del silogismo: dado un sujeto, encontrar, descubrir (invenire), todos los predicados posibles y viceversa. La idea es poder considerar en un solo libro todo aquello que puede ser pensado, desde el ser supremo hasta el más ínfimo, así como todo aquello que pueda decirse de cada uno de ellos. De la combinación binaria de los términos de esta gramática universal, concebidos como principios generales, podría obtenerse solución a cualquier cuestión que el hombre se formule. Se trata de un *Arte* de preguntar y obtener respuestas sobre múltiples asuntos y aplicable a todas las ciencias. Esta lógica combinatoria es una lógica de la conversión, pues en la capacidad de la mente para convertir el lenguaje del mundo se halla la condición de la conversión interior. Si consiguiéramos hacer abstracción del inmenso complejo que supone el aprendizaje de estas artes, que durante siglos fueron usadas como recursos mnemotécnicos[233], y captásemos la esencia de su invención, concluiríamos la naturaleza totalmente revolucionaria de su concepción de un lenguaje transgresor, producto inequívoco de la experiencia mística subyacente. La creación de un lenguaje nuevo responde a la necesidad de destrucción de los códigos y significados anteriores por no considerarlos válidos para expresar la realidad del mundo, pero sobre todo para la comunicación entre los hombres. El *Arte* de Llull se sitúa en esta perspectiva, pues realiza una lectura nueva aun cuando los términos del lenguaje sean los mismos. La novedad consiste en desplazar de lugar sus significados, y para ello hay que iniciar al lector en el modo de perderse a través del lenguaje para encontrar un nuevo significado, o múltiples significados, de la combinación de una misma y única realidad sensible. Ésta es la razón por la que la combinatoria luliana puede ser entendida como una «lógica de la conversión», pues convertir quiere decir en Llull girar la mirada hacia otro lugar desplazándose a él y perdiendo el lugar ocupado hasta entonces. La necesidad de desplazarse constantemente con la mente por las «cámaras», resultado de la combinación de letras, es un reflejo de la necesidad del espíritu religioso por exiliarse de su propia alma.

Todo ello se lleva a cabo a través de cinco figuras principales designadas con una notación algebraica[234]: la primera figura es A, que representa a Dios en el centro de un círculo del que salen radios hacia la periferia, en donde se hallan repartidas las virtudes o atributos divinos en dieciséis cámaras; cada una de estas virtudes se designa con una letra: B: Bondad; C: Grandeza; D: Eternidad; E: Poder; F: Sabiduría; G: Voluntad; H: Virtud; I: Verdad; K: Gloria; L: Perfección; M: Justicia; N: Largueza; O: Misericordia; P: Humildad; Q: Dominio y R: Paciencia[235]. Son virtudes esenciales y mediante su combinación binaria se llegan a formar ciento veinte cámaras por las cuales se puede obtener conocimiento de Dios por «razones necesarias». A cada una de estas Virtudes, tomada como sujeto, se le aplican las otras virtudes tomadas como predicados, de forma tal que se muestra la capacidad de conversión a que da lugar la combinatoria (por ejemplo, la Bondad es grande, la Bondad es eterna, la Bondad es poderosa...; la Grandeza es buena, la Grandeza es eterna...). Dios es una sola esencia con múltiples Atributos o, como dice Llull, es «el ser en el cual la Bondad, la Grandeza, la Eternidad y las demás Dignidades se convierten recíprocamente»[236].

La segunda figura es la representada por la letra S y significa el alma racional y sus potencias (memoria, entendimiento, voluntad), en un círculo con cuatro cuadrángulos concéntricos que dan lugar a 16 cámaras en la periferia; cada cuadrángulo tiene asignado un color: azul, negro, rojo y verde. A ella siguen el resto de figuras: T (de los principios y los significados); V (de las virtudes y los vicios); X (de los opuestos o de la predestinación). A estas figuras hay que añadir otras dos: Y (de la verdad) y Z (de la falsedad), y unas figuras auxiliares para S, T y V. A la detallada, aunque escueta, explicación de estas figuras y su aplicación, sigue una distinción dedicada a dieciséis «Modos universales», de los que derivan unas «Condiciones» y «Reglas generales», y una última parte en donde se plantean siete «Cuestiones» en relación con los Modos. Todo este complejo entramado está destinado a poder resolver cualquier cuestión relativa a Dios, al conocimiento o a los dogmas de la religión. Ahora nos interesa observar la evolución de aquella distinción sensible-inteligible (del *Compendium* y del *Llibre de contemplació*) y cómo se transforma en este nuevo contexto lógico en una escala de meditación.

La figura S, del alma racional y sus potencias, está a su vez dividida en cuatro cuadrángulos (E I N R), cada uno de los cuales tiene asignado un color: azul, negro, rojo, verde, que a su vez da lugar a distintos ternarios de individuos o actos propios de cada potencia (B C D; F G H y O P Q). Una figura auxiliar de S muestra las distintas combinaciones en las que las potencias del alma pueden actuar. Pero para interpretar todo ello es necesaria la acción de la figura T (de los principios y los significados). Esta figura se caracteriza porque por medio de ella se puede descender de lo universal a lo particular y ascender de lo particular a lo universal. Este movimiento doble tiene lugar mediante el triángulo verde (E F G), que significa la diferencia (E), la concordancia (F) y la contrariedad (G) entre lo sensual y lo sensual; entre lo sensual y lo intelectual; y entre lo intelectual y lo intelectual[237]. Si ahora nos dirigimos al capítulo dedicado a los dieciséis modos, en algunos de ellos hallamos alguna referencia para el asunto que nos interesa: en el tercero de ellos, que lleva por título «De significatione» (interpretación y demostración), se explica la manera en que S intenta, con la ayuda de T, ensanchar el campo de significación y el conocimiento de A V X en E I N[238]. Es decir, el alma y sus potencias interpretan a través de los principios y los significados la realidad metafísica y moral en las restantes figuras. En el modo titulado «De sensualitate et intellectualitate» se explica cómo las potencias del alma llevan de la potencia al acto las especies sensibles por medio de los ya conocidos modos de significación: sensual-sensual; sensual-intelectual e intelectual-intelectual[239]. En el apartado dedicado a las «Reglas», en el relativo a la figura T, se acentúa el ascenso y descenso de lo universal y lo particular[240]. De las anteriores explicaciones de carácter un tanto críptico podemos concluir que para Llull la acción de las potencias del alma (S) en los modos de significación (T) es algo necesario, así como el ascenso y descenso como método característico que facilita la movilidad del conocimiento entre los distintos niveles o grados de abstracción entre lo sensible y lo espiritual-inteligible. También cabe resaltar el séptimo modo (De oratione)[241], en donde se recupera el tema de la oración, ya presente en el último capítulo del *Llibre de contemplació*, en el contexto de la distinción sensible-inteligible.

Entre los años 1274 y 1283 aproximadamente, en que se sitúan las obras relacionadas y derivadas del *Ars compendiosa*, no se registran variaciones de interés para nuestro tema. Con el *Ars demonstrativa* (Art demostrativa, ca. 1283-1289) da comienzo una nueva etapa en la creación de Ramon Llull. El complejo sistema es sometido a una simplificación a causa del escaso éxito que obtuvo en sus exposiciones públicas, según el relato de la *Vita*. De esta manera reduce el número de los Atributos a nueve, así como el número de figuras a cuatro, e introduce un alfabeto y una tabla (Tabula); también aparecen por primera vez nueve sujetos (Dios, ángel, cielo, hombre, imaginativa, sensitiva, vegetativa, elementativa, instrumentativa), con la intención de comprender los distintos grados del ser en el universo. La lista de los sujetos resume, asimismo, una serie de cuestiones problemáticas en el contexto de la lógica del silogismo que rige las Artes lulianas. Dicha lista aparece por vez primera en las *Regulae introductoriae artis demonstrativae*[242] (1283-1285), en donde son enumerados una serie de problemas: «De Deo, Alterius Vitae, De angelis, De anima, De imaginativa, De sensitiva, De vegetativa et elementativa, De motivae potentiae, De moralibus»[243]. Unos años más tarde, en el *Liber propositionum secundum Artem demonstrativam*[244] (1283-1287) se anuncia que el tema de la obra es buscar la aplicación de lo particular en lo universal[245]. En el capítulo dedicado a la disposición de las diez figuras, que presenta esta obra de forma excepcional, la primera de ellas es T, cuya descripción aparece incluso antes que A. Los principios que ahora significa son: sensitiva, imaginativa, intelectiva[246]. Aquí puede comprobarse cómo los tres grados de abstracción, entre lo sensible e inteligible, se han convertido en principios de significación mediatizados por la imaginativa. Pocos años más tarde, el *Compendium seu commentum artis demonstrativae*[247] (1288-1289) muestra un uso de la figura T no sólo en la actividad de las facultades superiores sino también en las inferiores (Secunda distinctio: De regulis, De modo tractandi regulas per T in ascensu et descensu intellectus[248]). Con el *Ars inventiva veritatis*[249], obra que presenta una serie de círculos giratorios, da comienzo un nuevo período (1290-1308), caracterizado por la inclusión de principios ternarios, en donde se insiste sobre la importancia de unos «puntos transcendentes» que deben servir como método de ascenso desde la naturaleza elemental, pasando progresivamente a la vegetativa, la sensitiva, la imaginativa, la intelectiva, la moral, la celestial, la angelical y, por último, la divina, recorriendo así la escala de los seres[250].

Descripciones como la anterior nos recuerdan a las del *Compendium* (De investigatione secreti) y del *Llibre de contemplació en Déu* (sobre la «apercepción»). Las reglas del *Arte* luliana representan el contexto estructural en el cual tiene lugar el ascenso, que el descenso del entendimiento en la comprensión de sus objetos repartidos en la escala jerárquica de los seres que muestran la entera creación. Lo que aquí se llama «puntos transcendentes» puede tener su origen en los secretos o grados de significación y abstracción del *Compendium*, que representan una forma avanzada de topología del conocimiento místico (de la ciencia y la amancia). En ellos convergen los métodos de demostración de la figura T y el ascenso de las facultades (figura S) en el contexto de una escala de sujetos. Dicha constelación se mantendrá hasta el *Ars generalis ultima* (1305-1308), la obra de madurez y más completa de esta serie de tratados (véanse ilustraciones de págs. 79-82), e incluso hasta el *Ars brevis* (1308), una versión reducida de aquélla.

¿Hasta qué punto, nos preguntamos, estas últimas elaboraciones guardan alguna relación con aquel primitivo proyecto apologético del *Compendium* y aun con la exposición meditativa del gran *Llibre de contemplació*? Desde un punto de vista de la génesis del problema, el *Compendium* fue el primer intento por desarrollar lo que podríamos llamar un «esquema transcendental», o una topología mística del secreto con objetivos apologéticos. Pero en aquel tratado ya encontrábamos tanto una descripción de dicho esquema como unas consideraciones sobre la naturaleza de la percepción, la imaginación y el conocimiento inteligible. En un apartado dedicado a la percepción sensible (De sensibilibus particularibus[251]), Llull se había ocupado, por primera vez, de los cinco sentidos corporales (vista, oído, olfato, gusto y tacto) y en un capítulo posterior se hacía la descripción del paso al conocimiento inteligible mediante la imaginación, que congrega a los cinco sentidos en el «sentido común», penetrando a continuación con ellos en la fantasía[252]. En textos posteriores, como en la *Doctrina pueril* (1274-1276), Llull volvió a tratar sobre la imaginación en forma similar y de un modo algo más claro:

Debes saber, hijo, que el alma con la imaginación toma y ajusta en común todo lo que le ofrecen los cinco sentidos corporales, viendo, oyendo, oliendo, gustando, sintiendo; y lo ofrece en la fantasía al entendimiento, y después el entendimiento sube más arriba a entender a Dios y a los ángeles y las cosas intelectuales, las cuales la imaginativa no puede imaginar. La fantasía es una cámara (cambra) que está en el paladar sobre la frente; y en la frente la imaginativa congrega (ajusta) aquello que toma de las cosas corporales, y entra en la fantasía aquello que toma, e ilumina esa cámara para que el entendimiento pueda tomar lo que la imaginativa le ofrece. Cuando por algún accidente esto se desordena, el hombre se convierte en fantástico, o tiene rudo (gros) entendimiento, o está loco (orat)[253].

La sutil diferencia que establece Llull entre imaginación y fantasía podría estar relacionada con una doble función de la misma facultad. La imaginación recogería las especies sensibles que los distintos sentidos corporales ponen a su disposición, para en un segundo momento pasar una única imagen de ellos a la fantasía, en donde tendría su actividad el intelecto. Según una terminología moderna podríamos, incluso, hablar de una función reproductora o de síntesis y otra productora o creativa. En todo caso, esta función queda limitada con la entrada en acción del intelecto, que ya no la necesita para seguir ascendiendo. La imaginación como vía mediadora hace posible la acción de la vida inteligible y espiritual en el hombre.

¿Cuál es la razón que llevó a Llull a introducir en el contexto de los problemas de lógica y polémica teológica este breve tratado de antropología? Parece que en esta *Lógica* todo se oriente hacia la necesidad tanto de resolver los misterios del dogma religioso como de desvelar los secretos de la vida mística. Y quizás en este sentido podríamos hablar de una lógica del «tertium datur», que busca una convergencia entre las diversas dualidades que afectan a la realidad: el conocimiento sensible-inteligible, en el orden gnoseológico, y el hecho humano-divino del dogma cristiano en el orden teológico. La imaginación como un puente entre el cuerpo y el espíritu tiene como modelo de la mediación a Jesucristo[254] entre la divinidad y la criatura. Toda la obra de Llull está construida sobre la convicción de la radical distinción entre el mundo inferior y el superior, pero su filosofía religiosa, fundamentalmente una cristología y una filosofía sobre la figura de Cristo, le parece el mayor modelo de predicación entre gentiles. Aquellos dos primeros libros anteriores a la iluminación de Randa han proporcionado a Llull una estructura «cristocéntrica» representada en el orden de las facultades humanas por la función mediadora de la imaginación, que actúa entre lo sensible y lo inteligible. Ciertamente, si Llull quería un modelo contemplativo con poderes apologéticos, debía insertar la figura de Cristo en el centro del lenguaje científico-místico, probablemente el único que podía servir para establecer un primer puente en el diálogo.

El lector del *Compendium*, del *Llibre de contemplació en Déu* y de las obras derivadas del *Ars compendiosa*, que se abre paso a través de sus intrincados laberintos y los cambios en los usos del lenguaje, tiene la sospecha de que algo de todo lo que se expone en sus páginas responde a un perfecto orden simbólico, cuya clave escapa a nuestra mirada analítica. Del complejo modelo de contemplación luliana se desprenden hasta el momento tres sistemas: cognoscitivo, místico y apologético. A partir de todo ello podemos configurar el siguiente esquema: en el primer nivel de significación (sensible-sensible), según el *Compendium*, actúan los sentidos corporales; en el segundo nivel (sensible-inteligible) hallamos la facultad sintética de la imaginación; en el tercer nivel (inteligible-inteligible), que es el más alto, actúan las facultades o virtudes del alma (memoria, entendimiento y voluntad), y en él se da el momento contemplativo de la divinidad. En un cuarto momento, o grado de significación (en el lenguaje del *Compendium*), los cinco sentidos espirituales-intelectuales, en la medida en que se hallan sujetos siempre a la sensualidad del cuerpo, facilitan el descenso virtuoso desde las cimas de la contemplación mística, cargados de un nuevo orden que aplicar al mundo de las sensualidades y transformando así la vida del cuerpo y la materia. El retorno desde los misterios supremos a los inferiores en lo sensible, por tanto, es un intento de comprensión de la experiencia «kenótica» de la divinidad en el marco de los procesos gnoseológicos que se hallan implicados en la contemplación luliana. De esta manera, puede entenderse la doctrina de los «puntos transcendentes»[255], tal como evoluciona en las obras posteriores a Randa, como un desarrollo lógico de aquel «esquema transcendental» de los cuatro grados de significación del *Compendium* y la estrecha relación que mantienen con el simbolismo del ascenso y del descenso[256] de la *Vita*:

	Vita coaetanea	*Compendium*	*Llibre de contemplació*
1232-1263:	Conversión	sensible-sensible	sentidos corporales
1263-1274:	Formación	sensible-inteligible	imaginación
1274-1283:	Contemplación	inteligible-inteligible	virtudes del alma
1283-1316:	Predicación	espiritual/inteligible-sensible	sentidos espirituales

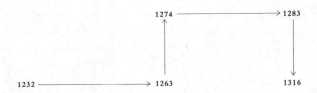

El cuarto grado luliano da lugar para hablar, en cierto modo, de una mística del descenso, cuya expresión más profunda habría que ir a buscarla entre la espiritualidad femenina de siglo XIII en Mechtild von Magdeburg, pero que en su estructura general se acerca considerablemente a Richard de San Víctor en su obra *De quatuor gradibus violentiae caritatis*. La división cuatripartita de lo que se ha llamado su «fenomenología del amor»[257] (caritas vulnerans, ligans, languens, deficiens) arroja alguna luz sobre nuestro propio esquema: «En el primer grado, entra Dios en el alma y el alma gira sobre sí misma; en el segundo asciende más allá de sí misma y alcanza a Dios. En el tercero entra en él. En el cuarto, por voluntad de Dios, sale y salta por debajo de sí». Mientras que el tercer grado corresponde, propiamente, a la contemplación o «excessus mentis», en la línea de san Pablo y Agustín, el cuarto grado indica el inicio del descenso que muestra la intención cristológica de esta mística[258]. Se trata de un estado antimístico que puede ser pensado sólo como el reverso de la «alienación mística» o «excessus mentis». En el caso de Llull también el cuarto grado de significación representa una superación de los estados contemplativos, con una clara intención dirigida a la actividad predicativa, que, sin embargo, no podía emprenderse sin una entera reforma del lenguaje, resultado de la conversión espiritual.

Tercera parte
La alquimia del lenguaje

El elemento transgresor de toda religión mística se manifiesta primero en su lenguaje. Si el místico ha sido visto con sospecha por la tradición eclesiástica, que marca el ritmo histórico de comprensión de la experiencia primitiva, se debe justamente a un uso no tradicional de sus expresiones. Ya en el siglo XIII, la literatura escrita por mujeres accede, por necesidad, a la lengua vulgar para hablar de la experiencia de Dios, y algunos teólogos, como el Maestro Eckhart, mostrarán ausencia absoluta de prejuicios al usar, paralelamente al discurso académico en latín, la lengua materna rica en «nuevas palabras», para decirlo con Teresa de Ávila. Con la nueva lengua el modelo de religión cambia, o por lo menos su público, pues las filosofías y teologías que habrán de surgir de aquellos usos están dirigidas en gran medida a los laicos. El «modum loquendi» se presenta, pues, como lo diferenciador de la mística frente a otros modos del discurso religioso o eclesiástico más estáticos. Los nuevos modos de hablar son el fruto de un giro súbito en el campo de significados de la religión, razón por la cual cualquier desplazamiento o sustitución del campo semántico es visto, inmediatamente, como un atentado al fundamento de comprensión comunitario o a una hermenéutica oficial consensuada. Lo que molesta y es transgresor es el modo de hablar, tanto de aquellos que se atreven a hacerlo sin conocer la ciencia de Dios que se enseña en las universidades, como de aquellos que, aun conociéndola y siendo maestros de prestigio, intentan airear el lenguaje apelmazado[259] de la tradición −como quien remueve la tierra antes de la nueva siembra−, con provocativas fórmulas que sacuden a las mentes enquistadas.

En todas las tradiciones escritas encontramos, tarde o temprano, una problemática relativa no sólo a los usos normativos del lenguaje sino también a la especial situación hermenéutica que vive aquel que expresa sus experiencias mediante la escritura. Éste es el contexto propio de las religiones abrahámicas, pero muy particularmente del cristianismo, que no ha hecho de la lengua y la escritura el fundamento literal de su comprensión, como sucede con más frecuencia en el judaísmo y el islam. El alto grado de conocimiento y familiaridad de los cabalistas con los textos sagrados muestra hasta qué punto se hace imprescindible un magisterio escriturístico, incluso para el místico. La mística cristiana, sin embargo, ha vivido una recepción muy especial del valor espiritual de la Palabra revelada y nacida en el alma pura de aquel que contempla los divinos misterios de la divinidad[260]. De nuevo es el modelo cristológico el que introduce la diferencia con sus religiones hermanas. La cruz, como recordó Henry de Lubac, es un hecho de lenguaje y ya sólo eso marca también el sentido del «sermo humilis», aun cuando no excluye en modo alguno su naturaleza constantemente transgresora.

El estudio sobre el lenguaje místico de un autor debe tener siempre presente que sólo contamos con textos místicos y no con experiencias místicas[261]. Pero ello no implica un análisis de su forma explícita, sino más bien de su silencio[262], pues en él lo que se hace audible es su inefabilidad. Y con ello nos abismamos en las únicas formas posibles de expresión: la paradoja, el «oxymoron» y la negación. Todas ellas, como ha dicho Alois M. Haas, formas de lenguaje de una cierta impotencia, que finalmente resultan una potencia de lenguaje[263]. La tensión entre experiencia y comprensión se va haciendo mayor a medida que el místico se hace consciente de la peculiar forma de su expresión, que puede ir desde la poesía pura hasta el texto mistagógico. Ciertamente, no es mucha la claridad que se obtiene de las diferencias entre los textos considerados producto de la experiencia personal y aquellos otros en los que el sistema o el comentario sustituyen al relato confesional. Pero en un ámbito en el que el silencio es el núcleo de la experiencia, y no su expresión, habría que preguntarse de nuevo si el llamado estilo mistagógico no es precisamente fruto de una voluntad aún más radical por ocultar toda posible identificación personal, dando así al texto resultante un carácter más puro si cabe. Finalmente parece como si, en el ámbito de la mística cristiana, todo pudiera resolverse por una auténtica comprensión del carácter mediador del Logos encarnado en la figura de Cristo. ¿Hasta qué punto el místico no siente que lo que acontece en el lenguaje mismo no es ya la primera y última manifestación de su experiencia de Dios?

Conversión y conversación

Los diferentes usos del lenguaje en Ramon Llull están profundamente marcados por un ritmo alterno de silencio y discurso –correspondiente al simbolismo del ascenso y del descenso–, según el modelo de contemplación y acción. Pero dicha alternancia de los discursos no puede ser vista como el fruto de una mente caprichosa. Pues si bien es cierto que en los análisis de textos místicos la difícil tensión entre experiencia y comprensión se debe a la relación entre tiempo y eternidad que dicha experiencia intenta transmitir, no es menos cierto que la tradición ha suministrado a los autores espirituales modelos convenientes para poder predicar aquellos discursos. Por todo ello, y a pesar de la voluntad de silencio, la mística ha sido en extremo verbosa. El místico se mueve en una difícil vía mientras intenta con nuevas palabras sentirse arropado por su tradición, al tiempo que causa una ruptura inevitable en virtud de su experiencia también siempre nueva. Ya el lenguaje de la «amància» luliana, a través de los «sentidos espirituales», muestra que en el descenso contemplativo, el lenguaje también ha de desvelar su posibilidad e imposibilidad. De hecho, el descenso, tanto en su dimensión teológica como gnoseológica, corresponde al hecho mismo del lenguaje, en donde éste es la representación de la Palabra hecha cuerpo. En el descenso se manifiesta la facultad de predicar el silencio de la contemplación. En el camino de descenso podemos distinguir en Llull, con cierta claridad, cuatro formas del discurso fruto de la experiencia de conversión: la conversación con Dios, con uno mismo, con los otros y una última, que es aplicación de estas tres anteriores y que se sitúa totalmente en el ámbito de la experiencia simbólica[264], la conversación de los elementos de la naturaleza entre sí, y que no siempre, como hemos de ver, tiene un uso metafórico o alegórico[265].

Al terminar de leer la *Vita coaetanea*, sorprende la desnudez de los hechos expuestos allí y la ausencia casi total de autorreflexión sobre éstos. Quizás todo ello no haga sino confirmar la intención de su autor de sentirse voluntariamente separado de su obra, tratando así de no influir excesivamente a través de un estilo emocional en aquel que se acercara a ella. Es el único texto de Llull en el que el modelo de conversación cósmica que todo lo invade y lo penetra, practicado en gran parte de su obra escrita, se halla ausente. Carece de estilo, y los pocos detalles personales están destinados a dirigir la atención del lector sobre lo único necesario:

la llamada a la propia conversión y el descubrimiento de la verdad interior por la lectura de la *Vita*. En ella, sin embargo, el tipo de conversación está señalado por un interlocutor universal, pues lo que está presente en la mente de Llull es el carácter ejemplarizante de su obra. Ciertamente hay elementos suficientes para considerar aquel texto autobiográfico un modelo retórico, pero ésta no es más que una parte de su significado profundo. El elemento hagiográfico está, sin duda, dirigido a promover un modelo de santidad conocido por la tradición; y sin embargo, la *Vita Beati Raymundi* rompe definitivamente con sus propios antecedentes culturales e intelectuales al elevar al estilo sapiencial una forma racional de pensamiento y un modo paradójico de expresión, propios del tipo de «poeta-pensador» (Dichter-Denker) que, como ha estudiado Georg Misch en relación con Llull y Dante, nace en esta época[266]. Esa misteriosa conjunción de racionalismo e irracionalismo, de devoción y furor, de ascesis y explosión de los sentidos marca un nuevo camino en la historia de la espiritualidad europea que en aquel momento se abría a nuevos abismos de lenguaje.

Mientras que en la *Vita* el tipo de conversación está señalado por un interlocutor universal, los demás textos tendrán siempre un interlocutor real o suprarreal, como en el estilo invocativo del *Llibre de contemplació en Déu*. Todo él es una forma de audición cósmica de la Palabra divina, de ahí un primer carácter pasivo de la contemplación, que se complementará con el activo del *Llibre d'amic i amat* en las nuevas creaciones de lenguaje. Respecto a la invocación, habría que añadir, con todo, que no siempre es deseada la presencia de aquel a quien se llama; de esta manera la tensión entre ausencia y presencia posibilita la realidad de la paradoja, cuyo fin ascético fuerza al lector a salir de sus modos de comprensión habituales. Si el texto de la *Vita* es el material más apropiado para una comprensión simbólica de los hechos, a la luz de los principios científico-místicos de su pensamiento, es en el *Llibre de contemplació* en donde en gran parte podemos encontrar una hermenéutica de las experiencias de las que se habla en la *Vita*. Hasta que no descubrimos la capacidad de Llull de expresar mediante un sistema de signos propio la experiencia extraordinaria que la historia nos cuenta, no podemos comprenderla. La hermenéutica de autores como Llull o san Agustín es ella misma experiencia de lenguaje que actualiza la experiencia anterior, hasta el punto de que podemos pensar si no es en ese lenguaje posterior en el tiempo en donde verdaderamente emerge la experiencia de la comprensión. El *Llibre de contemplació* planteaba la siguiente pregunta: ¿cómo buscar lo que ya he encontrado? La búsqueda de Dios, aparecido de forma fulgurante años atrás, requiere recorrer todos los caminos del alma y del mundo entero. Por eso Dios se convierte en motivo de conocimiento del yo oculto, activado por la forma de la oración invocativa[267]. De este modo, por medio de las formas expresivas de la religión se tiene acceso a la comprensión de las vivencias. Y la oración, como una forma privilegiada de expresión religiosa[268], puede ser el lugar en el que se constituye Dios, en donde su palabra adquiere un lenguaje con sentido. Hay que decir que en un primer momento Dios es el camino para llegar a uno mismo, y el yo el nuevo acceso a Dios, una vez que ha sido anulada la naturaleza egoica de aquel que dispersa su mirada sobre todas las cosas. Si la vivencia está en la expresión, entonces sólo mientras ésta dura hay verdadero contacto con Dios. La longitud del *Llibre de contemplació* es una clara muestra de este ejemplo de oración interminable que no puede desviar la mirada siempre puesta en la fuente de las palabras. «¿Cómo puede la alocución dar nacimiento a un saber del otro?», se pregunta M. de Certeau[269]. En Llull este saber del otro es previo a la enunciación, pues lo que ésta hace es abrirse a su potencia. Todo el ritmo invocativo luliano se convierte en meditación de la Palabra, que emerge casi automáticamente mientras se maravilla de la realidad exterior e interior y de las misteriosas correspondencias que de pronto se descubren.

El modelo conversacional de Llull cambia sensiblemente en aquellas otras obras en las que la condición ineludible de la ausencia es sustituida por su alter ego, como en *Lo desconort*, o en otros modelos como en el *Cant de Ramon*, o en los diálogos religiosos con los infieles. Escrito en 1300 en Mallorca, el *Cant de Ramon* expone en 84 versos la vida de Llull en una forma próxima a la declamación elegíaca o a la lamentación. Cansado y aparentemente frustrado por la poca atención que ha despertado su proyecto filosófico y religioso, eleva su voz con gran belleza para, con una certeza indestructible, dar fe de la experiencia única de la que es testigo y transmisor:

> *Nuevo saber he encontrado;*
> *por el que se puede conocer la verdad*
> *y destruir la falsedad.*

(...)
Soy hombre viejo, pobre, menospreciado,
no tengo ayuda de hombre nacido
y he cargado con demasiado.
Gran cosa he buscado del mundo;
muy buen ejemplo he dado:
poco soy conocido y amado.
Quiero morir en piélago de amor[270].

El *Cant de Ramon* en cierto modo contiene todo el elemento emocional del que, en parte, carece la *Vita*. Su intención es, pues, bien distinta. Aquí la retórica teológica está ausente y el poeta busca de nuevo el canto que enlaza la vida casi acabada con aquel comienzo lejano. El estilo dialógico, que Llull había practicado a lo largo de su vida con hombres religiosos y políticos, evita lo emocional para lograr una mayor eficacia en la comprensión de los contenidos doctrinarios. Los textos literarios con una clara intención predicativa, cuando hacen uso de detalles autobiográficos, pocas veces persiguen despertar sentimientos en el lector, simplemente han sido elevados a significados muy concretos, integrados en una teoría, como algunos pasajes del *Fèlix*.

En este mismo ritmo textual, *Lo desconort*, como se ha dicho, es «la expresión de una crisis existencial momentánea»[271]. En él Llull ensaya una conversación a dos voces que pone al descubierto los dos planos de significado en que se sitúa: por un lado, el ideal nunca alcanzado, la conversión de los infieles y la aceptación de su *Arte*, y por otro, una realidad que lo excede: la consciencia de haber iniciado un proyecto espiritual personal sin estar a la altura del mismo. El eremita que aparece en este poema tiene la función de colocar constantemente a Llull en el plano de lo posible, convirtiendo así la realidad existencial, en la que se ha encontrado hasta entonces, en el máximo de realidad espiritual que le ha sido dado entender. Es una especie de autojustificación, en donde el «alter ego» intenta salvar a un yo que de nuevo siente la tentación de dejarse arrastrar por la duda. En el diálogo de Llull con un eremita, modelo que se encuentra en otros pasajes de su obra como en el *Blanquerna* o el *Llibre de meravelles*, su autor se ve obligado a llevar a cabo una reflexión sobre sí mismo que le ofrezca alguna luz sobre las causas de su fracaso. El eremita, como uno de los amigos de Job, lleva a Llull a pensar si no será a causa de sus pecados, en un exceso de celo o de desmesura, que le han ofuscado hasta el punto de confundir los altos objetivos espirituales que guiaron su primera conversión con una pasión meramente personal. Se puede observar cómo ante los estados de crisis, Llull reacciona siempre de manera similar: el recuerdo de la verdad que debe ser transmitida es garantía de todo proyecto personal sobre el que, finalmente, debe triunfar. Quizás pueda verse el racionalismo luliano y su empeño por impregnarlo todo como un camino para evitar la caída, ya sea en la sinrazón del discurso del dogma, ya sea en el irracionalismo fantástico de todo impulso creativo. Vittorio Hösle, que compara *Lo desconort* de Llull con la canción de Nietzsche: «Desde altas montañas», con la que termina *Más allá del bien y del mal*, cree que lo verdaderamente sorprendente de ambos pensadores es que encuentran una figura que pueden reconocer como amigo y al mismo tiempo proyección de sí mismos. Dicha proyección se sitúa en la base de una necesaria intersubjetividad en ese momento de su vida personal[272]. Desde la perspectiva de lo que aquél llama «idealismo objetivo de la intersubjetividad», *Lo desconort* muestra que la necesidad de confirmación a través de un otro es muy fuerte, aun cuando ello no resuelva el problema de la validez de la obra[273]. Esta relación de alteridad, que lleva a Llull a desarrollar en el poema una contrafigura de la razón común, pervive en su obra de controversia camuflada bajo la dimensión religiosa y el argumento de los diálogos. En *Lo desconort*, sin embargo, aflora la naturaleza problemática de una personalidad cuya cordura es puesta frecuentemente en entredicho, hasta el punto de afectar a la propia visión de la realidad.

Pero en donde las claves del diálogo abren sus puertas para dejar que fluya la pasión predicadora de Llull es, ciertamente, en aquellas obras de intención apologética, entre las cuales destaca sin duda el *Llibre del gentil i dels tres savis*. Quizás el aspecto que habría que destacar no sólo de este libro, sino de todos los de este tipo, es el modelo de filosofía religiosa que podría desprenderse de él. En muchas ocasiones este libro ha sido considerado un modelo del diálogo de religiones, pero hay que pensar detenidamente en los elementos claramente ecuménicos que presenta, pues probablemente no se hallen tanto en aquello que parece esencial al credo religioso cuanto en el «modus significandi» al que la comunidad de sabios contemplativos tiene acceso exclusivo. El principio a todos ellos común es el valor de la palabra revelada por Dios como un hecho único del que se desprenden todos los demás.

En el prólogo del libro[274] se dice que el autor, una vez convencido de la necesidad de que los infieles corrijan sus falsas opiniones y alaben a Dios, se dispone a escribir esta obra siguiendo el modelo del *Libro árabe del gentil*. El pasaje ha sido objeto de una polémica sobre los orígenes del libro: desde la posibilidad de una obra propia anterior perdida y escrita en árabe, hasta que se base en una fuente anterior como, por ejemplo, en el *Cuzary* (Kitab al-Khazarí), aunque escrita en árabe, del autor judío Yehudá ha-Levi (siglo XII), o en textos de otros autores. Pero, independientemente de los inciertos orígenes, lo que parece decisivo para su autor es la finalidad soteriológica de la obra que se escribe. En efecto, Llull no tiene otra intención que construir lo que podríamos llamar una «filosofía de la salvación», o lo que Franz Rosenzweig, filósofo judío alemán y traductor de los poemas de Yehudá ha-Levi, llamó una filosofía de la redención, con esa misma intención. En el principio, pues, cabe señalar este hecho: la conversión pretende transmitir un modelo de salvación basado en la propia experiencia. Por lo menos en esta obra de Llull, aun cuando se hace una descripción fiel de los dogmas religiosos, los criterios de verdad para las distintas revelaciones permanecen en suspenso, mientras el centro de su atención se dirige a la construcción de un contexto común de lenguaje, a partir del cual la discusión y la conversación encuentren sentido. Llull usa las virtudes increadas en Dios como principios de vida y de referencia en el universo de lenguaje. Pero éstas no sólo configuran el discurso, sino que, en tanto que contexto intercultural, ofrecen una topología de la significación. En la correspondencia de los términos de esta «gramática teológica», reflejo de la capacidad de conversión de los términos entre sí, reside la posibilidad del discurso.

Dicha correspondencia de los términos tiene lugar en dos niveles: en un nivel horizontal, en la actividad de Dios «ad intra», y en un nivel simbólico vertical, en su actividad «ad extra», es decir, en su revelación a las criaturas. En su actividad ejemplar «ad extra», las virtudes de Dios presentan un proceso descendente de significación. Responden a un modelo teofánico con claros antecedentes neoplatónicos, según el cual la naturaleza registra estas señales divinas en secreto y de alguna manera también la correspondencia de los términos o Nombres divinos y su propia actividad. Los atributos divinos son principios de significación y funcionan al mismo tiempo como principios de comunicación: de Dios con los hombres, de los hombres religiosos entre sí y de estos hombres con

Dios. El punto de partida del entendimiento interreligioso reside en el presupuesto del valor de los Nombres de Dios, que son el único «a priori» de la conversación religiosa, ya que los tres sabios los consideran principio de realidad. Hay, pues, un presupuesto común de lenguaje como contexto de significación y comprensión: he ahí el valor de esta teología que funciona como una gramática[275]:

Cada ciencia tiene necesidad de palabras por las cuales sea expresada. Y dado que a esta ciencia demostrativa le son necesarias palabras oscuras que los hombres legos no usan, y dado que nosotros hacemos este libro para los hombres legos, por esta razón, brevemente y con palabras sencillas hablaremos de esta ciencia. Y confiados en la gracia de Aquel que es perfección de todos los bienes, tenemos la esperanza de que de esta misma manera hagamos extensible el libro, con palabras más apropiadas, a los hombres letrados, amadores de la ciencia especulativa; pues se haría una injusticia a esta ciencia y a este arte si no era demostrada con las palabras que le convienen y no era significada con las sutiles razones por las cuales es demostrada mejor[276].

Este texto del prólogo presenta la metodología que va a ser utilizada en el resto de la obra. Se trata de dos niveles de lectura. El primero, dirigido a los incultos, da comienzo con una narración y la interpretación del simbolismo del árbol por medio de la alegoría de la «Dama Inteligencia», lo que constituye el argumento de todo el primer libro. El objeto de este nivel de lectura es una introducción sencilla a la obra, acompañada de un simbolismo alegórico. A través de ella se expone el punto de partida de la discusión: la creencia de los tres hombres sabios en un solo Dios, así como en la resurrección de la carne. El segundo nivel de lectura, dedicado a los cultos, es expuesto a lo largo de los restantes cuatro libros, a través de sutiles razones y términos filosóficos con los cuales cada uno de ellos debe señalar las diferencias que separan una fe de la otra. Cada nivel de lectura representa un uso diverso del lenguaje. Los dos tienen la función de dar significación del mismo contexto divino: los atributos de Dios. El primer uso lo denominamos «simbolismo alegórico» a causa de las figuras literarias que Llull introduce en un contexto de significación superficial. Con él pretende llegar al máximo público de lectores. El segundo, que podríamos llamar «simbolismo especulativo», representa un proceso de significación complejo en el que se usan conceptos difíciles que extienden el simbolismo del primer nivel.

El prólogo del libro, que constituye el núcleo de lectura del significado superficial del «simbolismo alegórico», se abre con la descripción de un filósofo pagano que ya en su vejez y viéndose próximo a la muerte se pregunta con desesperación por el sentido de la vida. Ante la imposibilidad de encontrar consuelo, decide marchar lejos de su tierra y adentrarse en un bosque frondoso en donde poder meditar y llevar una vida de retiro. Pero ni el fantástico edén que se abre ante sus ojos, ni sus consideraciones sobre la muerte y la futilidad de la existencia proporcionan ningún reposo a sus angustias. El relato de Llull, en el ambiente propio de la escuela franciscana, se desarrolla en un bosque repleto de símbolos que introducen al lector en el complejo de principios lógico-combinatorios del sistema luliano. Mientras aquel pobre infeliz se lamenta en su soledad, acuden al lugar, provenientes de la ciudad, tres hombres sabios que conversan amigablemente: un musulmán (saray), un cristiano y un judío. Aquellos hombres llegan finalmente a un campo fértil (locus amoenus) en donde una fuente regaba cinco árboles; los manuscritos de la tradición luliana nos muestran cómo de estos árboles penden, como si fuesen frutos, unas letras que simbolizan las figuras del sistema luliano. La figura del árbol[277], cuya dimensión cósmica se ha puesto de relieve en el análisis del *Llibre de contemplació en Déu*, sirve ahora a Llull como símbolo universal de gran importancia en la predicación a partir de su propio significado cristológico, tanto para el judío y el musulmán como para el gentil, representante de la religión natural. En aquel lugar, una bella dama montada en un caballo, la alegoría de la Inteligencia, les enseña el significado de cada uno de los árboles-figuras: el primero y más importante tiene veintiuna flores que simbolizan a Dios y sus virtudes increadas y esenciales; el segundo árbol, con cuarenta y nueve flores, significa siete virtudes divinas del primer árbol y siete virtudes creadas; el tercer árbol tiene cuarenta y nueve flores referidas a siete vicios y siete virtudes del primero; el cuarto tiene veintiuna flores: siete virtudes creadas; y el quinto árbol, con cuarenta y nueve flores, siete virtudes creadas y siete pecados mortales. Una vez Inteligencia ha marchado del bello lugar, uno de los sabios se dirige a los otros suspirando por la bondad que se obtendría entre los hombres si por aquellos árboles que contemplan se pudiera tener una única religión y creencia. Y de esta manera, ya que no pueden llegar a entenderse por autoridades, deciden disputar mediante razones necesarias y demostrativas según las reglas y condiciones que Inteligencia les ha mostrado.

El primer acto de este drama religioso concluye con la llegada al «locus amoenus» del gentil, que luce la barba y los cabellos largos propios de quien ha optado por la vida errática. Llull explica cómo, una vez el gentil se hubo refrescado en la fuente, y habiendo saludado «en su lenguaje y según su costumbre» a los tres sabios, aquellos le respondieron con estas palabras: «Que el Dios de gloria, que era padre y señor de todo cuanto es, y que había creado todo el mundo, y que resucitará a buenos y malos, le valiese y lo consolase y le ayudara en sus sufrimientros»[278]. El gentil quedó perplejo por este saludo conjunto en el que se habla de un Dios y de una resurrección de la que jamás ha oído hablar, y a continuación les ruega que le expliquen, mediante «vivas razones», aquella resurrección de la que hablan, pues quizás así encontraría finalmente consuelo y paz para su alma atormentada. Entonces los tres hombres deciden mostrarle lo que acaban de afirmar, explicándole la verdad de cada una de sus doctrinas religiosas.

Rechazada la autoridad de los libros sagrados[279], los sabios necesitan un ámbito limitado en el que aplicar los significados de cara a la argumentación racional. Las virtudes divinas funcionan como principios filosóficos en la medida en que representan la realidad para los tres hombres, y como un principio lógico en la medida en que son los principios generales por los que la gramática divina debe regirse. El contexto común de lenguaje y realidad debe proporcionar un mismo significado religioso.

A diferencia de la descripción del prólogo, lleno de figuras y símbolos de fácil aprendizaje y comprensión, el resto de los libros está dedicado a los «hombres cultos» y para su difícil interpretación hace falta dominar el *Arte*. El simbolismo de los árboles da lugar a una doble vía de significación: sensible, a causa de las imágenes, e inteligible, por los conceptos universales que en ellas se representan. El primer nivel de significación encuentra su perfección en el segundo, como si se tratara de una extensión del primer simbolismo. Toda la parte central del libro pone de manifiesto el conocimiento de primera mano que Llull tenía de los dogmas del judaísmo y del islam. El relato concluirá con la escena en la que el gentil, habiendo escuchado las razones de cada sabio, inicia una oración de gratitud al señor de la creación –momento éste que tiene un profundo carácter ecuménico[280]–, porque le ha abierto los ojos a la realidad; seguidamente, se dispone a anunciarles la religión de la que, a partir de aquel momento, será fiel seguidor. Pero cuál no sería la sorpresa del nuevo converso, cuando los tres hombres se levantan del lugar en el que habían estado y muy amablemente se despiden de él sin manifestar ningún interés por la religión que ha escogido como verdadera. Llull añadió un epílogo a la obra; allí encontramos a los tres sabios que retornan a la ciudad comentando el bien que resultaría si, «así como tenemos un Dios, un señor, tuviéramos una fe, una ley, una secta, una manera de amar y honrar a Dios»[281] y nadie quisiera convencer por la fuerza y la predicación a los otros.

Lo verdaderamente sorprendente, en el marco de la literatura apologética de la época, es que en ningún momento la forma del relato parece estar dirigida a la predicación, por la fuerza del dogma de la verdad cristiana, a sus pacíficos interlocutores. En aquel momento de su producción, Llull confiaba más en la potencia de su sistema: la lógica combinatoria y el *Arte*, y en su aplicación a la doctrina, que en la fuerza de la verdad revelada en la Escritura. A pesar de las diferencias importantes que separaban a las tres religiones de tradición abrahámica, Llull creía poder llegar a un acuerdo con aquellos sabios partiendo de principios generales aceptados por todos, ya que formaban parte de la única revelación del Dios bíblico y coránico. Con todo, a Llull todavía le quedaba un largo camino por recorrer. Se trataba esencialmente del hecho de que los tres hombres confiasen en el valor de la razón para ajustar los relatos de las Escrituras sagradas a una realidad que quedaba sellada por la acción de la palabra y que estructuraba esta realidad en torno a un sistema de correspondencias, que la visión común del cosmos medieval entendía según un movimiento de participación entre el Ser supremo y los seres creados. Judíos, cristianos y musulmanes, aun cuando sólo fuera en ambientes exclusivamente místicos, aceptaban «a priori» la unicidad de Dios en el contexto de los Nombres divinos, que los judíos conocían por la lectura de los textos cabalísticos (sefirots) y los musulmanes a través de algunas formas de la mística sufí que muy probablemente llegaron a Llull. Lo que interesaba era demostrar cómo el sistema racional de demostración a partir de los Nombres de Dios se ponía de manifiesto en un libro que le había sido inspirado por Dios. De esta manera, se situaba en el mismo núcleo de la tradición de las comunidades que creen en un libro que ha bajado del cielo. Llull, que conocía bien a «las gentes del Libro», sabía que la única manera de hacer comprender una sola revelación era situarla en el contexto hermenéutico del libro revelado y que funciona como «lingua universalis».

Desde la perspectiva de la historia de la formación conceptual, el *Llibre del gentil* puede ser considerado un libro estratégico, si pensamos que Llull necesitaba una primera confrontación teórica con judíos y musulmanes. El hecho, sin embargo, de que pertenezca a una etapa muy temprana de su producción nos hace verlo muy próximo al ideal contemplativo que marcó aquellos años. Verdaderamente, toda la obra aporta un rico material de cara a la obtención de una teoría o un criterio de verdad en las religiones, pero, aun cuando los intereses de Llull se mueven fácilmente en el terreno de lo teórico, no podemos olvidar la finalidad que le llevó a todo ello. El entramado central del libro, la exposición doctrinal de las creencias, es ciertamente importante, pero la voluntad primera de Llull se concentra en el prólogo y el epílogo, en donde propiamente se sitúa todo ello en el contexto de la oración contemplativa de las virtudes de Dios como único lugar común entre los sabios. La contemplación de las virtudes, la profesión de fe monoteísta y la declaración de la creencia en un Dios creador y en la esperanza de la resurrección resumen toda religión en una fase anterior a la disputa. La contemplación en el «locus amoenus» configura un lugar de nadie. El camino que ha llevado a los sabios de la ciudad al bosque muestra también que es la cultura la que marca diferencias, pero, adentrados en el estado más natural, en donde sólo mandan los símbolos, surge un lenguaje innovador. Los Nombres de Dios y su uso místico-contemplativo funcionan como principios de realidad y ofrecen un criterio de verdad universal, y sin embargo es principalmente la fe que permite suponer la verdad en el otro y la que hace verdaderamente posible el diálogo[282]. La filosofía religiosa de Llull desplaza a la fe a un lugar extrarracional: las bases para el diálogo deben ser compartidas, pero es la recta intención dirigida por un anhelo de verdad la que conduce, finalmente, a comprender y descubrir la razón en el otro. El diálogo es el resultado de un deseo de conocimiento y la fe descansa en la posibilidad de que la verdad habite fuera de uno mismo. Es, pues, el gentil, el hombre sin religión, el que, en el libro de Llull, dirige los pasos de los creyentes a una teoría de la verdad.

La oración contemplativa

El lenguaje de la conversación dirigido al Otro ya había surgido en el ritmo invocativo del *Llibre de contemplació en Déu*. El ejercicio práctico[283] de la oración se presenta ahora como la actividad común a la que está destinada toda intención interreligiosa. Hacia el final de aquella gran obra, en los libros quinto y sexto, se trataba del amor y la oración respectivamente. En el apartado dedicado a la oración, Llull hacía una aplicación minuciosa de las anteriores ideas sobre la vida teórico-contemplativa, basándose en tres figuras: oración sensual, intelectual y compuesta de ambas. Estas figuras, sin embargo, constituyen una única forma que corresponde a la imagen del mundo: una en forma y tres en figuras (sensual, intelectual y animal). La oración sensual es la que podemos llamar vocal, mientras la segunda, intelectual, se basa en las virtudes del alma (memoria, entendimiento y voluntad), siendo la tercera una forma de acción sobre el mundo a partir del conocimiento de las virtudes[284]; esta última es una forma de oración espiritual en la medida en que puede contemplar la dimensión sensible (activa o práctica) desde la vida del intelecto (contemplativa o teórica). El cuerpo humano, con su gestualidad y los sentidos externos, se orienta hacia la figura de la oración sensual[285], mientras las tres potencias del alma, la imaginación, la razón y los sentidos espirituales lo hacen hacia la oración intelectual[286]. La tercera figura de oración no considera tan siquiera que el hombre hable con Dios ni que lo recuerde o entienda, tan sólo las acciones virtuosas representan la mejor oración, pues en la acción buena ya están contenidas las anteriores[287]. La acción de la oración sensual sobre la intelectual, y viceversa, muestra aquí de nuevo el poder de las contrariedades. Pero el verdadero contenido de la oración es el amor según las tres figuras de amor: a Dios, a sí mismo y al prójimo[288]. El método seguido por Llull acaba convirtiendo la actividad de lo que hay entre el cielo y la tierra en una única oración que clama por la unidad divina, mediante el uso de las tres figuras conjuntas[289]:

Amoroso Dios de gloria, vuestro servidor, suplicando a vuestra santa unidad, dice al firmamento, y al sol y a la luna, y a todas las estrellas y todas las virtudes creadas en el cielo que adoren y supliquen a vuestra unidad gloriosa, y eso mismo dice a los cuatro elementos y a todos los géneros y las especies y a sus individuos; pues todas cuantas cosas son, Señor, son creadas y sostenidas y beneficiadas de vuestra santa unidad, que es madre de todas las unidades y de todas las pluralidades creadas; por esta razón, vuestro servidor adora con todas sus fuerzas vuestra unidad amorosa[290].

La oración perfecta sería aquella que llena todos los tiempos, pues si el hombre no tuviera necesidad de usar de su sensualidad en comer o en dormir o en hablar, también estos actos estarían dirigidos al creador[291]. En los últimos capítulos del libro se introduce una numeración algebraica[292] y la figuración geométrica. Además se propone una escala de nueve grados para que el entendimiento, mediante el uso de las letras de este incipiente lenguaje combinatorio, ascienda a adorar a Dios[293].

También en la forma revelada del *Arte* la distinción sensible-inteligible proporcionaba una topología como estructura básica de la oración contemplativa, tal como la encontramos inserta en un círculo que nos muestra la manera de elevar el alma a la contemplación a través de dichos tres modos de oración. En el *Ars compendiosa inveniendi veritatem* encontramos la «séptima regla» dedicada a la oración y en el *Ars amativa boni* (Art amativa), que según el simbolismo luliano de las analogías se corresponde con el *Ars inventiva veritatis*, hay una distinción dedicada a los «puntos transcendentes»[294]. Parece que entre la primera formulación de los «secretos» y la posterior de los «puntos transcendentes» en el *Arte*, Llull ha conseguido situar el ámbito de la polémica religiosa sobre la base de un método de oración, de modo que oración y conversión sintetizan dos modos de una misma intención religiosa, y todo ello en el marco general de una búsqueda sin pausa de la verdad. Con el *Ars compendiosa inveniendi veritatem*, el arriba y el abajo, así como el método de ascenso y descenso, han desaparecido y todo entra a formar parte de un arte de buscar (trobar) en una circularidad destinada a la «coincidentia oppositorum», tal como ya mostraba el esquema de los cuatro puntos. La función meditativa de las ruedas lulianas está garantizada por el «uso cabalístico» de los atributos de Dios que aparecen en la figura A. Pero en su función contemplativa intervenía la figura S, en la que se inscriben el alma racional y sus potencias, pues éstas activan toda la mecánica del *Arte* a través del ascenso y descenso, todo ello mediatizado por la imaginación, como se ha visto.

Las «figuras sensibles» del *Arte* de Llull tienen una clara intención pedagógica, y el contexto religioso en el que son utilizadas se halla de forma explícita en otras tradiciones próximas a Llull. El poder de las «Dignidades divinas», en su vertiente de praxis contemplativa, podría haber llegado a Llull a través del sufismo, tal como él relata en el *Llibre d'amic i amat*. La asignación de letras a cada una de las «Dignidades» tenía como función facilitar la meditación sobre las combinaciones de los poderes de Dios, lo cual mantiene un paralelo con la literatura mística islámica y su-fí[295], así como también con la cábala[296], en cuyos textos se ha puesto en evidencia el valor de purificación de la recitación de los Nombres de Dios, a través de la aniquilación de todo significado, en virtud de la experiencia del Único Nombre de Dios. Todo ello parece tener relación con la «ciencia de las letras» (ilm al-hurûf) o la «magia de letras» (sîmiyâ) practicada por algunos sufíes extremistas, que la denominaron «ciencia de los secretos de las letras». De todos modos, más que comprender qué debe entenderse aquí por poder mágico de las letras, lo que sí permanece en el sustrato de este método de meditación es su intención contemplativa. El éxtasis contemplativo al que se llegaba combinando letras no debe ser entendido como un tránsito delirante, dado que venía precedido por la intervención del «intelecto agente» sobre el alma, confiriendo así un carácter profético a la visión imaginaria. Si pensamos en el texto de la *Doctrina pueril*, según el cual la imaginación ilumina por medio de figuras sensibles lo que se halla más allá de toda comprensión, otorgando a la experiencia de conocimiento un significado profético, no es difícil poner en relación el uso de las figuras sensibles, su activación por las facultades del alma, particularmente el papel de la imaginación entre lo sensible y lo inteligible, y los métodos de oración contemplativa.

¿Qué conocimiento real tenía Llull de estas otras tradiciones? Los estudios de Scholem y Corbin han proporcionado claros elementos de comprensión de cara a una teoría conjunta de la oración contemplativa en las religiones de tradición abrahámica, pero más recientemente los estudios han avanzado en la configuración del marco histórico-doctrinal que pudo haber afectado a Llull. Según éstos, las «Dignidades» lulianas parecen jugar un papel similar al de las «sefira» en la escuela teocéntrica-teúrgica, según la distinción hecha por Moshe Idel, en el siglo XIII, frente a la escuela extático-antropocéntrica[297]. Aunque Llull no tendría un conocimiento que distinguiera ambas corrientes, Hames sugiere que podría haber hecho un uso de la combinación de letras junto a diagramas y círculos muy próximo a la tendencia extática, y en cualquier caso es presumible que incorporara sistemas asociados a la cábala de Abraham Abulafia.

Tanto entre los cabalistas como en Llull, los Nombres de Dios nos informan sobre la esencia de la divinidad[298], proporcionándonos una escalera de ascenso y descenso de nueve escalones, cada uno de los cuales incluye la presencia de las Dignidades. Al igual que las «sefira», también aquéllas difunden su similitud a los niveles inferiores. De esta manera, tenemos que la escalera conecta los niveles superiores (lo inteligible) y los inferiores (lo sensible). Se ha insistido en el uso combinado que Llull hace en el *Llibre de contemplació* de los diagramas del árbol con notaciones algebraicas, no habiendo contradicción con alguna posible fuente sufí. Pero todavía más interesante es que también entre los cabalistas el uso de colores era habitual para la consecución de la experiencia mística y como ayuda de técnicas meditativas. Llull asocia el color con las figuras, como una ayuda para la imaginación, cuando combina las diferentes cámaras. Parece probable que exista una conexión entre la visualización de las «sefira» mediante la imaginación y el uso de los colores en el momento apropiado de la oración. El color sería la cobertura o el envoltorio (hashmal) de la «sefira», mientras que para Llull: «color es hábito contenido en la figura»[299]. El uso de colores como forma de alcanzar la unificación en la oración, a lo que hay que añadir además los círculos con capacidad giratoria (como en el *Ars brevis*), está atestiguado en ambos casos. Hay, pues, razones para pensar en estas técnicas mixtas como en una base de relación entre Llull y los cabalistas, porque aparecen en el mismo contexto espacial y temporal. En cualquier caso, las figuras o ruedas de meditación tenían, tanto en Llull como en aquellas tradiciones, un fin extático cuya dimensión gnoseológica es la destrucción del sentido, su fin contemplativo es la aniquilación o la «mors mystica» y su valor visionario y profético está mediatizado por la imaginación activa entre lo sensible y lo inteligible[300].

Lenguaje y destrucción

También en el discurso literario y de ficción encontramos el rastro de un lenguaje resultado de la conversión espiritual. En el *Blanquerna* se hace explícito el método contemplativo de Llull a través de la acción ordenadora de las virtudes del alma (memoria, entendimiento y voluntad) sobre los cinco sentidos espirituales[301], siempre en el contexto de la capacidad combinatoria de aquel que ha sufrido conversión: «Si sabemos recordar, sabremos olvidar; y si sabemos olvidar, sabremos entender y amar»[302]. Ya hemos visto de qué manera este uso del lenguaje constituye el modo de oración contemplativa privilegiado por Llull y dicha insistencia sólo halla sentido en la voluntad mística que se presenta, «pues la oración es la obra más noble que hay en la religión»[303], convergiendo en esto con las grandes tradiciones espirituales. Al igual que en el *Llibre de contemplació en Déu*, también aquí las cuatro distintas formas de oración vienen a confirmar la especial tendencia de la mística cristiana por la vida activa y las obras como forma más perfecta de oración:

Oración es en cuatro maneras: la primera es cuando el corazón contempla a Dios sin que la boca diga ninguna palabra; la segunda es cuando el corazón y la boca se convienen en la oración, entendiendo el alma lo que dicen las palabras; la tercera manera es cuando se está en buena vida y sin pecado mortal, pues todo lo que se hace es oración; la cuarta manera es cuando la boca dice palabras de oración y el corazón piensa en otras cosas[304].

Esta cuarta manera se debe a la ausencia de virtudes y de ello resulta un uso estéril del lenguaje, como cuando «el alma (en oración) se olvida e ignora lo que significan las palabras»[305]. La concordancia entre el alma y las palabras se debe a una buena disposición y uso de la lista de virtudes y vicios[306]. La contrariedad que se da entre vicios y virtudes, fruto del ejercicio contemplativo, acaba convirtiéndose en modelo de predicación entre gentiles e infieles. De ahí que el principio de meditación luliano esté fuertemente ligado a su concepción del lenguaje tal como se expone en buena parte del relato, pues la buena concordancia entre palabra y significado afecta al recto entendimiento entre los diversos hombres de religión. Por esta razón, Llull veía en la unidad del lenguaje los presupuestos para una unidad de las religiones[307]. Pero son muchos los problemas que se desprenden de un análisis comparativo de los modelos religiosos asentados en experiencias de tipo contemplativo. Así, pues, se ha visto en el *Blanquerna* cierta repercusión de la novela *Barlaam y Josafat*, en su versión románica[308], a partir de la cual Llull habría reelaborado libremente muchos materiales, teniendo como marco lejano común el repertorio clásico de los Padres del desierto: renuncia al mundo, dimisión de oficios públicos, alejamiento de la civilización, separación de la esposa, etc. En cualquier caso, no parece prudente plantear el modelo de vida ascética en Llull basándose en una distinción tipológica entre un supuesto estatismo oriental y un dinamismo más propio de la espiritualidad occidental. En Llull difícilmente puede hablarse de ascetismo en el sentido en que lo practicaron Antonio, Macario y otros, pero no a causa de la actividad misional y su búsqueda del martirio. En Llull todo comienza por su actividad contemplativa e iluminativa, que en modo alguno augura rechazo del mundo. Por otro lado, en la misma historia del Buda Śākyamuni, la renuncia al ascetismo precede a la iluminación (n̥irvāna) y ésta a la actividad predicadora (Buddhacarita XIV, 98). Siguiendo nuestro modelo de cuatro grados de conocimiento y contemplación, también podemos seguir el esquema clásico: vía purgativa, iluminativa y unitiva, a la que habría que añadir la predicativa. Al igual que el Buda, también en Llull la mayor renuncia es al estatismo de la contemplación, la renuncia incluso a la propia liberación y salvación, como en la crisis de Génova en la que Llull está dispuesto a perder su alma si se salva su obra.

En el *Blanquerna*, el libro dedicado a la vida ermitaña, narra cómo, finalmente, tras haber pasado por la vida monacal y los diversos cargos eclesiásticos, hasta llegar a ser papa, Blanquerna puede recordar el deseo que le llevó a abandonar casa y amigos: la vida eremítica. Y así es como se instaló en una celda en los bosques de Roma. La vida en el eremitorio se reparte entre la oración, el trabajo, la conversación con un ayudante que lo visita a ratos durante el día y la contemplación de la naturaleza:

Blanquerna se levantaba a medianoche y abría las ventanas de la celda para ver el cielo y las estrellas, y comenzaba su oración de la manera más devota que podía, de manera que toda su alma estuviese con Dios y que de sus ojos salieran lágrimas y llantos[309].

La conversación mantenida entre los momentos de oración sitúa la vida contemplativa junto al modelo de predicación y transmisión de la experiencia al discípulo, tan cercana en esto a otras disciplinas meditativas de Oriente, en donde la soledad de la meditación y el ejercicio dialéctico con el maestro configuran el todo de una comprensión sublime de la realidad[310]. Pero también el acercamiento a la naturaleza y a la noche nos recuerda un motivo que se repetirá siglos más tarde en san Juan de la Cruz, hasta constituir el centro de su especulación místico-contemplativa[311].

El *Blanquerna* concluye con la imagen idílica y ejemplar de aquel que tras la vida activa se sume en el silencio del amor divino, pero la ejemplaridad del relato apunta hacia un nuevo comienzo y una nueva vida de quien lee el texto y por ello, tras el modelo teórico de Blanquerna abad, papa y eremita, el lector se inicia en los ejercicios de meditación del *Llibre d'amic i amat*, que en la tradición manuscrita sigue al *Blanquerna*. De esta manera, el ejemplo de la vida funciona como modelo moral, espiritual e inteligible, cuya única realización puede tener lugar en la propia existencia que comienza para quien reconoce la verdad de lo que allí se dice, pero sobre todo para quien sabe con certeza que su próximo paso ha de ser dar palabras al silencio que se le ofrece. La tensión entre la oración callada o mental, para decirlo ya con Teresa de Ávila, y la oración que constituye la vida entera dedicada a la realización de la voluntad de Dios, formando así parte del plan de la salvación, no puede quedar al margen de estas consideraciones. El contemplativo se mueve entre el silencio y la palabra con la intención de poner la voluntad propia al servicio del creador, olvidándose así de sus propios proyectos de salvación.

Estando Blanquerna en su eremitorio, dice el libro, recibió un día la visita de otro ermitaño de Roma que venía a pedirle un libro a modo de regla de vida eremítica, por el cual los otros hombres en estado de retiro supieran alcanzar contemplación. De esta manera, Blanquerna se dedicó a adorar fuertemente a Dios para que «le demostrara la manera y materia» con la que pudiera hacer el libro. Así, mientras Blanquerna llevaba hasta el límite supremo sus fuerzas, y teniendo en estado de éxtasis (eixit) su alma contemplando a Dios, cayó en la cuenta de la flaqueza del amor que el amigo tiene por el amado, metáforas del alma humana y de Dios mismo. Y por esta razón, Blanquerna ermitaño quiso escribir el *Llibre d'amic i amat*.

Y mientras Blanquerna consideraba de esta manera, recordó cómo una vez, cuando era apóstol, un sarraceno le contó que ellos tienen algunos hombres religiosos y entre los más preciados de éstos hay unas gentes que tienen por nombre «sufíes», y tienen palabras de amor y ejemplos abreviados que proporcionan al hombre gran devoción; y son palabras que necesitan exposición, y por tal exposición el entendimiento asciende más, y por tal ascensión multiplica y sube la voluntad en devoción[312].

Es interesante observar hasta qué punto, por lo que respecta a cuestiones de polémica religiosa y al método empleado, Llull se esforzó durante toda su vida en adquirir un modelo propio y original, mientras que ahora no parece tener mayor dificultad en aceptar un método conocido entre los místicos del islam[313]. Pero ello no tiene nada de sorprendente si pensamos que los versos de este libro que ahora quiere escribir son el mejor modelo de predicación entre quienes ya conocen la manera de meditar a través de breves ejemplos que requieren una comprensión interior a través del entendimiento. Lo que en el *Llibre del gentil* funciona como principios de significación se convierte, en la obra contemplativa, en principios de destrucción de todo sentido en virtud de una facultad peculiar del lenguaje, que ya no busca generar nuevos significados, sino destruir las imágenes[314]. El *Llibre d'amic i amat*, cumbre de la poesía mística luliana, se presenta como un conjunto de «metáforas morales», pero ya en esa misma denominación se ve la clara voluntad de que las palabras no signifiquen nada por sí mismas, pues ellas ya son la realidad indicada por la imagen, desapareciendo así toda distancia entre el modelo y la copia, quedando reducida toda metáfora al absurdo. El prólogo al libro anuncia la recepción de aquella otra tradición en la propia:

Blanquerna estaba en oración y consideraba la manera según la cual contemplaba a Dios y sus virtudes y, cuando había acabado su oración, escribía aquello en que había contemplado a Dios. Y esto hacía todos los días; y cambiaba (mudava) en su oración nuevas razones (novelles raons), para que de diversas y muchas maneras compusiera el *Llibre d'amic i amat*, y que aquellas maneras fuesen breves, y que en breve tiempo el alma pudiera resolver (decórrer) muchas[315].

La contemplación aparece, en efecto, como una actividad claramente teórica, una «consideración» –como dice el texto–, pero que tiene lugar en estado de oración. Quizás habría que entender aquí por contemplación u oración contemplativa el modo más perfecto de oración sensual-intelectual. «Estaba en oración» puede ser entendido como el nivel de la llamada «oración sensual», mientras que la escritura que sigue a este estado confirma el proceso completo de la meditación que concluye en la contemplación divina, tal como Llull refiere desde sus primeras visiones. La escritura cumple con la necesidad discursiva de la meditación en el tiempo. La consideración es sobre Dios y sus virtudes, pero la «manera» (el modus contemplandi) consiste en el cambio constante de «nuevas razones», siendo aquí razones no tanto principios, como sucede en las obras del *Arte*, sino «palabras». Como se ve en la lectura del libro, éstas nunca son nuevas verdaderamente, lo que sí es nuevo es el lugar que ocupan en cada ocasión y el significado que adquieren. El alma considera las muchas maneras de combinar los términos de esta gramática, en donde amigo y amado se alternan como sujeto o predicado de las oraciones y se ven reducidos a metáforas del alma y de la divinidad. El lenguaje funciona como un multiplicador de «imágenes explosivas»[316] de la potencia divina, que como un eco repite incansable la bondad y la belleza de Dios.

Llull con su método combinatorio remueve los significados del mundo para, desde una nueva inocencia, alcanzar una comprensión superior. Son «metáforas» de los principios lógicos a los que corresponden, y son «morales» porque sirven a la vida activa dado que proceden de un modelo teórico-contemplativo. Si hablamos de actividad práctica es porque el mismo hecho de la escritura constituye la praxis más adecuada para una vida y actitud virtuosa. Sirve el libro para la contemplación, en eso radica su didactismo, pero la escritura o el dictado mismo, si lo hubiera, son ya en sí mismos un acto de contemplación de aquel que conoce los secretos místicos y que hace uso de su lenguaje múltiple, sorprendente y paradójico para quien no ha sido iniciado en los secretos de los que aquí se habla. En este sentido, el *Llibre d'amic i amat* es claramente expresión sensible de quien ha visitado las virtudes de Dios en su ámbito arquetipal y lógico, pero en cuanto se busca expresión lingüística para dicha experiencia, toda lógica queda destruida por la fuerza de su misma intención: renovar el mundo. Hay que advertir, asimismo, que la multiplicidad de nuevas razones y argumentos tiene como objeto conducir al alma a una carrera desenfrenada. Ella ya ha practicado antes con el arte combinatorio y la lectura del *Arte*, pero aun cuando ésta es imprescindible para ascender como en una escalera a las perlas de la contemplación, ya no sirve, como dice Wittgenstein, una vez estamos frente a ellas, como tampoco sirve llevar la barca a cuestas cuando hemos atravesado el río, según un bello ejemplo de la tradición zen. El lenguaje con el que nos topamos en esta obra tiene el hábito del *Arte*, pero no es fruto de la experiencia «artística», ésta es un método (así lo recuerda la revelación de Randa) para la creación de nuevas palabras que abarquen cuanto puedan la inagotable experiencia mística. Como sucede en los lenguajes místicos, la idea de «novedad» a que siempre se apunta no indica sino la imperiosa necesidad de crear continuamente expresiones que intenten escapar al obsesivo motivo de la experiencia. El lenguaje no agota ni puede abarcar la totalidad y profundidad del misterio. La novedad consiste en buscar y encontrar lugar para las únicas palabras que convienen a dicha experiencia y que terminan por reducirse primero a dos: «amigo» y «amado», y finalmente a una última palabra que resume todo proyecto de mística cristiana: «amor». Cada uno de estos pensamientos, uno para cada día del año, confirma la voluntad de Llull por hacer intervenir a las facultades mentales superiores en el estado supremo de contemplación. A diferencia de otras tradiciones, en donde parece necesario prescindir del momento discursivo y reflexivo, aquí es el entendimiento el que mueve a la voluntad a su último ascenso hacia Dios. En efecto, éste sería el grado de máxima percepción transcendental, pero de poco serviría si a ello no siguiera el descenso hacia la vida activa a partir del nuevo conocimiento adquirido junto a la naturaleza divina. El modelo cristiano no puede concebir la «unio mystica» como el punto final[317]. El horizonte escatológico de la doctrina cristiana hace necesario el retorno sobre el cuerpo y las facultades sensibles, de ahí la insistencia en las escalas inteligibles (memoria, entendimiento, voluntad), pues sólo desde una comprensión de la condición fáctica de la existencia halla pleno sentido la encarnación del Hijo de Dios.

Las fórmulas deben ser «breves», dice Llull, para que en «breve tiempo» el alma pueda transitar muchas. La tensión entre tiempo y eternidad se coloca en el sustrato de la vida contemplativa cristiana: la premura por el tiempo contrasta con la suspensión característica de la salida del tiempo. No es posible evitar la especial condición de esta mística. El contemplativo tiene la certeza de que su conocimiento y experiencia de lo divino se alcanzan únicamente atravesando el tiempo, según el ejemplo de la cruz, que sirve como referencia para el resto de la vida, hasta la consumación última. El tiempo viene a ser el sustrato sensible de la eternidad, como referencia lejana e inteligible. Es lo que media entre ambos puntos lo que se abre como campo del sacrificio individual, como campo de la consciencia que debe ser superado y derrumbado[318].

Hasta ahora la vida se ha manifestado como el espacio abierto entre dos secretos, entre dos puntos, marcado el primero por la experiencia y el segundo, según un tiempo que no es siempre continuo, por la comprensión. Éste es el monotema del pensamiento de Llull. La distancia entre ambos crea una tensión cognoscitiva expresada en la distinción sensible/inteligible que el *Arte* intenta superar por la conversión de los términos del lenguaje entre uno y otro ámbito. Nos movemos todavía en el campo de la comprensión. Ahora, sin embargo, el *Llibre d'amic i amat* busca, aún sin fundir ambos ámbitos, una teoría del encuentro, siempre desde el campo hermenéutico de la conversación, en donde esta misma ofrece un lugar inmejorable para la conversión de la comprensión en experiencia sensible y de ésta en comprensión inteligible. De hecho, aun cuando aquí el uso del lenguaje es el canto místico, subyace una preocupación común al *Llibre del gentil*: ¿cuál es o qué es el lugar (locus) del encuentro a que la conversación da lugar? Tanto amigo como amado no son términos últimos de la experiencia sublime que se transmite en sus versos: ambos son mediaciones que revelan los secretos que se hallan en ellos; uno y otro son depositarios de la revelación, pero ésta no concluye en ellos mismos. Siguiendo una imagen agustiniana, podríamos decir que son «vasos» o recipientes que traslucen su contenido divino.

Enmarcado todavía en una fase de la vida en donde se impone una autocomprensión, el *Llibre d'amic i amat* debería ser leído como una experiencia de lenguaje más, como lo son también el *Llibre de contemplació*, el *Ars compendiosa* y el *Llibre del gentil*, es decir, una experiencia dirigida a la predicación, aun cuando aquí ya parece evidente que no hay predicación sin iniciación a la oración y a la contemplación. Como se ha dicho, se trata de un libro para iniciados en los secretos del amor místico, pero también presenta una lectura con intención pedagógica para aquel que se ha ejercitado y ya puede reconocer en los versos del libro los términos de la gramática luliana empleados en otros lugares. Hay, pues, una lectura que se mueve en un nivel sensible para el lector que reconoce las palabras; una lectura en un nivel inteligible para aquel que sabe combinarlas en órdenes distintos, y una lectura mística para quien lo sensible y lo inteligible, el amigo y el amado, estrechan tanto su campo de experiencia que lo conducen a una aniquilación de sentido y a la unificación de todos los significados por la reducción de todas las metáforas a nada.

Hay varios órdenes de significación, a partir de los cuales se podría establecer una hermenéutica del *Llibre d'amic i amat*, pero el que aparece como cuestión central es el de la dualidad presente en sus versículos. Parece que una aproximación al lenguaje místico podría proporcionarnos algunas claves para tratar de resolver la cuestión del «dualismo filosófico» e intelectual de Ramon Llull. Uno de estos versículos nos da una pista que entronca con el tema que hemos ido siguiendo hasta aquí:

En los secretos del amigo son revelados los secretos del amado, y en los secretos del amado son revelados los secretos del amigo. Y la cuestión es cuál de los dos secretos es mayor ocasión de revelación (154)[319].

Todo el mundo paradójico de Llull se halla en estos versos: de la misma manera en que veíamos cómo es imposible conocer un orden de cosas en sí mismo si no es por el conocimiento de otro orden diferente y a partir de la experiencia de la alteridad –incluso como aquí, tratándose de una personificación de la divinidad–, también ahora el amigo y el amado son dos términos distintos y necesarios. Pero la diferencia afecta principalmente al orden del conocimiento, es decir, a aquel que quiere descubrir los secretos. Hay una clara voluntad de concebir la revelación como algo unitario; en ninguno de ellos hay mayor ocasión de revelación. Desde un orden teológico de las ideas, la revelación sólo puede concluir con la integración de las criaturas, para lo cual la divinidad se ha revelado en Jesucristo, el amado. El problema aquí consiste en comprender el sentido de la revelación a la que se alude. Con ello debe excluirse, sin embargo, la idea de dos órdenes distintos de revelación, es decir, una revelación histórica y otra mística y personal. La revelación tiene sólo lugar en el encuentro de amigo y amado y en el conocimiento que su mutuo amor les proporciona, y en el amor que el conocimiento de ambos hace posible. Los dos son distintos, pero el secreto de cada uno de ellos está en el otro. El secreto de los sufrimientos del amigo no pueden comprenderse desde sí mismo, sino a través de los secretos del amado, que son sus sufrimientos por el abandono y el olvido al que lo somete constantemente su amigo. Secreto y revelación son los dos polos de una dualidad que acaba resolviéndose en la tensión a la que la somete la paradoja del lenguaje místico.

Una primera lectura del *Llibre d'amic i amat* nos descubre la situación de esta topología espiritual: recuerdo-olvido, a lo que se asocia ausencia-presencia; amor-temor; placer-sufrimiento; lejos-cerca; amor-muerte, etc. Cada una de estas parejas, contrastadas como sentimientos de los amantes, dan una idea de la profunda separación que reina en el mundo y que es un reflejo de la realidad viva. El aparente dualismo que se respira en todo el libro obedece a un imperativo por superar, justamente, la dualidad a través de una forma paradójica del discurso que se hace visible en la inversión de sentido a la que Llull ya estaba acostumbrado, como en los siguientes ejemplos, en donde la resolución de esta figura de la literatura mística se produce en la unión de contrarios (coincidentia oppositorum), o en donde, en expresión más fuerte, se da en el ámbito del sufrimiento moral:

Lloraba el amigo y decía: −¿Cuándo cesarán las tinieblas en el mundo, para que cesen los caminos infernales. Y el agua, que tiene por costumbre correr hacia abajo, ¿cuándo llegará la hora en que, por su naturaleza, suba hacia arriba? Y los inocentes, ¿cuándo serán más que los culpables? (4).

−Di, loco, ¿en qué sientes mayor voluntad: en el amor o en la ira?− Respondió que en el amor, porque sentía ira para poder amar (158).

−Di, amador, ¿en qué tienes más entendimiento: en entender verdad o falsedad?− Respondió que en entender verdad. −¿Por qué? −Pues se entiende falsedad para mejor entender verdad (159).

−Di, loco, ¿qué cosa es mayor, diferencia o concordancia?− Respondió que, fuera de su amado, diferencia era mayor en pluralidad y concordancia en unidad; mas en su amado eran iguales en pluralidad y unidad (282).

El amado enamora al amigo y no lo consuela de su languidecimiento, para que más fuertemente sea amado y en el mayor languidecimiento encuentre el amigo placer y coraje (31)[320].

A partir de reflexiones como éstas, el lector puede llegar a comprender que todo camino de la salvación pasa por la asunción del estado de caída y hasta qué punto atravesar el sufrimiento y el pecado es la condición inevitable de la salvación: «El amigo enfermó de amor. Y entró a verlo un médico que multiplicó sus sufrimientos y sus pensamientos. Y el amigo sanó en aquella hora» (86)[321]. La asunción del sufrimiento como vía de realización espiritual tan extendida en la literatura místico-ascética medieval es el origen de las bellas metáforas que resultan de una experiencia que transforma el dolor en el principio de entendimiento, y no por una suerte de masoquismo velado, sino simplemente por voluntad de unir la experiencia del cuerpo con la del espíritu, siendo así que el placer del espíritu se halla en el dolor del cuerpo y el placer del cuerpo en el sufrimiento del espíritu. El constraste se resuelve en las provocadoras metáforas del libro: «En consideración andaba el amigo por los caminos de su amado, y tropezó y cayó entre espinas, las cuales le parecieron fuesen flores y que su lecho fuese de amores» (36). La relación entre el amor de uno a otro es la misma que se da entre el amor acción del amigo y el amor pasión-sufrimiento del amado[322]. La unión de pasión y acción se desarrolla en múltiples planos, pero es la acción del Espíritu bajo la figura de «amor» entre «amigo» y «amado» la que logra soldar y superar la estructura dual de los versos de Llull. De esta manera, hace su aparición una lógica del «tertium datur». Todo pasa a través de un «tercero» y sin él nada llega a ser parte de alguno de los dos amantes. El amor, no como actividad sino como lugar y persona en donde los amantes se reconocen, propiamente no es nada, es un «locus non locus» gracias al cual los contrarios se convierten mutuamente, como, por ejemplo, el placer en sufrimiento y el sufrimiento en placer, o la muerte en principio de vida. La inclusión de un tercero, sin embargo, no destruye la naturaleza dual de la experiencia mística. La pregunta ¿dónde está el amado? se repite recordando que el amado está en el amor, allí donde ambos dejan de ser ellos mismos, Dios y hombre, para ser el otro.

Son los tres términos principales: «amigo», «amado», «amor», los que crean en su entorno un espacio de preguntas y respuestas, cuya mayor o menor comprensión permite el encuentro o el desencuentro de los dos términos principales: amigo y amado. «Amor» está como la única mediación entre los dos, como si el amor fuera el ser, pero también la metáfora personal por la que el amigo puede dirigirse al amado: «El amado y amor vinieron a ver al amigo, que dormía. El amado gritó a su amigo y amor lo despertó. Y el amigo obedeció y respondió a su amado» (269). El amor es aquí la palabra, también en cierto modo el Logos divino a través de la figura de Jesucristo, el Hijo amado que llama a la conversión por el amor. En cualquier caso, «amor» siempre ocupa el lugar de la «cópula», intermedio entre ambos, como en estos dos versículos que muestran claramente el simbolismo de la cruz en el que debe situarse esta topología mística:

Muy por encima de amor está el amado, y muy por debajo de amor está el amigo. Y amor, que está en el medio, baja el amado hacia el amigo y sube el amigo hacia el amado. Y del descenso y ascenso vive y toma comienzo el amor, por el cual languidece el amigo y es servido el amado (251).

A la derecha de amor está el amado, y el amigo está a la izquierda. Y por esto, sin que el amigo pase por amor, no puede llegar a su amado. Y delante de amor está el amado y detrás del amado está el amigo. Y por eso el amigo no puede llegar a amor hasta que no ha pasado sus pensamientos y sus deseos por el amado (252).

En el segundo de los versos el amado parece cambiar de lugar destruyendo aquella lógica del «término medio», pero el lugar del amado es un lugar de nada y de nadie:

Amaba el amigo a su amado, y decía que había traspasado *donde* (on), pues él está allí en donde no se puede alcanzar *donde*. Y por eso, cuando preguntaron al amigo en dónde estaba su amado, respondió: –Es–, pero no sabía dónde; aunque sabía que su amado está en su recuerdo (212).

La única pregunta que se repite de forma obsesiva es «dónde», como una forma extrema del lenguaje que encontramos también en este poema del místico y mártir persa Husayn ibn Mansūr Hallāj:

> *Con el ojo del corazón vi a mi Señor*
> *Y le dije: ¿Quién eres Tú? Y Él me respondió: ¡Tú!*
> *Pues para Ti «donde» no es un lugar*
> *Y allí donde Tú estás no hay «donde»*
> *De Ti no tiene la imaginación imagen*
> *Para poder saber dónde Tú estás*
> *Tú que contienes todo «donde»*
> *A modo de «no donde» ¿dónde estás Tú?*[323]

El amigo debe responder siempre por el lugar en que se encuentra el amado, pero aquél no ocupa lugar ni tiempo más que en la memoria del amigo que lo hace presente por su deseo y voluntad de convertirlo en acto de su amor. ¿Hasta qué punto podemos decir que las palabras que se dirigen el uno al otro, o que otros sujetos ocasionales les dirigen, constituyen un diálogo? Muy pocas veces la respuesta aporta una novedad no contenida en la pregunta, como si se tratara de un juego silogístico. En efecto, desde el comienzo, el lector que se dispone a hacer un uso meditativo del libro y que sabe que tiene un versículo para cada día del año, concentra toda su atención en el pequeño mundo que se le ofrece, apenas dos o tres frases, para desde él deducir el orden de las cosas. La meditación es, pues, un arte de ordenar y desordenar para obtener un mismo resultado, un arte de combinar los términos dados, sean éstos los que sean –facultades del alma, virtudes de Dios, vicios humanos, etc.–, para dejar sin sentido al mundo exterior a la lectura y sus palabras, creando así un silencio sobre lo que queda fuera de la atención. La aceptación de ese mínimo dado, un breve ejemplo sobre la naturaleza o un gesto del amado, supone asimismo un alto grado de libertad en el acto de meditación, pues, si entendemos en Llull la meditación como una búsqueda, el amigo que estrecha su mundo y sus facultades al mundo del amado quiere sus mismas palabras y actitudes. Ni el amigo ni el amado tienen el privilegio de la pregunta, ésta va de uno a otro de forma aparentemente arbitraria, lo cual permite al lector ocupar indistintamente ambas posiciones con el objetivo último de unir las dos voces, como una vía segura hacia el silencio:

Cantaba el pájaro en el vergel del amado. Vino el amigo y le dijo al pájaro: –Si no nos entendemos por el lenguaje, entendámonos por amor, pues en tu canto se representa a mis ojos tu amado (27).

El pájaro puede hacernos pensar en la figura del Espíritu Santo, que cumple, en efecto, una mediación segura entre el amigo y el amado, a la luz de la teología trinitaria por la cual el Espíritu es el amor entre el Padre y el Hijo. Y de su unidad e identidad no se desprende lenguaje alguno, pues, como también se dice en el Corán, se trata de una lengua superior y originaria[324]. En cuanto al amigo, su expresión se da siempre todavía en el ámbito de la representación y por tanto del lenguaje de las potencias del alma:

El amigo con su imaginación pintaba y formaba las facciones de su amado en las cosas corporales, y con su entendimiento las pulía en las cosas espirituales, y con la voluntad las adoraba en todas las criaturas» (323).

La desaparición y aniquilación de representación sólo puede tener lugar a través de la «mors mystica»:

Cantaban los pájaros al alba y se despertó quien es alba. Y los pájaros acabaron su canto y el amigo murió por el amado en el alba (26).

El alba, imagen penetrante de la literatura mística universal, especialmente presente en la tradición espiritual europea, encarna el final de los sufrimientos de la existencia anhelante de perfección, así como la plenitud del tiempo. La unión acontece en el silencio de las palabras que se dirigen uno a otro:

Encontráronse el amigo y el amado, y dijo el amigo: −No necesitas hablarme, mas hazme señal con tus ojos, que son palabras para mi corazón cuando te doy lo que me pides (29).

El silencio al que se somete aquí la capacidad representativa del lenguaje hablado apunta a una firme voluntad por no dar más posibilidad a una realidad múltiple entre ambos. Por esta razón, Llull fuerza el lenguaje hasta tal extremo que la experiencia de la «unio mystica» no puede ser desvelada más que a través de la repetición automática de una misma respuesta, con la intención de conducir a una de las dos personas, aquí al amigo, a la pérdida de sentido del propio yo, lanzándolo a la realidad de Dios, en quien «amor y amar son una cosa misma» (50), como en este diálogo en el que se «opera la destrucción de sentido y la suspensión del tiempo»[325].

Preguntaron al amigo de quién era. Respondió: −De amor. −¿De qué eres? −De amor. −¿Quién te ha engendrado? −Amor. −¿En dónde has nacido? −En amor. −¿Quién te ha alimentado? −Amor. −¿De qué vives? −De amor. −¿Qué nombre tienes? −Amor. −¿De dónde vienes? −De amor. −¿Adónde vas? −A amor. −¿En dónde estás? −En amor. −¿Tienes otra cosa además de amor?− Respondió: −Sí (Hoc), culpas y mentiras contra mi amado. −¿Hay perdón en tu amado?− Dijo el amigo que en su amado había misericordia y justicia, y por eso su habitación estaba entre temor y esperanza (94).

La repetición sirve a una intención aniquiladora de sentido. Llull acudía a esta vía en los momentos de máxima crisis, como en la redacción del *Arbre de ciència*. El escaso éxito de sus exposiciones le había obligado a probar un nuevo lenguaje, como años antes en la primera visita a París, cuando redactó la novela *Fèlix*, pero en ésta se trata de una extensa exposición de tipo enciclopédico en donde el símbolo del árbol ha sustituido al lenguaje del silogismo y en donde se lleva a cabo una continua conversación entre un maestro y un discípulo que repasan todas las ramas del saber humano, angélico y celeste. Asistimos a un complejo análisis de los órdenes del conocimiento, que se construye a partir del método pregunta-respuesta y también del ejemplo. El laberinto de lenguaje en el que se introduce el lector, a un tiempo también discípulo, es un alarde de la capacidad simbólica y contemplativa de Llull, que da voz a los elementos de la naturaleza, como el fuego y el aire, pero también a los órdenes inferiores, los minerales, las plantas, que entran en conversación en una suerte de alquimia lingüística que ya se había visto en el *Llibre de meravelles*.

Ya hemos visto cómo el sistema místico luliano es un arte de buscar la solución que ya existe en algún lugar, pero no sólo en un lugar «secreto» entre el nivel sensible e inteligible, sino también en alguna cámara de la *Tabula* en la cual se resumen todas las combinaciones posibles de respuestas, ya que allí confluyen los Nombres de Dios, los sujetos del mundo, las formas de preguntar, los lugares desde los cuales hacer preguntas, etc. Pero la solución que se halla no tiene un fin en sí misma, más bien obliga a una búsqueda posterior. De esta manera, la búsqueda parece que ha de ser algo posterior al encuentro de la solución, con lo cual, lógicamente, también la pregunta –la pregunta correcta– es algo que todavía debe esperar. Preguntar es buscar a partir de aquello que ya se ha encontrado. Pero ¿en qué consiste verdaderamente este encuentro?

El método de Llull es una técnica de meditación y de oración, cuyo único objetivo es mostrar que «la comprensión es semblanza de la infinitud y aprehensión de la finitud»[326], a pesar de ser el conocimiento sensible-inteligible finito y limitado. Pero la adquisición de conocimiento tiene lugar en el ejercicio constante del discípulo que plantea múltiples cuestiones y que ha de resolverlas a pesar del carácter enigmático de la respuesta, como en el siguiente grupo de preguntas:

Cuestión: –Ramon, ¿cuánto dura el tormento a causa del amor? –Solución: Ve al cuarto párrafo de la rúbrica superior.

Cuando el discípulo se dirige al lugar indicado, encuentra no una respuesta sino la cuestión siguiente:

–Ramon, ¿cuán grande es la bondad del paraíso? –Solución: Ve al segundo párrafo de la rúbrica superior.

Una vez más, el discípulo obedece y encuentra lo siguiente:

Cuestión: –Ramón, ¿el serafín comprende a Dios naturalmente o sobrenaturalmente? –Solución: Ve a la rúbrica superior.

Cuando el alumno sigue los consejos del Maestro Ramon y se dirige a la rúbrica superior, allí no halla sino idéntica respuesta: «Ve a la rúbrica superior». ¿Qué sentido tiene, pues, hacer lo que Llull llama «preguntas peregrinas»?: «Preguntar es pedir por aquello que se ignora, es decir, pedir por una cosa que el hombre no entiende, pero que desea entender»[327]. Podría muy bien tratarse de un modelo ascético para abandonar el deseo de conocer o, simplemente, una forma de obligar al discípulo a salir de sí mismo, de negarse a sí mismo, un modo de huir constantemente de la cuestión planteada en el presente y peregrinar, como Abraham, hacia otro lugar.

Los dos grandes silencios de la *Vita*, justo durante el tiempo de formación o en el receso contemplativo, explican el agotamiento de los lenguajes habituales, tanto el polémico-apologético del primer tiempo como el de la lógica del *Arte*. Su capacidad comunicativa y predicativa les llega de la experiencia mística de la unión con la divinidad inexpresable. La *Vita* alterna lo que desde la perspectiva del lector son períodos de oscuridad y silencio con la luz brillante del discurso sistemático de Llull. Todo ello halla su significado profundo en una recepción de la tradición neoplatónica «dionisiana» de la «vía negativa» y la «vía afirmativa», y en una aplicación inmediata de la experiencia al discurso de la teología.

Hablan los animales, los metales y las plantas

Que el lenguaje es la mediación más simple entre Dios y el hombre es una muestra del pensamiento cristológico de Llull, pero ello no excluye que dicha mediación, que parte del creador a través del Logos encarnado, no se haga extensiva a las otras criaturas. Las fábulas son comunes en las sociedades tradicionales, desde la India védica hasta el Occidente medieval. Los estudios suelen centrarse en las figuras alegóricas, en la naturaleza moral de sus enseñanzas y en aspectos que, fundamentalmente, afectan a las teorías de la representación. Pero en el caso de Llull, principalmente en el *Llibre de les bèsties*, que forma parte del *Fèlix o Llibre de meravelles*, habría que ver hasta qué punto dichos usos del lenguaje alcanzan, y de qué modo, a una base importante de su pensamiento místico. Ciertamente, también Llull se halla en ese cruce de caminos entre Occidente y Oriente en el que se fragua este tipo de literatura. Pero el marco de comprensión más apropiado hay que ir a buscarlo, probablemente, en la aludida conciencia cósmica del cristianismo, en muchos casos transmitida en medios populares y a través del folklore, y su vehiculización por lo que podemos llamar la «mística natural» de la escuela franciscana. Esto en cuanto a los contenidos teológicos de la doctrina, pero en donde de nuevo se manifiesta lo propio del pensamiento luliano es en la forma del lenguaje y en el modo de hablar. Si el método combinatorio conviene a la transmisión de contenidos difíciles, no es éste el único que interviene en la formación de sus estructuras. El *Fèlix* desvela claramente cómo en la exposición de ejemplos o «semblanzas», el lenguaje se organiza mejor en torno a la forma analógica del pensamiento, hasta el punto de que parecen aflorar en ella las fórmulas de un pensamiento asociativo más arcaico si cabe:

Félix –dijo el ermitaño–, en una tierra había un rey que amaba mucho la justicia, y sobre su silla real había hecho un brazo de hombre que era de piedra, y en su mano tenía una espada, y en la punta de la espada estaba un corazón que era de una piedra roja, y esto tiene el significado de que el corazón del rey tenía la voluntad de mover el brazo para que moviera la espada, que significaba justicia. Y sucedió que el palacio fue tomado por una gran serpiente, y nadie podía habitarlo; y un día un hombre santo entró en aquel palacio para hacer penitencia y contemplar a Dios, y vio el brazo y la espada, y el corazón que estaba en la espada, así que se maravilló grandemente de lo que la espada, el brazo y el corazón significaban; pero pensó tanto en aquella figura hasta que apercibió para lo que había sido hecha[328].

En este pasaje volvemos a encontrar a uno de los héroes de Llull, el personaje de *Fèlix*, que ha salido a correr mundo para encontrar a Dios. El principio de su sabiduría se guía por el uso de las semejanzas: «Es cosa natural que toda criatura ama su semejanza[329]». La serie de términos que obtenemos del pasaje arriba citado, y que sirven a la enseñanza, responde al principio tradicional según el cual «lo semejante ama a lo semejante»: así, pues, es posible hablar de una mezcla de pensamientos analógico y combinatorio, que sugieren un ritmo arcaico (ab, bc, cd...[330]) en la expresión: brazo, hombre, espada, corazón. Los ejemplos tienen como función hacer salir al lector del contexto problemático de la pregunta que embarga el espíritu, la voluntad y el entendimiento, a causa de la gran diferencia entre saber y no saber. Pero con el ejemplo se pone de manifiesto un mundo de semejanzas encadenado por un sentido oculto que sólo quien recorre pacientemente sus laberintos puede llegar a comprender por entero. Las narraciones tienen tal objetivo: introducir al hombre en el tiempo de las asociaciones y hacerle entender que el preguntar no puede ser arbitrario y motivado por un deseo incontenido. La dura ascesis a la que conduce la experiencia de la pregunta está en estrecha relación con la dificultad del ejemplo: «Cuanto más oscura es la semejanza, tanto más asciende el entendimiento que entiende dicha semejanza»[331]. Todo ello, sin embargo, no debe llevarnos a creer que se trata de un simple conocimiento intelectivo, pues gracias al *Arte* sabemos que el entendimiento quiere lo que la voluntad entiende, mostrando así que el objeto de comprensión está siempre fuera de sí, en un otro que completa su significado y su razón de ser. Por eso, los ejemplos no ofrecen inmediatamente una solución, sino que obligan a quien pregunta a salir afuera, entendiendo por causa del amor, amando por causa del entendimiento, etc.

La introducción de este ritmo lento y repetitivo mantiene, con todo, un estrecho vínculo no sólo con los principios del «ars combinatoria», sino sobre todo con el simbolismo circular de su pensamiento. No podemos acercarnos a estos textos con una intención exclusivamente analítica; ya hemos visto en el pasaje anterior del *Arbre de ciència* cómo la forma del diálogo no apunta a una respuesta o solución inmediata. Los ejemplos literarios de Llull tienen, sin duda, una intención pedagógica y un efecto moralizante, pero de su lectura se extrae principalmente una praxis ascética conducente a una reforma del entendimiento. De la misma manera que las «metáforas morales» del *Llibre d'amic i amat* no pueden ser concebidas simplemente como figuras literarias, adecuadas a la intención mística de su autor, también aquí los ejemplos hay que entenderlos como la expresión resultante de una experiencia que ha trastocado los significados y ha invertido los paradigmas de conocimiento. Los diálogos de Félix con los guías que va encontrando en su peregrinación están señalados por el ritmo obsesivo de la pregunta, cuyo fin es formar al lector en las «formas» o imágenes que se le presentan. Pero ésta ha nacido de la gran extrañeza que el mundo causa a quien lo recorre. La «maravilla» luliana, pues, no parece tan cercana a la admiración como principio filosófico, pues en ella se encuentra un doble sentido que afecta por igual al efecto de la acción de Dios sobre el mundo, tanto en su aspecto positivo como negativo. Así, tanto se «maravilla» Félix de la bondad y belleza de la naturaleza que se abre a sus ojos como de la crueldad de Dios que deja morir a una pastorcilla entre las fauces de un lobo feroz, echando por tierra la fe de Félix en un Dios bondadoso[332]. Más bien la «maravilla» está próxima a un sentimiento de perplejidad que no siempre hay que leer desde una posición ingenua.

El *Llibre de meravelles* puede ser visto, claro está, como una utopía político-religiosa, pero ésta apenas encuentra sentido fuera del ámbito de la obra contemplativa. La pregunta básica es siempre, como en el *Llibre d'amic i amat*, por el lugar de Dios: «Félix preguntaba al ermitaño dónde está Dios, pues fuertemente se maravillaba de no verlo»[333], a lo que el ermitaño contesta con un ejemplo:

A un hombre sabio le preguntó un hombre loco si Dios está en el infierno y en los lugares inmundos en los que hay putrefacción y pestilencia, o si Dios está en la piedra, o en los hombres pecadores; y muchas preguntas como éstas le hizo, pues no le parecía que Dios, que tan alto es en santidad y en nobleza, pudiera estar en los lugares en donde hay vileza y suciedad. El hombre sabio probó al loco que Dios es infinito en grandeza, en bondad y santidad. Por la infinidad conviene que esté en todo lugar y fuera de lugar; por la bondad, santidad y nobleza está en todo lugar, sin suciedad de sí mismo; pues si el sol pasando sobre el estiércol no recibe la suciedad, tampoco el hombre justo se ensucia al imaginar y desamar el pecado, y si el entendimiento del hombre puede entender la piedra y tener en sí mismo el ejemplo de la piedra, no siendo la naturaleza del entendimiento del ejemplo de la piedra, ¡cuánto más Dios, que es mucho más noble, más grande, más poderoso, más justo que el hombre, puede estar en todo lugar sin suciedad, ni límite de sí mismo![334]

No son las cosas creadas en sí mismas las que albergan el bien o el mal sino la intención que las dirige. En efecto, Dios hace brillar el sol sobre buenos y malos, en un acto de «indiferencia» que afecta directamente al sentimiento de justicia del hombre[335]. Pero la sabiduría luliana busca superar la visión de un Dios pensado, hecho, a imagen y semejanza del hombre y sus necesidades. Por todo ello, Llull lleva la virtud divina a toda la creación, desde los seres más alejados de la luz primordial, aunque igualmente iluminados por ella, hasta los ángeles. La «scala creaturarum», en la forma ya adquirida en el *Arte* como una escala de sujetos, ofrece un ámbito ideal para una hermenéutica fundada en la acción de un «otro», pues cada ser adquiere significado por el lugar que ocupa en el orden ontológico de la creación, regido por el lugar en donde el «es» de Dios lo contempla todo.

El *Fèlix* presenta diez órdenes: Dios, ángeles, cielo, elementos, plantas, metales, bestias, hombre, paraíso e infierno; y el espacio que media entre ellos es la «vía»[336] en la que transcurre la experiencia del conocimiento mediante la maravilla. Ya en la exposición de los cuatro «elementos» asistimos al modelo según el cual nada es por sí mismo sino estando en otro:

De los cuatro elementos, el fuego es simple elemento en cuanto que tiene forma y materia propias, la cual forma y materia tiene apetito cada una de ser en otra, sin mezcla de ningún elemento; y lo mismo se sigue de la simplicidad que hay en los otros elementos, a saber, aire, agua y tierra; pues todos los elementos están mezclados, y cada uno está en otro[337].

Esta relación que anuncia un diálogo entre los elementos[338], basado en aquello de lo que carecen pero les resulta necesario (materia y forma), es el mismo principio que regía el diálogo de religiones y que impregna un pensar dialógico que se asienta sobre el fundamento místico de la entrega y la unión entre contrarios:

El fuego rogó al agua que fuesen juntos al sol y que por el camino podrían tener amistad hablando de unas cosas y otras. El agua respondió, y dijo que dos contrarios no iban fácilmente por un camino, y más cuando el sol es su enemigo y es amigo del fuego; pero si el fuego quería ir con ella a la luna, de buen grado iría con él por un camino y bajo la condición que fuesen de noche a la luna y no de día[339].

También las plantas, los vegetales y los animales son buenos ejemplos que nos enseñan cómo en ellos está contenida la virtud de Dios a través de la naturaleza corporal del Hijo de Dios[340], que ha de acabar por recuperar todo el cosmos creado. Esta simbiosis entre los órdenes de la naturaleza lleva a Llull a dotarlos de personalidad y facultad de habla propias, como en el diálogo que se establece, en el capítulo dedicado a los «metales», entre el hierro y la plata[341]. Todo ello se debe a la gran virtud que la naturaleza humana de Cristo ha introducido en la creación, tal como ha mostrado la cristología cósmica de Llull.

Con el *Llibre de les bèsties* se abre un capítulo importante de los usos del lenguaje, pues en él toda teoría de la representación literaria, así como del valor de lo escénico, es de crucial importancia para esta liturgia cósmica en la que el hombre y los demás seres que entablan conversación no hacen sino contribuir al murmullo del mundo sobre su creador. Ha sido Hans Robert Jauss quien ha destacado la alteridad de los textos medievales como uno de los elementos de mayor interés hermenéutico, científico y didáctico de esta literatura. El trasfondo de oralidad que la recorre contribuye enormemente a un sentimiento de extrañamiento que, en cierto modo, es el generador de los ejemplos de las maravillas lulianas. Pero éstas en modo alguno son el resultado de una imaginación caprichosa, pues, como ha advertido este estudioso, el hombre medieval es un creador de sistemas y un codificador para quien todo ocupa su lugar[342]. De nuevo, entonces, la pregunta por el «locus» se sitúa en un lugar destacado de nuestras tentativas de comprensión. ¿Cómo combinar, sin embargo, la necesidad de invisibilidad y de silencio que flota en esta literatura con el fuerte simbolismo que se desprende de las epopeyas de animales?

El *Llibre de les bèsties*, cuya fuente lejana hay que buscar en las narraciones indias y persas, y cuya proximidad cultural se halla en los cuentos medievales, es el exponente claro de un mundo utópico que sirve a Llull para poner de manifiesto la crisis moral de la sociedad[343]. La esfera de las «instancias religiosas» no puede ser representada por la mímesis, sino sólo por la alegoría, que funcionaría como «poesía de lo invisible». Pero en los diálogos de «Na Renart» (la zorra) con el león y el buey podemos también vislumbrar aquella necesidad por llevar a un mundo otro un lenguaje que se agotaba en sus usos académicos. La literatura sobre animales que hablan no es una mera alegorización de la inteligencia y la voluntad moral de los individuos, más bien busca un grado cero del significado con el fin de dar cabida a todos los órdenes de la creación en virtud de la palabra divina como principal medio de la revelación. Ya no son los hombres los que dan ejemplos a partir de los elementos de la creación, sino que son los mismos animales los que ponen ejemplos en los que los hombres son referencias inmediatas[344]. Se hace difícil ver el *Llibre de les bèsties* de Llull como un texto que pudo tener una génesis independiente del *Llibre de meravelles*; probablemente Llull adoptara un modelo ya existente, como el «Roman de Renart» francés, pero la ideología del libro habría que situarla en el conjunto de la teología simbólica de todo el *Fèlix*, a la luz del pensamiento «dionisiano» sobre las jerarquías y órdenes de la creación[345]. De este modo, también este bello libro puede ser leído como un grado más en el itinerario contemplativo en el que su autor sitúa constantemente su obra.

Epílogo
Hermenéutica del secreto

En una de las cartas de la correspondencia del psicólogo suizo C. G. Jung, que a lo largo de su extensa carrera se interesó por la naturaleza religiosa del alma humana, encontramos esta definición: «La vida es un breve episodio entre dos grandes secretos, pero que en realidad sólo son uno»[346]. Según esta manera de entender las cosas, la pregunta sobre la vida queda siempre para el final, cuando, transcurrida en su mayor parte, ella misma esboza una respuesta. En el texto de la *Vita* de Ramon Llull, los hechos se exponen según un orden que responde a una elaboración teórica, una vez que se presiente cerca el final de la existencia y la comprensión de la historia individual está cerrando su círculo. El texto escrito se presenta como una respuesta para quien busca el camino de la conversión; quizás sólo desde esta perspectiva puede decirse que alberga una intención apologética. Y su modelo de santidad encuentra pleno sentido si se comprende como el resultado de la unión de sabiduría y compasión o, en palabras suyas, de amor y conocimiento. A esta síntesis se llega gracias a la santidad, que, junto con la alegría, pureza, naturaleza cósmica y expansión sensorial, es, en palabras de William James, el nombre común para los «frutos maduros de la religión en el carácter»[347]. Pero la comprensión de la experiencia del amor a Dios no se producía de forma inmediata en el momento de la conversión religiosa. Cuando Llull sufrió las primeras visiones del crucificado, que acabarían por dar un vuelco a su existencia, entonces surgió la necesidad imperiosa de comprender aquella experiencia gratuita. Fue entonces, también, cuando dio comienzo la búsqueda de lo que en cierto modo ya había sido encontrado, pero todavía no sabía situarse. Esta tensión entre buscar y encontrar, o entre la vivencia extática de la eternidad y la experiencia temporal de la historia individual, anunciaba la concepción de un arte en el que el hombre sabio debe ser iniciado y que podemos entender como el hallazgo del propio «secreto de la vida»; y que en el lenguaje combinatorio de Llull, a la vista de los pasos de la *Vita*, podría formularse como una «comprensión de la experiencia» que, a su vez, es una «experiencia de la comprensión», configurando ambos actos un único momento hermenéutico.

La lectura de la *Vida coetánea*, en la medida en que creemos que se propone como una lectura de la propia vida, precisa del desarrollo de lo que Heidegger ha llamado la «experiencia fáctica de la vida»[348] –refiriéndose concretamente a la situación escatológica en la que se encuentra el cristiano–, haciendo así del lector un espectador de los propios hechos. De esta manera, la conversión religiosa se plantea como una nueva totalidad que invade al individuo. Pero aquel que vive la experiencia de muerte y nacimiento implícita en ella en un solo instante, poniendo así en suspensión el tiempo del mundo, necesita la perspectiva de los acontecimientos futuros. El instante-eternidad, característico de este tipo de conversiones desde san Pablo, se inscribe en un proyecto histórico que da sentido al pasado vivido. De esta manera, la conversión sufrida en un solo instante se despliega entre dos tiempos históricos, comprendidos por dos manifestaciones divinas que son percibidas de forma distinta, aunque ambas han constituido la forma y el contenido de una única revelación.

La experiencia religiosa tiene una dimensión profética y escatológica, ya que la historia individual y el anuncio del tiempo que resta por vivir quedan estrechamente entrelazados con la historia de la salvación, de manera que el origen de la nueva vida y el origen de la vida del mundo se encuentran en un mismo punto en el que coinciden historia y «transhistoria». Desde entonces, la propia existencia queda totalmente envuelta en la historia del mundo y la salvación de los otros, pues ya no se trata de dos historias distintas. La vida es la perfección de una idea concebida en los primeros años de madurez por el misterio de la revelación, que busca en la historia individual su encarnación sensible y, desde un punto de vista teológico, la proyección de un plan salvífico para la humanidad. El «secreto de la vida» es el secreto del espíritu que halla en lo sensible su expresión y su manifestación más real. La aventura de la vida se transforma así en un laberinto de santidad al renunciar al estado exclusivo de contemplación en virtud de su proyección en el mundo, y de la inmersión en el misterio de su caos y oscuridad.

La *Vita Beati Raimundi* o *Vita coaetanea* se inscribe en una larga tradición de textos, la mayoría anónimos, cuya lectura lanza a quien se acerca a ella a la aventura de la vida a partir de la transmisión de un conocimiento secreto. En el contexto de lo que Luhmann y Fuchs han denominado una «semántica del secreto»[349], la *Vita* tiene intención de revelar, es decir, de ocultar y desvelar a un tiempo. Lo maravilloso del caso es que la visibilidad e invisibilidad del secreto depende de un tiempo que es actual y no lo es. Por eso del secreto resulta una dislocación de la paradoja del tiempo usada como técnica comunicativa. La alternancia entre silencio y discurso a lo largo de la *Vita* puede verse, en efecto, como una técnica o táctica de comunicación que sólo el secreto hace posible, superando así la discontinuidad en la lectura, entre tiempo y eternidad, de la experiencia mística revelada y ocultada. Lejos de ver en ello una simple aproximación esotérica, se hace imprescindible situar dicho texto en la tradición hermética que le corresponde, sin que por ello deba vincularse a los orígenes del pseudo-lulismo alquímico[350] y cabalístico del Renacimiento, cuyos objetivos científico-técnicos se alejan del pensamiento luliano. En nuestro caso, la idea de la recepción de un texto hermético remite a la tradición mística según la cual el conocimiento de las cosas no se da de modo inmediato. Como ha explicado Michel de Certeau: «El secreto no es tan sólo el estado de una cosa que se sustrae o se desvela a un saber; designa un juego entre actores... Introduce una erótica en el campo del conocimiento. Apasiona el discurso del saber»[351]. En su estructura interna, la *Vita Beati Raimundi* ofrece el modelo para buscar y encontrar en su obra estos mismos pasos de la vida como momentos del espíritu. En este sentido, «el secreto es la condición de toda hermenéutica»[352]. Y la *Vita* está llena de enigmas por resolver.

La teoría de la vida contemplativa nacía con el propósito de la comprensión y apuntaba a una «filosofía de la conversión»[353]. El giro de la mirada que se desprende de ella es el paso necesario para una reflexión sobre el «lugar»[354] como meditación principal del yo que lo ocupa y lo abandona constantemente, como si se tratara de una dialéctica entre una vía afirmativa y una vía negativa; de este modo, se crean las condiciones de una conversación con un otro –he ahí el valor de la predicación– en donde el secreto de la salvación del propio yo se muestra como proyecto ineludible. La vida del santo se configura así como una «composición de lugares» que se pueden recorrer como una meditación en la obra escrita. El itinerario de Llull, marcado por el ritmo repetitivo y cíclico de su lenguaje, se convierte en una peregrinación que se completa con una ascesis del espíritu, cuya máxima obsesión, más que hallar la respuesta, es formular bien la pregunta que nos obliga a salir de nosostros mismos para llevarnos a una tierra nueva. La espiritualidad del Occidente medieval ha visto en este ejercicio de desasimiento un principio de vida ya desde tiempos de la abadesa Hildegard von Bingen (siglo XII), acerca de cuyo itinerario personal Victoria Cirlot ha escrito: «El abandono del lugar en principio propio para acceder al extraño (lo que, al final, será realmente lo propio) parece ser el movimiento necesario de adquisición de identidad y, por tanto, está relacionado con el auténtico progreso espiritual»[355]. Pero este viaje y peregrinación, al igual que en las tradiciones asiáticas, tiene como motivo central el descubrimiento del propio secreto, la emergencia de la verdadera naturaleza no egoica, mediante la comprensión de un esquema abstracto, en el caso de Llull el esquema cuatripartito de los secretos, que en la tradición zen Rinzai se conoce como la resolución de un «koan»[356], que recuerda a su portador la flaqueza de la mente y la imperiosa necesidad de inclinar constantemente la cabeza en un acto universal de humildad. En este sentido, Llull estaría muy próximo a una «filosofía religiosa»[357] o a una «philosophia spiritualis»[358], que dota a su concepción mística de un contexto especulativo, que ya entonces empezaba a ser necesario en la tradición europea, que de nuevo vuelve la mirada hacia horizontes cuyas nuevas experiencias de conocimiento habían sido elaboradas, sin embargo, con aquellos lenguajes transgresores[359].

Selección de textos
de la obra de Ramon Llull

Nota introductoria

Esta selección de textos de la obra de Ramon Llull que se presenta responde a dos criterios: apoyar textualmente la idea desarrollada a lo largo de nuestro libro, así como ofrecer al lector una cierta perspectiva cronológica de la inmensa producción luliana. Ya que la idea del libro está asentada principalmente en el simbolismo de la vida de Llull, se presenta en su integridad el texto de la *Vida coetánea*, así como otras obras autobiográficas que, aunque menores en extensión, revelan la naturaleza y el carácter de la persona, como el *Canto de Ramon* y *El desconsuelo* (Lo desconort). Junto a éstas, el *Libro de contemplación en Dios* aparece como la obra fundamental; de ella hemos traducido el prólogo, así como algunos capítulos que están en la base de su teoría de la contemplación y que intentan apoyar nuestro estudio en su segunda parte. Del *Libro del gentil y de los tres sabios* ofrecemos el prólogo y el epílogo, que constituyen los momentos álgidos de aquella disputa. A continuación, una extensa selección de los versos del *Libro de amigo y amado*, precedida de unas pocas páginas del *Blanquerna*, viene a culminar la etapa contemplativa y da muestra de las peculiaridades del lenguaje místico de Llull. Unos pasajes del *Félix o Libro de maravillas* muestran la literatura de ejemplos, cuya máxima expresión, sin embargo, se halla en el *Árbol de ciencia* y en el capítulo dedicado al «Árbol de las cuestiones», para terminar con la descripción de las «figuras» y «definiciones» del *Arte breve*, síntesis del sistema contemplativo de Llull.

Aun cuando Llull escribió en catalán, latín y árabe, puede decirse que el esplendor de su expresión escrita se halla en su lengua vernácula. La mayor parte de obras escritas en latín, o son traducciones suyas de otras obras escritas primero en catalán o fueron traducidas posteriormente. El uso del latín tenía que servir para la difusión académica de su *Arte*, principalmente en la universidad de París. Con objeto de permitir al lector interesado la lectura de originales en catalán y latín, se han introducido en notas al texto numerosos pasajes relevantes de la obra de Llull. Las propias referencias escritas de Llull indican que escribió algunas de sus obras directamente en árabe, como, por ejemplo, el *Libro de contemplación*, y aunque hay testimonios indirectos de la belleza de su estilo literario en esa lengua, no se ha podido encontrar hasta el momento ningún manuscrito. Cuando hemos encontrado traducciones al castellano de algunas de sus obras, como en el caso del *Libro de amigo y amado* o *El desconsuelo* (Lo desconort), en versión y notas de Martín de Riquer, no hemos tenido ninguna duda en volver a presentarlas al lector. En el caso de la *Vida coetánea*, se trata de una traducción hecha sobre el texto crítico latino. Del resto de textos presentados la traducción es nuestra. En ella hemos querido conservar el ritmo arcaico de la lengua y, aun cuando en ocasiones resulta difícil, repetitiva y cargada de neologismos, da idea de la alteridad de este tipo de literaturas, al tiempo que sumerge al lector en un estilo invocativo que le es muy propio. Las traducciones que aparecen en cita a lo largo de nuestro estudio son también nuestras y pueden diferir en algo de las que se presentan ahora aquí; así, por ejemplo, el *Libro de amigo y amado*, que traducimos de la edición crítica de A. Soler; pero mientras que en nuestro ensayo el criterio ha sido buscar una mayor claridad conceptual, en la presente selección se pretende mostrar toda la belleza literaria de los textos de Llull. En cualquier caso, se indica la fuente al comienzo de cada texto, así como su traductor. Cuando no es así, la traducción es nuestra.

Libro de contemplación en Dios
(*Llibre de contemplació en Déu*, Mallorca 1274)

Prólogo
(OE II, págs. 107-108, trad. de A. Vega)

1. ¡Ah Jesucristo, señor nuestro! Así como vos sois en dualidad, deidad y humanidad, así, Señor, comenzamos este libro por gracia vuestra con dos intenciones: la primera intención es para daros honor; la segunda es, Señor, para que de vos tengamos gloria y bendición.

2. Por eso, Señor, os clamamos merced para que nos deis la gracia y bendición de conducirnos en este libro sino por estas dos intenciones solamente.

3. Así, Señor, como representáis en la santa cruz cinco llagas, así queremos dividir esta obra en cinco libros.

4. Así como vos, Señor, quisisteis ayunar en el desierto cuarenta días, así, Señor, queremos dividir estos cinco libros en cuarenta distinciones.

5. ¡Señor Dios, creador nuestro! Así como quisisteis dividir el año por 365 días, así nosotros queremos dividir estas distinciones por 365 capítulos.

6. Así, Señor, como habéis puesto sobre el año seis horas, las cuales al cuarto año hacen un día, así nosotros sobre dichos capítulos queremos hacer un capítulo, el cual dividimos en cuatro partes.

7. ¡Ah señor Dios! Así como quisisteis dar a Moisés diez mandamientos, así queremos dividir cada capítulo en diez partes.

8. Y así, Señor, como sois unidad en Trinidad, así queremos dividir cada parte en tres partes.

9. ¡Jesucristo, Señor! Como vos fuisteis vendido por treinta monedas, así queremos dividir cada capítulo en treinta partes.

10. Así como vos, señor Dios, creasteis nueve cielos, así queremos atribuir al primer libro nueve distinciones.

11. ¡Jesucristo, Señor! Así como vos sumabais trece con los apóstoles, así queremos atribuir al segundo libro trece distinciones.

12. Así como vos, señor Dios, habéis dotado al hombre de diez senti-

dos, cinco corporales y cinco espirituales, así queremos atribuir al tercer libro diez distinciones.

13. ¡Ah señor Dios! Así como habéis puesto al hombre entre seis caminos, así atribuimos al cuarto libro seis distinciones.

14. Así como vos, señor Dios, habéis dado al hombre dos intenciones, así queremos atribuir al quinto libro dos distinciones.

15. ¡Señor Dios! Así como sois un Dios, así ponemos estos cinco libros bajo un nombre, el cual es *Libro de contemplación en Dios*.

16. Y así, Señor, como mi pensamiento ha estado en este valle de tinieblas mucho tiempo, queremos ahora alzarlo y subirlo hasta vos, para que por vuestra gracia y bendición os contemplemos por siempre.

17. ¡Señor Dios! Así como sois ocasión de todo bien, así confiamos en vuestra contemplación, que sea perfección y liberación de esta obra.

18. Así como el hombre culpable está delante de su señor, suplicando y clamando merced, así nosotros, Señor, ante vuestro altar bendito y ante la santa cruz, pedimos que nos conduzcáis y nos ayudéis.

19. Pues así, Señor, como en la verdadera cruz recreasteis todo el mundo, así tenemos esperanza en vos de que nos libréis de esta obra, que nos resulta demasiado pesada.

20. ¡Ah señor Dios! Así como el hombre que se enamora y comienza amando alegremente y con audacia, así al inicio de esta obra comenzamos con gran alegría y gran audacia, por fuerza de gran amor; por eso os rogamos que esta obra llegue a hacerse en amor y alegría.

21. Y así, Señor, como el marinero que se halla en el inmenso mar y tiene esperanza en vos de que lo saquéis de allí con alegría, así tenemos esperanza de que nos saquéis de esta gran obra, que nos es demasiado pesada, por fuerza de gran amor y gran alegría.

22. ¡Oh señor Dios! Vos sabéis bien que el hombre, cuando lleva demasiada carga, desea que se le alivie de ésta. Así nosostros, Señor, deseamos ser descargados de esta obra por vuestra gracia, ya que nos resulta muy gravosa.

23. Pero, Señor, así como el hombre que se aventura para conocer aquello que ama, así voluntariamente nos lanzamos a aventura al tratar de esta obra.

24. Así, Señor, como el hombre que levanta la carga pesada y pone en ello toda su fuerza, así nosotros ponemos toda nuestra fuerza en el dictado de este libro.

25. Y así, Señor, como la liebre que alcanza el lebrero necesita sus cua-

tro patas, así nosotros, Señor, necesitamos en esta obra todas nuestras fuerzas.

26. Pero así como yo no he llegado a ser por mis propias fuerzas, así, Señor, la carga tan pesada de esta obra no puede darse por terminada por mí.

27. Pues, si todas estas fuerzas flaquearan en cargar con tal peso, os rogamos, Señor, que nos fortalezcáis con vuestra fuerza y nos ayudéis, para que podamos cargar con él.

28. ¡Oh señor Dios verdadero! Ya que hemos hablado del prólogo de esta obra, conviene que entremos en ella y vengamos a las distinciones y a su inicio.

29. Y vos, Señor, así como habéis estado al comienzo del prólogo y a la mitad y al final, tenemos esperanza de que estéis en toda la obra.

30. Vos, Señor, sabéis bien que yo soy vil y pobre por naturaleza y por mis malas obras; porque yo no soy digno de que mi nombre sea inscrito en esta obra ni que me sea atribuida; por eso exilio de ella mi nombre y lo destruyo, y ella, Señor, os la atribuyo y doy, que sois nuestro señor Dios.

Libro primero. I. Distinción. De alegría
Capítulo 1. De cómo hay que alegrarse porque Dios es en el ser
(OE II, págs. 108-111)

1. ¡Dios Padre, señor de todo cuanto es! Si el hombre que encuentra la piedra preciosa se alegra mucho por su hallazgo, pues la ve bella y sabe que es muy buena; sería buena razón que nosotros que sabemos que vos sois en el ser nos alegrásemos de vuestro ser, porque es en el ser y no es en privación; pues quien se alegra del hallazgo de las cosas finitas, gran maravilla es si no se alegra del hallazgo de la cosa infinita.

2. Vos, Señor, sabéis que quien encuentra un tesoro se alegra fuertemente, aun cuando aquel tesoro no le pueda dar vida ni evitar la enfermedad. Pues bien, aquel que juzga en su pensamiento que vos sois en el ser y dais vida y evitáis la enfermedad, es bien loco si no se alegra más de vos que del tesoro que encuentra.

3. Pues como nosotros, Señor, sabemos verdaderamente que sois en el ser, nos alegramos mucho en vos, pues gran bien se sigue de que vos seáis en el ser.

4. ¡Señor Dios! Cuando uno está en tierra extraña y encuentra a su her-

mano o a su hijo, al que no ha visto hace mucho tiempo, se siente muy pagado, alegre y consolado con él. Pues como nosotros hemos venido de la privación al ser y os encontramos en este siglo, mucho debe cada cual alegrarse y consolarse en vos, que sois padre y creador y benefactor nuestro.

5. Si uno, Señor, que encuentra a su padre sabe que no tiene poder de perdonarle sus pecados, ni de restaurarlo de la muerte, ni de darle vida, ni de protegerlo del infierno, y aun así tiene gran placer de haberlo encontrado, así pues, Señor, ¿por qué no nos alegramos de vos, que nos podéis perdonar, ayudar y proteger de las penas infernales?

6. Sabed, Señor, que tan gran razón tenemos de alegrarnos en vos que me alegraré en amaros, en serviros y en alabaros con todo mi poder.

7. ¡Ah señor Dios! Hay muchos hombres que en las fiestas comienzan a alegrarse porque las aman, y adornan sus casas y sus vestidos, y dan grandes convites. Pues, como vos, Señor, sois nuestro reposo y nuestra fiesta, conviene que nos vistamos de virtudes y limpiemos nuestro corazón de todo vicio, y en nuestras casas acojamos a los pobres que piden por amor vuestro.

8. ¡Oh Señor santo y bendito! Vos sabéis que en las fiestas el señor de la casa ordena a sus discípulos que no trabajen, que reposen y se acuesten. Así nosotros, por honor de esta fiesta que tenemos por el encuentro de vuestro ser, diremos a nuestros miembros que reposen y no hagan otra cosa sino contemplaros.

9. Esta fiesta, Señor, que debemos dar por vuestro hallazgo, no debe ser como las otras; pues las otras en un tiempo son y en otro no son; pero la fiesta que hemos de haceros debería durar siempre y el tiempo no la debería comprender.

10. ¡Oh Señor, creador de todo cuanto es! Así como las criaturas dan significación y demostración de la gran nobleza y bondad vuestra, así de grande debería ser nuestra alegría por vos.

11. Pero, Señor, las criaturas no bastan para dar significado de toda vuestra bondad, antes bien son deficientes, tan alto y noble señor sois. Y por eso, la alegría y el placer que tenemos por vuestra causa no basta, tal como tocaría a vuestra bondad y alteza.

12. Pero aun así, Señor, tan bien demuestran las criaturas vuestra bondad y nobleza que no sabemos alegrarnos de ella; y esto por razón de nuestra frivolidad y mezquindad, pues no queremos conocer lo que podríamos.

13. Bien sabéis vos, señor Dios, que vuestros siervos se deberían alegrar tanto de vos hasta que no hubiera felonía ni ira que pudiera acercarse a ellos.

14. ¡Ah señor Dios verdadero! Os ruego que cuando me alegre de vos, os plazca cerrar todos los agujeros por los que entra en mí la ira, para que no pueda regresar.

15. Abrid, Señor, todos los agujeros y las puertas de mi casa, para que toda se llene de gozo y alegría, la cual hemos de tener porque sois en el ser.

16. ¡Ah señor Dios, en quien hay franqueza y merced! Si algunos hombres quieren alegrarse y llenarse de gozo, vengan a mí; pues me encontrarán tan lleno como la fuente que brota está llena de agua.

17. Y si ha de ser así, Señor, que vengan a mí y me pregunten en dónde está el gran tesoro por quien se recibe gozo y alegría perfecta; sabed, Señor, que les diré que lo encontrarán en la cogitación de quien imagina el gran bien que se sigue de vuestro ser, cuando es en el ser.

18. Y si vienen a mí, Señor, y reciben la alegría y el gozo que pueden recibir, podrán llevarse tanto que ni el mal ni la ira cabrán en ellos.

19. ¡Oh señor Dios! ¿Qué corazón podría comprender la virtud y la bondad de vuestro ser? Nadie. Ni conviene, Señor, que la alegría que no se puede tener ningún corazón la pueda comprender.

20. ¡Ah Señor! ¿En dónde están los ojos que puedan bastar a ver vuestra bondad, ni qué bocas podrían nombrar vuestras virtudes, ni qué orejas podrían oír las alabanzas que pertenecen a vuestra bondad?

21. Ciertamente, Señor, si no tengo alegría y gozo del hallazgo de vuestro ser, diré a mi alma: «Sepas que si no te alegras de la nobleza de tu creador, te está reservado dolor, trabajo y pena para siempre».

22. ¡Ah santo de los santos! Tan grande es vuestra nobleza y alteza que no cabe en todo el siglo. Por tanto, Señor, es conveniente que nuestro siglo, que tenemos en vos, no quepa en nuestro corazón.

23. Así pues, gloria y bendición os sean dadas, Padre, que habéis creído tanto en esta alegría que no cabe ni en el corazón ni en el cuerpo del hombre, ni siquiera en todo este siglo, pues es mayor que todo él.

24. Pues adorado y santificado y venerado y servido seáis vos, Señor, que me habéis dado la gracia por la que puedo decir a mi corazón: ¡Ah, cuánta buena ventura te llegará, ya que te alegras del hallazgo de tu creador, y cuánto bien te ha alcanzado por razón de que él es en el ser!

25. Honor y reverencia os sean hechos, señor Dios, que habéis dado tanta gracia a vuestro siervo, que su corazón nada en el gozo y en la alegría, así como el pez nada en el mar; cuyo gozo y alegría le llega, Señor, cuando considera a vuestro ser, ser en el ser.

26. Pues vos, Señor, me habéis dado tanta gracia que adonde vaya voy alegre, y en donde esté estoy alegre y adonde gire mi cara estoy alegre.

27. Y esto me sucede, Señor, porque soy todo en vos, y vos sois todo gozo y alegría.

28. ¡Ah señor Dios! ¿Me han de bastar las noches y los días de la alegría y el gozo que siento porque sois en el ser, y me ha de bastar la palabra para adoraros y bendeciros?

29. Si es cierto, Señor, que mis días son breves, más cierto es mi dolor y mi ira; pues en el tiempo pasado no me alegré de vos ni os alabé.

30. Gloria y bendición os sean dadas por siempre, Señor, que sois esperanza de los justos y misericordia de nosotros pecadores. Haced, Señor, que abramos nuestra boca para daros alabanza, que sois nuestro Señor.

XXIX. Distinción, que trata en qué manera el hombre tiene apercepción de tener conocimiento de aquellas cosas que quiere entender y conocer
Capítulo 169. Cómo se apercibe con las cosas sensuales cuáles cosas son las cosas intelectuales
(OE II, págs. 483-486)

1. ¡Dios glorioso perfecto en virtudes! A vos, Señor, sea gloria y honor en todo tiempo, pues así como el espejo representa y demuestra la figura o figuras estando en su presencia, así las cosas sensuales son escala y demostración por las cuales se llega a tener conocimiento de las cosas intelectuales.

2. Mas cuando sucede, Señor, que el espejo es torcido y de mala disposición, entonces no tiene ordenación en sí mismo de manera que pueda demostrar la figura según la cualidad y su disposición, y por la desviación que el espejo tiene en sí mismo demuestra mintiendo la figura en otra cualidad y en otra figuración según la cual no es la figura. Pues en manera semejante sucede, Señor, con las cosas sensuales; pues cuando están desordenadas y perturbadas en su disposición y ordenación, entonces mienten en la demostración que dan al hombre de las cosas intelectuales,

las cuales están en una disposición y las sensualidades las demuestran en otra.

3. Pues así, Señor, como la mujer busca espejo recto y claro para que no le mienta en sus facciones, así quien quiera apercibir las cosas intelectuales con las cosas sensuales, en primer lugar debe cuidar que las sensualidades no sean perturbadas, desordenadas ni empachadas en dar demostración de las cosas intelectuales, y debe esforzarse tanto como pueda en buscar aquellas sensualidades que son más convenientes para demostrar y significar aquellas intelectualidades de las cuales el hombre quiere tener certeza.

4. ¡Oh vos, señor Dios, que sois Señor noble sobre todos los señores y sobre todos los principales sois poderoso! Cuando el hombre oye alguna voz o alguna palabra, por aquella voz o palabra que el hombre oye tiene certeza de entender alguna cosa. El oído, Señor, es sensual y el significado que es hecho al entendimiento del hombre por la voz o por la palabra, aquél es en el entendimiento del hombre cosa intelectual. En donde, según qué sea la cualidad de la sensualidad, es apercibida en aquel significado la cualidad de la intelectualidad.

5. Cuando el hombre, Señor, sensualmente y corporalmente tiene cuidado y ve las figuras y los colores y las demostraciones que le hacen sus ojos corporales, entonces el alma del hombre escoge entendiendo entre color y color, y entre figura y figura, y entre cualidad y cualidad. Pues de la demostración que hacen los ojos corporales sensualmente, se mueve el hombre a entender y apercibir intelectualmente aquello que le es demostrado al alma, significado por las sensualidades.

6. Cuando el hombre huele o gusta o toca alguna cosa corporal sensualmente, entonces las sensualidades significan y demuestran a las intelectualidades las naturalezas y las propiedades y las diversidades de las cosas elementales captadas por el olfato, el gusto o el tacto. Por el olfato o el gusto o el tacto el hombre puede ascender a entender intelectualmente la naturaleza de las cosas sentidas, cuya naturaleza tiene el hombre en la generalidad de la cosa entendida y sabida por las individualidades que el hombre ha sentido sensualmente.

7. Ah señor Dios, que sois fuente y raíz y perfección de todas las virtudes y todas las perfecciones. Cuando el maestro naviero tiene el propósito de construir la nave y tiene delante de él la madera de donde quiere hacerla, entonces la materia de la nave es vista sensualmente y la nave

es vista intelectualmente. Pues por la representación sensual que es hecha a los ojos corporales se representa al alma intelectualmente la forma de la nave.

8. Amable Señor, así como el maestro estima en la madera de qué calidad y cantidad se podrá hacer la nave que se propone, así, Señor, los hombres que quieren intentar hacer algunas cosas ven intelectualmente la cualidad y la cantidad significada en las cosas sensuales, las cuales representan a la intelectualidad la manera en la cual son ordenadas a ser sujeto de aquella cosa que se propone hacer de ellas.

9. Cuando los sentidos corporales, Señor, que son cosas sensuales, usan de su oficio, entonces, por el uso que se hace de ellos en las cosas sensuales, se mueve el hombre a entender y a conocer en las cosas intelectuales; pues por los sentidos corporales se recuerda aquello que no se recordaba, y por ellos se entiende lo que no se entendía, y por ellos se desea aquello que antes no se deseaba. Pues como la memoria, el entendimiento y la voluntad tratan de otras cosas que no son aquellas sensualidades por las cuales han recibido movimiento para cogitar, entender, tener consciencia, sutileza y coraje, entonces está el alma del hombre tratando intelectualmente en los sentidos intelectuales, recordando, entendiendo y queriendo.

10. ¡Justo Señor, al cual le viene placer de tener misericordia y merced! Así como por la composición, la unión y la mezcla que se hace de los elementos se demuestra y se representa sensualmente el cuerpo, así por el cambio que se hace al conocer de las sensualidades a las intelectualidades, por eso, Señor, tiene el hombre por las sensualidades conocimiento de las intelectualidades, las cuales antes no conocía. Así como el cuerpo sentido ha venido de la potencia al acto por la unión de los elementos, así la intelectualidad conocida está atenta a ser conocida por razón de que las sensualidades la han dado a conocer y la han conducido de la potencia al acto por la representación que han dado de sí mismas.

11. Pues así como los caballeros conocen intelectualmente que el rey ama al caballero a quien pone bello semblante cuando viene, y aquel conocimiento lo toman de la cara del rey y en la acogida que hace al caballero que por primera vez va delante de él, así, Señor, en el estado y circunstancias de las sensualidades se aperciben las intelectualidades.

12. Por razón de que las cosas sensuales son ojos por los cuales se aperciben y ven las cosas intelectuales recordando y entendiendo y querien-

do, por eso, Señor, los hombres muchas veces quieren esconder las cosas intelectuales en las sensuales para que no se las pueda apercibir, y por eso hacen señales y semblanzas contrarias para que puedan hacer cosas contrarias de aquellas que las sensualidades significan. Pero, dado que los hombres hacen tales engaños los unos a los otros, sucede que en las señales contrarias se apercibien las intelectualidades que se quieren guardar y esconder a aquellos a quienes se quiere engañar o a quien se las quiere mantener en secreto.

13. ¡Santificado Señor, sobre todas fuerzas abundoso en virtudes! La razón y la ocasión por la cual los hombres que están en las ciudades o en los lugares poblados tienen más apercibimiento y conocimiento en las cosas intelectuales que los hombres habitantes de los lugares agrestes y de los lugares que están fuera de las ciudades, sucede, Señor, porque en las ciudades y en las villas y en los lugares en que hay multitud de gentes hay más diversas sensualidades que en los otros lugares, y en donde hay más sensualidades más significadas por ellas son las intelectualidades.

14. Cuando un hombre, Señor, ve a otro hombre vestido con humildes vestidos y cuando lo oye decir palabras piadosas y palabras humildes y cuando lo ve comportarse humildemente y cuando lo ve hacer buenas obras, entonces puede apercibir en él lealtad, verdad y humildad, y las otras intelectualidades, pues con las señales de fuera se conocen y apercibien las intelectualidades que están en el alma.

15. Los hipócritas, Señor, para poder engañar a las gentes y para que se los alabe, dan significados en sus sensualidades que son contrarios a sus intelectualidades, pues por fuera serán humildes y de bellas palabras, pero sus intenciones y sus quereres estarán todos llenos de falsedades y engaños. De ahí que las obras que ellos hacen sensualmente significan la verdad de los vicios intelectuales, los cuales procuran esconder con pobres vestidos y con humildes palabras.

16. ¡Sabio Señor, en todos los caminos, del cual provienen todas las misericordias! En este mundo, Señor, que es casa sensual, apercibimos el otro siglo, que es casa intelectual para los hombres habitantes en este siglo; pues por las obras que vemos y oímos y sentimos y palpamos, y por la breve vida que vemos vivir, apercibimos el otro siglo, pues, por los bienes y los males que los hombres hacen en este mundo, no vemos que sean premiados muchos hombres en este siglo. Pues, dado que en este mundo no son premiados, conviene que haya otro siglo en el cual sean premiados; pues,

si no hubiera otro siglo en el que fueran premiados, no seríais vos justo, pues, mucho hombre pecador de mala vida tiene muchos bienes en este siglo y hay mucho hombre justo en este mundo con muchas penas.

17. Cuando el hombre, Señor, ve sensualmente que todas las cosas de este mundo le sirven, así como el firmamento, los vegetales, los animales, los metales y todos los cuerpos elementales, por esta sensualidad que se ve en las criaturas que son obligadas a someterse al hombre, apercibe el hombre intelectualmente que está obligado y sometido a alguna cosa que lo ha honrado sobre las criaturas de las cuales se ve señor y dueño.

18. Cuando se ha apercibido por la cosa sensual la cosa intelectual, entonces conviene, Señor, que se entienda la cosa intelectual según naturaleza intelectual; pues, si se entendiera la naturaleza intelectual semejante a la naturaleza sensual, se estaría en error y se destruiría la apercepción que se tiene yendo de las cosas sensuales a las cosas intelectuales, pues así como las sensualidades se ajustan para entender las intelectualidades, así las sensualidades se turbarían si se entendieran las intelectualidades de la misma naturaleza de la que son las sensualidades.

19. ¡Oh vos, señor Dios, que sois amor y placer de mi corazón y que hacéis estar a mis ojos en lágrimas y llantos! La apercepción y el conocimiento del hombre comienza a subir de las cosas sensuales a las cosas intelectuales, y cuando está en las intelectuales que son conocidas por las sensuales sube otro escalón y conoce y apercibe intelectualidades por las intelectualidades primeras, y después, cuando está en el tercer escalón, puede subir al cuarto escalón por la fe, sobre cuyo escalón el conocimiento humano no basta ni comprende, pues la razón no puede subir tanto como la fe; y esto se debe a que razón y entendimiento son de la naturaleza del hombre y la fe está sobre la naturaleza del hombre.

20. Así, Señor, como el conocimiento humano sube de un escalón a otro hasta el más alto, así el conocimiento del hombre puede bajar por ignorancia y por olvido del escalón superior hasta el más bajo, pues por aquellos mismos escalones por los que se puede subir se puede bajar.

21. Así como el orden hecho de las cosas sensuales e intelectuales dirige los escalones por los que el conocimiento del hombre puede subir de los escalones sensuales a los intelectuales, así por el desorden hecho en las sensualidades y en las intelectualidades puede bajar el conocimiento del hombre a ser ignorante y sin entendimiento, pues gran ira o gran go-

ce o gran fervor desordena al hombre los escalones por los cuales baja su conocimiento a la ignorancia y la bestialidad.

22. ¡Ah Señor, al cual velando tramitan y van mis deseos y mis pensamientos! La sensualidad, por su parte, es al hombre sentida, y toda la generalidad de la sensualidad es al hombre intelectiva. Pues por la parte se asciende a apercibir toda la generalidad, ya que por el bocado de la miel que se prueba o por la parte de la hiel se apercibe que toda miel es dulce y toda hiel amarga.

23. Cantidad sensual significa y demuestra cantidad intelectual, pues en aquello que el hombre ve que el cuerpo tiene cantidad finita y terminada en figura, entiende que el alma tenga cantidad en virtud, cuya virtud es finita y terminada, pues así como el cuerpo es finito en figura, así se apercibe que necesariamente conviene que el alma tenga cantidad finita en virtud. Pues así como cantidad sensual se cuenta en los individuos corporales y se extiende según la multitud de aquéllos, así, Señor, cantidad intelectual se extiende por las obras de virtudes que hay en el alma.

24. Amable Señor, por las diferencias y propiedades y por las conveniencias y por las contrariedades que se sienten que están en las cosas sensuales se aperciben las concordancias y las propiedades que hay en las cosas intelectuales; pues así como las sensualidades se concuerdan generando y se desacuerdan corrompiendo, así las cosas intelectuales se concuerdan amando y se desacuerdan odiando.

25. ¡Piadoso Señor que agraciáis mi corazón con amor y placer! Por la unión que vemos sensualmente hecha en los individuos de materia y de forma apercibimos la unión hecha intelectualmente de materia y de forma intelectual. Pues por la multitud de los individuos animales sensuales apercibimos multitud de los individuos intelectuales, pues si los individuos intelectuales fueran privados, los animales sensuales no podrían ser animados.

26. Cada intelectualidad, Señor, tiene sensualidad apropiada que le pueda ser sujeto por la cual sea conocida; pues unas intelectualidades tienen algunas sensualidades por las cuales son apercibidas; y otras intelectualidades tienen otras sensualidades; y así de grado en grado, Señor, cada intelectualidad tiene sensualidad a ella conveniente para significarla y demostrarla al entendimiento humano.

27. Por la gran ignorancia que los hombres tienen de las sensualidades y dado que no saben apercibir la conveniencia que hay entre la intelec-

tualidad y la sensualidad en ser apercibida la intelectualidad por la sensualidad, por eso, Señor, hay en el hombre muchas intelectualidades ignoradas que serían conocidas si se tuviera conocimiento de las sensualidades que están sujetas a aquéllas para demostrar y dar significado; pues así como el infiel ignora vuestra pasión en la figura de la cruz, dado que no cree en ella, así el cristiano católico por la figura de la cruz, que es cosa sensual, apercibe la grave muerte que vos sostuvisteis, la cual muerte le es cosa intelectual ya que está en su imaginación y en su memoria.

28. ¡Oh vos, señor Dios, que llenáis mis ojos de lágrimas y de llantos, y en mi corazón unís amores y contricciones, y en mi boca ponéis oraciones y honores! En la grandeza que vemos sensualmente en el mundo apercibimos vuestra grandeza intelectual, pues quien ha hecho tan gran mundo como éste, significa que el creador sea muy grande y muy maravilloso.

29. En la bella disposición y en la bella ordenación, Señor, en que vemos sensualmente el mundo ser muy bello y muy ordenado, entendemos y apercibimos intelectualmente vuestra gran sabiduría y vuestro gran poder y vuestra gran justicia y vuestra dulce misericordia y todas las otras virtudes; pues todo esto que habéis demostrado a nuestras sensualidades, es demostración de vuestras virtudes, de las que descienden todos los órdenes que son sentidos en las sensualidades.

30. Todos los días, Señor, leemos y aprendemos en las cosas sensuales las cosas intelectuales, pues así como las figuras de las letras que son cosas sensuales nos demuestran la intelectualidad del entendimiento que significan, así mostrándose las sensualidades a nuestros ojos que ellas tienen comienzo y fin y medio, y mostrándose que tienen pasión en cuanto al cuerpo, por eso es revelado y significado que hay un creador que ha creado las sensualidades, pues además de ser finitas no son dignas de ser sin comienzo; y por las penas y los placeres que sentimos sensualmente nos son significadas intelectualmente las penas infernales y las glorias que se tienen en vuestra presencia divina.

Capítulo 170. Cómo el entendimiento
humano apercibe y entiende por unas
intelectualidades otras intelectualidades
(OE II, págs. 486-490)
1. ¡Oh Dios grande en toda grandeza, honrado en todo honor!

Cuando el hombre, Señor, ha apercibido con los sentidos comunes las intelectualidades que se aperciben y conocen por los sentidos comunes, entonces se aperciben y se entienden por aquellas intelectualidades apercibidas por los sentidos comunes otras intelectualidades que no son tan ligeramente apercibidas como aquellas que se pueden apercibir por la comunidad de los sentidos sensuales y de los sentidos espirituales.

2. Cuando el entendimiento del hombre entiende, Señor, en general forma sin materia o materia sin forma, entonces apercibe intelectualidad que no se puede entender sólo por la comunidad de los sentidos sensuales y los espirituales, sino que entiende sobre la intelectualidad apercibida por la comunidad de los sentidos sensuales y de los espirituales; pues forma sin materia o materia sin forma no puede ser sentida, pues toda es apercibida en la intelectualidad sin que en la apercepción que se tiene de ella tome parte entonces la sensualidad.

3. Cuando el entendimiento del hombre se ha alejado tanto de los sentidos sensuales y ha penetrado tanto en los sentidos espirituales que no trata de ninguna sensualidad, antes bien todo de lo que trata es intelectual y espiritual, entonces, Señor, trata en otra intelectualidad apercibida por la primera intelectualidad, así como por forma o materia elemental intelectualmente entendida, en cuanto se entiende materia sin forma y forma sin materia, se apercibe materia y forma espiritual componiendo el alma del hombre creada de la nada en el cuerpo humano, cuya composición es simple frente a la composición del cuerpo.

4. ¡Ah Señor, al cual recurren todas nuestras fuerzas y todas nuestras esperanzas! Cuando se cogita en la cantidad que hay en el alma según la virtud, entonces se entiende aquella cantidad mayor en virtud que la virtud o la fuerza del cuerpo humano, cuyo cuerpo no tiene sus virtudes tan extendidas en cantidad sensual como tiene el alma cantidad intelectual.

5. La demostración por la cual se apercibe que el alma es mayor en su intelectualidad que el cuerpo en su sensualidad es, Señor, porque el cuerpo no puede extenderse en virtud sensual por tantos lugares diversos ni por espacios tan amplios como hace el alma; pues el alma puede apercibir en este mundo lo que está en el otro, y el alma que está en poniente puede tener imaginación y conocimiento de lo que está en levante después de que haya estado la sensualidad, y el cuerpo no puede bastar a tanto.

6. En el entendimiento, Señor, que se tiene de la virtud del alma, se apercibe que aquella cosa que es el ser de la sustancia del alma, sea lo que

sea, es en mucho de más noble naturaleza y disposición que la sustancia del cuerpo humano, pues, así como la sustancia del alma extiende más lejos y más rápidamente sus virtudes que el cuerpo humano, así es apercibido y entendido intelectualmente que más noble cosa es en sí misma la sustancia del alma que la sustancia del cuerpo.

7. ¡Oh vos, señor Dios, que sois perdurable en todo tiempo! Cuando estoy, Señor, cogitando en el alma del hombre y entiendo que ésta tiene vida, por la vida que entiendo en ella apercibo que en el alma del hombre hay voluntad y entendimiento y memoria, y así por la vida que es cosa intelectual apercibo intelectualidades siendo y estando en la vida; y así como por la vida se entienden y aperciben las virtudes siendo en la vida, así apercibiendo y entendiendo las virtudes intelectuales se apercibe y se entiende la vida ser en el alma, pues sin vida las virtudes intelectuales no podrían ser en el ser.

8. Apercibir que el alma tenga mayor virtud intelectual que el cuerpo virtud sensual y apercibir por la vida, sabiduría y ciencia y amor, dos cosas, Señor, se aperciben y una no es apercibida según la apercepción por la que la otra es apercibida, pues la mayor cantidad que se apercibe en virtud en el alma se apercibe según la relación de la cantidad menor que el cuerpo tiene en su sensualidad, y la apercepción que se tiene en el alma que es viva después que en ella haya virtudes, no es apercibida según relación de cantidad, sino que lo es según la relación de cualidades y de virtudes que hay en el sujeto.

9. En aquello, Señor, que en el alma del hombre es apercibida cantidad en virtud, apercibe el hombre que la sustancia y el sujeto de aquella virtud es finita y terminada; pues, así como la virtud del alma no basta a apercibir, ni a cogitar, ni a imaginar, ni a amar, ni a querer, ni a entender todas las cosas, así conviene que la sustancia en donde están las virtudes sea finita y terminada, pues si el sujeto de las virtudes fuera infinito significaría que las virtudes fuesen infinitas. Pero como las virtudes son finitas, se apercibe y se entiende que el alma es sustancia finita y terminada.

10. ¡Paciente Señor que sois ocasión de toda paz y de toda nuestra salud! Cuando estoy cogitando en el alma del hombre e imagino que es cosa durable, entonces apercibo, Señor, en el alma el tercer significado, que no es parecido a los dos primeros, el cual tercer significado es concordancia y conveniencia que hay en la sustancia del alma, por cuya concordancia y conveniencia es durable. Pues mejor da significado durabili-

dad de concordancia y de conveniencia en ser la sustancia del alma durable, que no lo hace la grandeza ni la vida de la sustancia en ser la sustancia durable.

11. Entender y afirmar, Señor, que alma sea sustancia durable incorruptible significa que la durabilidad que es de la naturaleza del alma por ser incorruptible, aquélla apercibe el entendimiento humano que es naturaleza saliente de aquella cosa por la cual el alma es sabia, conociendo, amando, queriendo; pues por la concordancia que se da por naturaleza en la sustancia del alma entre la vida que hay en la sustancia y la sustancia que hay en la vida, el alma es durable incorruptiblemente.

12. Grandeza, Señor, ni vida no dan tan gran significado en la sustancia como la sustancia durable cuando concuerda y conviene en sustancia, pues muchas cosas son grandes y vivas que no son durables; pero la durabilidad no puede ser en ninguna cosa si la naturaleza de la sustancia no es concordante y conveniente por naturaleza sin corrupción alguna.

13. ¡Humilde Señor, el cual está lleno de dulzura y de piedad! Cuando hemos apercibido que en el alma del hombre hay tres significados, uno de grandeza, el otro de vida, el otro de durabilidad, por estos tres significados, Señor, apercibimos que en el alma del hombre hay tres propiedades significadas por los tres significados, cuyas tres propiedades dan un significado de ser las tres un ser intelectual, es decir, una sustancia espiritual.

14. Cuando se apercibe, Señor, en el alma que la sustancia del alma es grande, una cosa se apercibe; y cuando se apercibe que la sustancia del alma es viva tanto como es grande, se apercibe otra cosa; y cuando se apercibe que la sustancia tiene concordancia en la naturaleza del durar, se apercibe otra cosa; y de estas tres significaciones que se aperciben en la sustancia del alma se entiende la sustancia ser en tres cosas, las cuales tres cosas son tan sólo una sustancia; y aquello por lo que son una sustancia es porque toda la grandeza por la cual la sustancia es cosa grande es viva, y toda la vida por la cual la sustancia es viva es grande por toda la grandeza de la sustancia, y toda la conveniencia por la cual la sustancia es durable es concordancia saliente de la cosa por la cual la sustancia tiene voluntad y sabiduría.

15. Cuando el entendimiento, Señor, del hombre ha subido tan arriba que ha apercibido intelectualmente que hay tres cosas en el alma y, por estas tres cosas que ha apercibido el entendimiento, apercibe que las tres

son una sustancia simple; y cuando ha subido el conocimiento del hombre tan arriba que apercibe que las tres cosas son una sustancia, después sube otro escalón y apercibe que las tres cosas que son una sustancia son iguales en virtud y en naturaleza y en bondad; y cuando el alma ha apercibido de sí misma hasta el más supremo escalón que puede apercibir de sí misma, entonces sube a lo más alto de sí misma; y así como el hombre apercibe que su alma es en tres cosas y las tres cosas son una sustancia y las tres tienen igual virtud y bondad, así el alma contemplando vuestra sustancia divina apercibe en su propia naturaleza que vuestra naturaleza divina es tres personas en una sustancia, en cuya sustancia las tres personas son iguales en virtudes, en bondad y en gloria.

16. ¡Ah señor Dios, al cual van mis amores, del cual vienen mis lágrimas y mis llantos! Quien sepa apercibir y entender bien las intelectualidades que hay en su misma alma, por aquellas que quería y sabía hacerlo podría apercibir y entender vuestra divina esencia; pues por los significados de la naturaleza del alma podría subir su conocimiento a entender y apercibir vuestra sustancia unida en tres personas.

17. Así, Señor, como apercibimos que el alma del hombre tiene alguna propiedad por la que es mayor en virtud que el cuerpo lo es en su virtud misma, así como afirmamos que vuestra sustancia es infinita en virtud en sí misma, entendemos y apercibimos que en vuestra sustancia haya alguna propiedad por la cual sea mayor que la grandeza del firmamento, que es grandeza finita; y así como apercibimos que en el alma del hombre hay alguna propiedad por la cual tiene voluntad y sabiduría, así apercibimos que en vuestra sustancia hay alguna propiedad por la cual hay sabiduría y voluntad y conocimiento; y así como apercibimos que en el alma hay alguna propiedad por la que es durable e incorruptible, así apercibimos que en vos hay alguna propiedad por la que sois eterno y durable.

18. Cuando el entendimiento humano, Señor, ha entendido en vuestra sustancia trinidad de personas y unidad en sustancia, entonces puede apercibir en vuestra sustancia generación y procesión por los significados que hay en el alma humana; pues así como la propiedad por la cual el alma del hombre recuerda, engendra la propiedad por la cual el hombre entiende, y así como la propiedad por la cual el alma del hombre recuerda, y la propiedad por la cual el hombre entiende, dan salida a la voluntad, así y mucho mejor todavía sin comparación es la persona del Hijo

engendrada del Padre y la persona del Santo Espíritu que sale del Padre y del Hijo; pero como la palabra no puede abarcar tanto como el entendimiento, por eso falla la palabra, que es cosa sensual y no puede significar tan bien ni pronunciar como el entendimiento, que es cosa intelectual, puede apercibir y entender.

19. ¡Celestial Señor lleno de humildad, de dulzura y de placer! Ya que es cosa propia y natural a la persona del Padre que su grandeza sea infinita y que su vida sea grande infinitamente y que su eternidad sea sin comienzo ni fin, por todo eso no resulta que la persona del Padre no sea significada y demostrada al entendimiento humano por la grandeza infinita, según cuyo significado y demostración no es significada en aquella manera la persona del Hijo ni la persona del Santo Espíritu, antes son significadas de otra manera por la grandeza infinita. Pues como la grandeza infinita significa en vuestra sustancia en una manera al Padre y en otra al Hijo y en otra el Espíritu Santo, por eso es apercibido, Señor, que en vuestra sustancia hay tres personas, cada una significada en su misma propiedad.

20. Por razón, Señor, de que la vida que hay en vuestra sustancia infinita y eterna da una significación y demostración en la persona del Hijo y otra en la persona del Padre, y otra en la persona del Espíritu Santo, por esto se apercibe que en vuestra sustancia una cosa es el Hijo, otra el Padre y otra el Espíritu Santo, ya sea que la vida da significado y demostración de cada una de las personas ser una vida infinita eterna en una sustancia infinita eterna; pues así como un significado no es el otro, así es demostrado que una persona no es la otra.

21. En la persona del Santo Espíritu entendemos, Señor, grandeza y vida y duración infinita y eterna; pero la persona del Espíritu Santo es significada y demostrada por la eternidad en una manera, y en otra por infinitud de grandeza, y en otra por infinitud y eterna sabiduría. Pues ya que los significados y las demostraciones no se hacen al entendimiento del hombre en una manera, antes son hechas en tres maneras, por eso, Señor, se apercibe que vuestra sustancia es en tres personas, las cuales son una sustancia.

22. ¡Oh vos, señor Dios, en el cual está todo nuestro tesoro y toda nuestra esperanza! Muchos hombres son engañados y hay cuidado de que vuestra Santa Trinidad no se pueda apercibir en este mundo por razones necesarias ni por demostraciones silogísticas. Puesto que ellos no

pueden entender vuestra Trinidad por razones sensuales naturales, por eso afirman que vuestra Trinidad no se puede entender sino por fe. Pero si supiesen convertir su entendimiento de las cosas sensuales a las intelectuales y de estas intelectuales a otras intelectuales, podrían, Señor, apercibir y entender por razones necesarias significadas y demostradas al entendimiento humano que vuestra sustancia divina es en trinidad de personas.

23. Cuando el hombre, Señor, tiene su entendimiento empachado por las cosas sensuales y quiere tener conocimiento de las cosas intelectuales, no puede apercibir aquellas ni conocer hasta que desempache y desembargue su entendimiento de las cosas sensuales y después lo suba hacia arriba en las cosas intelectuales. Pues, quien en esta manera desembarga su entendimiento, podrá tener conocimiento por diversas razones silogísticas, demostrables, significativas por las cuales viene el entendimiento del hombre a conocimiento verdadero de vuestra Trinidad.

24. Aquello a lo que no puede, Señor, bastar el entendimiento del hombre a entender por razones necesarias, es a apercibir lo que es vuestra esencia en sí misma. Pues esto no es necesario saber ni conocer al hombre y no es maravilla si el hombre no puede apercibir vuestra esencia en sí misma; pues ningún hombre puede apercibir la esencia del alma humana en sí misma. Pero, así como se apercibe por razones intelectuales necesarias que en la sustancia del alma hay vida y sujeto en el cual hay vida, y hay concordancia de naturaleza entre el sujeto y la vida, y ninguna de estas tres cosas es la otra, y las tres son el ser de la sustancia, así, Señor, se apercibe por vuestra gracia, además de querer apercibirlo por significados intelectuales, que en vuestra gloriosa sustancia hay trinidad de personas y unidad de sustancia.

25. ¡Señor amado, Señor honrado, Señor obedecido por todos los pueblos! Así como al fuego no es cosa natural el enfriamiento ni al agua el calor, así al entendimiento humano no le es cosa natural entender y apercibir qué cosa sea vuestra sustancia en sí misma, pues aquella cosa, sea lo que sea, no puede caber en el entendimiento del hombre para ser apercibida por él, pues el entendimiento es deficiente en sí mismo, y decae en significados sensuales e intelectuales al entendimiento, por los cuales no puede apercibir vuestra sustancia qué cosa sea en sí misma. Pues ya que el entendimiento del hombre no puede bastar a apercibir qué sea vuestra sustancia en sí misma, al menos basta con que aperciba vuestra

sustancia ser en trinidad y en unidad, cuya apercepción tiene porque le son dados significados intelectualmente.

26. Así como el entendimiento del hombre es suficiente para apercibir que el mundo tiene creador y basta para apercibir que hay otro siglo en ser, y para apercibir todo esto basta el entendimiento del hombre por razón de los significados y de las razones necesarias que esto le significan, así, Señor, el entendimiento del hombre basta para apercibir en vuestra esencia trinidad de personas por razón de los significados que le son demostrados con razones necesarias.

27. En el hecho, Señor, de que los hombres necios ignorantes de vuestra santa Trinidad no saben recibir los significados demostrados intelectualmente, porque siguen los significados sensuales, no pueden apercibir en su entendimiento la trinidad de personas que es en vuestra sustancia. Pues esto no sucede por defecto de la virtud que se halla en su entendimiento potencialmente, cuyo entendimiento vendría al acto si tuviera instrumento por el que pudiera venir de potencia en acto; pero como el entendimiento no recibe los significados que demuestran vuestra Trinidad, por eso la apercepción no viene de potencia al acto.

28. ¡Virtuoso Señor en el que hay cumplimiento de toda virtud! En las cualidades esenciales y en las virtudes que hay en vos, Señor, las cuales son para nosostros cosas intelectuales, en aquellas apercibimos nosotros vuestras obras, pues según que a nuestro entendimiento es significada vuestra infinitud, y vuestra eternidad, y vuestra fuerza, y vuestra sabiduría y las otras virtudes, según aquellos significados apercibe nuestra alma cuáles son vuestras obras, pues vuestras obras conviene que sean según los significados que dan de vuestras virtudes y de vuestras cualidades.

29. Como vuestra gran bondad y vuestra gran perfección, señor Dios, significa a nuestra inteligencia cuáles conviene que sean vuestras obras según mirada y relación de vuestra bondad y de vuestra perfección, entonces nuestra inteligencia apercibe y entiende intelectualmente los catorce artículos de la santa fe cristiana; pues la afirmación de que vos seáis, Señor, todo bueno y perfecto en virtudes significa al alma del fiel cristiano que los catorce artículos son según verdad, pues, si no fueran verdaderos, sería demostrado intelectualmente que vos no sois perfecto en bondad de virtudes en vuestra esencia ni en vuestras obras.

30. Quien quiera, Señor, apercibir los catorce artículos por los significados y demostraciones necesarias, lea en este *Libro de contemplación*,

pues por diversos lugares encontrará y apercibirá que los catorce artículos todos son en verdad, con que sepa apercibir con las cosas sensuales las intelectuales y con unas cosas intelectuales sepa apercibir otras cosas intelectuales y que su intención sea honrar y amar y servir a su glorioso Dios.

Capítulo 174. Cómo el hombre
tiene apercibimiento y conocimiento
de las cosas que son secretas
(OE II, págs. 500-503)

1. ¡Ah Dios poderoso en todas fuerzas, honrado en todos los honores! Como el hombre, Señor, es una especie compuesta de sensualidades e intelectualidades, por eso están al hombre veladas y ocultas las cosas sensuales e intelectuales según que sus sentidos corporales y espirituales son limitados, pues todo aquello que está más allá del límite de sus sentidos es al hombre más secreto y escondido. Pues todo cuanto puede ser al hombre oculto e ignorado, es en seis cosas, a saber, vuestra divina esencia, vuestras obras, los ángeles, los demonios y la naturaleza de las cosas animadas.

2. Pues, después de estas seis cosas, Señor, son las cosas secretas y escondidas al hombre en aquello que sus sentidos están limitados a ellas; quien quiera tener conocimiento y apercibimiento de las cosas que ignora, busque en estas seis cosas lo que quiera conocer y apercibir de ellas.

3. Pues los que quieran ser buscadores de las cosas secretas y escondidas, graves de apercibir y entender, primeramente, Señor, tengan conocimiento de las cosas reveladas y demostradas convenientes para apercibir y para entender, pues por el conocimiento de aquéllas se podrá subir y multiplicar su entendimiento en las cosas oscuras y graves de ser entendidas y sabidas.

4. ¡Oh vos, señor Dios, que sois verdadera verdad, la cual verdad es fuente de justicia! La razón y la ocasión por la cual vuestra esencia divina, Señor, no puede ser sabida ni entendida en su totalidad por el entendimiento del hombre, es la infinidad que hay en vuestra divina esencia y la finitud que hay en el entendimiento humano, pues la cosa que está totalmente acabada y toda infinita no puede caber ni puede saberse toda en el entendimiento humano, que es cosa deficiente, finita y limitada.

5. Quien en vuestra divina esencia quiera, Señor, buscar los secretos que han sido hechos a la especie humana, sea buscador en vuestra deidad

con los sentidos intelectuales, pues así como el espejo material demuestra las figuras y las formas sensuales, así con los sentidos espirituales, que son espejo de las cosas intelectuales, se apercibe en vuestra deidad aquellas cosas que queréis demostrar por gracia al entendimiento humano, siempre que el hombre esté aparejado y ordenado a conocer lo que vos deis licencia a los sentidos espirituales que conozcan y sepan en vos.

6. Así como de dos espejos materiales puestos uno frente a otro cada uno demuestra al otro su forma y su cualidad y todas las figuras que son demostradas en uno lo son en el otro, así es en el alma del hombre, que es espejo en el cual son revelados vuestros secretos, cuando ella intelectualmente ve contemplando las virtudes y la gran bondad de vuestra deidad sin que las cosas sensuales le impidan contemplaros. Pues, entonces, Señor, el alma viendo vuestras virtudes y vuestra perfección y vuestra bondad, se ve a sí misma en vuestra virtud y en vuestra bondad; y viéndose a sí misma, apercibe conocimiento de las cosas que le eran secretas cuando ella no se veía a sí misma en vuestra perfección.

7. ¡Oh vos, Señor, que sois amor sobre todos los amores y alabanza sobre toda alabanza! Así como el espejo no puede demostrar figura alguna si no le es puesta delante, así, Señor, el alma del hombre no podría apercibir ninguno de vuestros secretos a no ser que le dieseis la gracia de poder tener conocimiento de vuestra bondad y perfección. Pues, así como un espejo sensual ve en el otro lo que está en él, así el alma del hombre viendo vuestra perfección ve en el hombre su deficiencia, y viendo el alma la deficiencia que hay en el hombre ve la perfección que hay en vos, y viendo la perfección divina apercibe los secretos que antes no apercibía cuando no veía los defectos que hay en el hombre.

8. Cuando se pone un espejo pequeño delante de un espejo grande y se mira en el grande, entonces se ve, Señor, en el espejo grande dos figuras engendradas de una figura, pues el espejo grande demuestra la figura del hombre fuera de los términos de la figura del espejo pequeño, y demuestra otra figura del hombre dentro de la forma que el espejo grande recibe del espejo pequeño, y así la cara del hombre, que es una, es demostrada en el espejo grande en dos partes. Pues, así como sensualmente el espejo grande demuestra al espejo pequeño en sí mismo la figura del hombre que está escondida al espejo pequeño a causa de que está detrás de él, así intelectualmente es demostrado al alma del hombre cómo ella apercibe y conoce su naturaleza misma, pues viendo ella a sí misma ser

una sustancia, que es en tres cosas y las tres cosas son una sustancia, lo hace apercibiendo en vuestra esencia divina vuestra trinidad y vuestra unidad y la generación y procesión de las personas, cuyo conocimiento que el alma tiene de vuestra trinidad y unidad le era oculto y secreto cuando el alma no tenía conocimiento de sí misma.

9. Pues, por eso, Señor, como los hombres que no creen, infieles y herejes, cuidan apercibir sensualmente los secretos de vuestra deidad y no buscan aquéllos con el espejo intelectual en el cual se demuestran y se revelan los secretos de vuestra deidad, por eso están ciegos y son ignorantes en lo que buscan y ya no tendrán certeza nunca más hasta que busquen en vos con ojos espirituales intelectuales por los cuales se pueden ver intelectualmente en vuestra deidad los secretos que se hacen a nuestra sensualidad.

10. ¡Señor Dios, que dulce y plácidamente amáis y perdonáis! Quien quiera saber y apercibir vuestras obras secretas y escondidas al entendimiento humano, siga, Señor, intelectualmente la manera que se sigue sensualmente en los dos espejos, poniendo el pequeño delante del grande, pues así como el espejo grande demuestra dos cosas, es decir, el espejo pequeño que está delante y la cara del hombre que está detrás del espejo, por ello demuestra en sí tres figuras: una, la figura del espejo pequeño, otra, la figura del hombre en dos lugares en sí mismo; así, quien mira a vuestra bondad y mira en las criaturas, apercibirá y verá tres cosas: una, vuestra bondad; otra, vuestras obras; y otra, cuáles son aquellas cosas que no son vuestra obra, dentro de las cuales tres cosas son todas cuantas cosas son (en ser).

11. Mirando, Señor, y afirmando vuestra perfección, se apercibe qué obras son convenientes que os hagamos para demostrarnos vuestra perfección; y mirando qué cosas son perfectas y cuáles son imperfectas y viciosas, se apercibe cuáles son vuestras obras; pues así como en la forma del espejo grande son engendradas tres figuras estando delante de él dos cosas, a saber, el espejo pequeño y la cara del hombre que mira el espejo grande, así en el alma del hombre que mira, contempla y certifica vuestra bondad son apercibidos tres conocimientos intelectuales, de los cuales tres, dos son los conocidos, conociendo y apercibiendo: uno es vuestra bondad, el segundo son vuestras obras, y el tercero es todo cuanto no seáis vos ni vuestras obras.

12. Pues quien quiera buscar, Señor, si la ley de los cristianos es obra

vuestra y que os place, tenga conocimiento de vuestra bondad y de vuestra perfección, pues apercibiendo vuestra perfección, apercibirá si la santa fe romana es obra vuestra, pues viendo vuestra perfección apercibirá quién está en la fe cristiana, y apercibiendo vuestra bondad y la perfección de la fe romana apercibirá el defecto que hay en las cosas contrarias a la fe católica.

13. ¡Vencedor Señor, victorioso, vigoroso contra todos quienes tienen deseo contra vuestras fuerzas! Quien quiera apercibir y conocer los secretos que hay en la naturaleza angelical, mire y vea la naturaleza de su misma alma, pues así como dos espejos se demuestran el uno al otro las figuras que reciben, cuya demostración uno la hace al otro porque se convienen en naturaleza, así, Señor, puesto que el alma racional es semejante en naturaleza al ángel, demostrándose a sí misma demuestra la naturaleza angelical.

14. Por razón, Señor, de que buscando la naturaleza del alma racional se contempla en la naturaleza del alma, se apercibe que el alma racional es una sustancia compuesta de materia y forma espiritual. Pues así como el alma es sustancia compuesta de materia y forma espiritual, así apercibe y entiende que el ángel es sustancia espiritual compuesta de materia y forma espiritual, cuya composición es unión simple frente a la composición que se da entre materia y forma corporal.

15. Así, Señor, como al alma racional le es dada naturaleza de hacer el bien y esquivar el mal, así es dada naturaleza al ángel de hacer el bien y esquivar el mal. Pues, así como el alma es ajustada a hacer el mal accidentalmente por unión con el cuerpo, así, por el contrario, el ángel tiene disposición de hacer el bien pues no está unido al cuerpo.

16. ¡Rey de reyes que tenéis el honor sobre todo honor y honra sobre toda honra! Quien quiera tener conocimiento del demonio, tenga conocimiento, Señor, de su misma alma, pues en cuanto a sustancia son semejantes, exceptuando que el demonio no está unido al cuerpo, el mal no lo hace por inclinación de naturaleza corporal corrompida por el pecado, así como hace el alma del hombre que se inclina a hacer el mal por ocasión del cuerpo que se une a ella.

17. Así como el espejo torcido demuestra figura torcida al espejo que está derecho, así, cuando el alma del hombre está ordenada y no empachada por la sensualidad del cuerpo, entonces viéndose a sí misma ve en sí misma la maldad y el desorden que hay en el demonio, demostrándo-

le (al alma) las cosas injuriosas y contrarias a las virtudes en semblanza que sean rectas y perfectas en virtudes.

18. En aquello que el alma del hombre, Señor, ve al demonio contrario a vuestros mandamientos y a vuestras obras, apercibe los secretos del demonio, pues afirmando vuestros mandamientos buenos y las obras perfectas, se apercibe que todas las cosas que son contrarias a vuestros mandamientos y a la perfección que hay en vos, son falsas obras y desordenadas y transportadas a otras formas que no se asemejan con las formas ordenadas para ser obras verdaderas.

19. ¡Ah señor Dios, que sois fuente viva de la que toman purificación y limpieza los pecadores que en vuestra misericordia confían! Como la obra de la naturaleza es tan grande y son tantos los individuos en los cuales la naturaleza usa su cuerpo y su propiedad, por eso, Señor, en el hombre no pueden ser demostrados los secretos de la naturaleza; pues todos no podrían caber en su memoria ni en su entendimiento ni en su voluntad.

20. Quien quiera buscar los secretos de la naturaleza, búsquelos en las cosas sensuales y en las cosas intelectuales, pues todo el cuerpo natural va por cosas sensuales o intelectuales, o entre cosas sensuales o intelectuales. Pues como el hombre está compuesto de sensualidades e intelectualidades, en el hombre se podrán apercibir mejor los secretos de la naturaleza y de forma más perfecta que en ninguna otra criatura.

21. En cuatro maneras, Señor, se pueden apercibir los secretos de la naturaleza en las cosas sensuales e intelectuales: la primera, cuando se aperciben unas sensualidades con otras sensualidades; segunda, cuando se aperciben con unas intelectualidades otras intelectualidades; tercera, cuando se aperciben los secretos de alguna intelectualidad apercibiendo los secretos de alguna sensualidad; cuarta, cuando se aperciben los secretos de alguna sensualidad apercibiendo los secretos de alguna intelectualidad.

22. ¡Liberal Señor, al cual vuestro servidor pide abundancia de amores y llantos! Cuando la naturaleza obra actualmente y potencialmente esconde a las sensualidades sus secretos en la potencia, entonces priva de actualidad a las formas y las devuelve a la potencia. Pues quien estos secretos, Señor, quiera aprender, búsquelos con las intelectualidades en la potencia, y no quiera aquellas formas sin creer ni ignorar si están bien asentadas en las sensualidades.

23. Así, Señor, como el hombre tiene en secreto su propósito y su vo-

luntad por privación de palabras, así la naturaleza tiene sus secretos y sus escondites en la potencia, pues las cosas que están en la naturaleza potencialmente no pueden ser demostradas a ningún sentido corporal. Pues por eso conviene a aquellas cosas que la naturaleza guarda en secreto buscarlas con los sentidos espirituales, que son ojos por los cuales se llega al conocimiento de ellas cuando se las busca sin molestia de las sensualidades.

24. Los secretos que la naturaleza oculta en la potencia se encuentran y demuestran buscando los géneros, las especies, las diferencias, las propiedades y los accidentes en las cuatro ocasiones y en las cosas que se dan a la aventura sin ocasión. Pues todas estas búsquedas, Señor, conviene que se hagan sobre los tres comienzos, que son materia, forma y privación.

25. ¡Celestial Señor por el cual mi corazón suspira y mis ojos lloran! Quien quiera buscar y apercibir los secretos de los hombres mire, Señor, en sí mismo y en su naturaleza y en su misma propiedad, pues así como el espejo demuestra la forma del otro espejo en sí mismo, así el hombre que conoce su misma naturaleza apercibirá los secretos que busca en los hombres.

26. Como las complexiones de los hombres, Señor, sean diversas, por eso son al hombre veladas y secretas las complexiones. Pues quien quiera buscar y apercibir sabiamente en el hombre las cosas guardadas y secretas, tenga primero conocimiento de su complexión y cualidad, y según la complexión y cualidad en que sea buscará en él aquello que pide.

27. La búsqueda más perfecta que se puede hacer en el hombre es tentarlo y probarlo en todos sus sentidos sensuales y en los intelectuales, pues sea lo que sea, Señor, secreto en el hombre, conviene que sea secreto en algún o algunos de los sentidos corporales o espirituales. Pues, así como el pandero que suena cuando se lo toca, así siempre que se tienta y prueba al hombre en aquella sensualidad o intelectualidad en que se hallan los secretos que busca, da demostración, por semejanzas o por palabras, de aquellas cosas que tiene secretas.

28. ¡Señor fuerte por el cual se esfuerzan todas mis fuerzas! Quien quiera apercibir y saber los secretos en algún hombre o mujer, apercibía primeramente las dos intenciones y sepa cuál es la primera intención y cuál la segunda, pues cuando se ha tenido conocimiento de la primera intención y de la segunda, es cosa más fácil que se conozcan las cosas secretas, pues todo secreto está, Señor, en tener ignorancia de las dos intenciones al no saber cuál es la primera ni cuál la segunda.

29. La mejor búsqueda que se puede hacer, Señor, sobre las cosas secretas, es que se busque en los hombres según cuál de los dos movimientos se mueve a aquellas cosas en donde están los secretos que se buscan, pues si se tiene conocimiento de cuál de los dos movimientos es tratable convenientemente podrá apercibir las cosas secretas, pues si va por el primer movimiento su obra tendrá relación con las virtudes y buenas costumbres y las buenas obras, y si va por el segundo movimiento tendrá relación su obra con los vicios, los defectos, los engaños, los pecados y las culpas.

30. En los hombres, Señor, a veces se apercibe en ellos las cosas secretas por señales concordantes, a veces por semejanzas contrarias, pues el hombre que sea justo y verdadero, en las señales de fuera apercibirá los secretos que tendrá escondidos en su alma; pero en los hombres hipócritas y que están llenos de engaños y de falsedad, en aquéllos se apercibe por semejanzas contrarias, pues no hacen lo que dicen ni son tal como su alma demuestra por fuera, pues, afirmando lo contrario de lo que hacen y dicen, se aperciben aquellas cosas que tienen secretas para engañar a los hombres, del cual engaño tendrán que rendir razón el día del juicio en presencia de su señor Dios.

Libro del gentil
y los tres sabios

(Llibre del gentil i dels tres savis, Mallorca 1274)
(Antología de Ramón Llull, ed. de M. Batllori,
trad. de A. M.ª de Saavedra y F. de P. Samaranch,
vol. II, Madrid 1961, págs. 376-388 y 445-461)

Dios poderoso, que en tu poder no tienes medida, cantidad ni tiempo; con tu gracia y con tu ayuda, para que seas honrado, amado y servido como conviene a tu dignidad, que no tiene fin, y como pueda la pequeñez de los hombres: comienza *El Libro del gentil y los tres sabios.*

Prólogo

Por haber convivido largo tiempo con los infieles y haber comprendido la falsedad de sus opiniones y sus errores; para que tributen alabanza a Dios nuestro señor y hallen la senda de la vida perdurable: yo, que soy hombre culpable, mezquino, pobre, pecador, menospreciado por las gentes, indigno de que mi nombre sea escrito en éste ni en otro libro, ateniéndome a la manera del libro árabe *Del Gentil,* quiero esforzarme, con todo mi corazón, confiando en la ayuda del Altísimo, en hallar maneras nuevas y nuevas razones por las que los que yerran puedan ser encaminados a la gloria que no tiene fin y se aparten de las penas infinitas.

Cada saber requiere los vocablos por los que sea mejor manifestado; y, pues a esta ciencia demostrativa le son precisas palabras oscuras y que los hombres legos no utilizan, y porque nosotros escribimos este libro para hombres legos, por ello brevemente y con vocabulario llano hablaremos de esta ciencia confiando en la gracia de Aquel que es compleción de todo bien, tenemos la esperanza de poder, según el mismo procedimiento, alargar el libro con vocablos más apropiados a los hombres letrados, amantes de la ciencia especulativa. Sería una injusticia contra esta ciencia y este arte si no era demostrada con el vocabulario pertinente y no era explicada con las sutiles razones por las que mejor es demostrable.

Este libro se subdivide en cuatro libros. El primer libro es para probar que Dios existe, que en Él están las flores del primer árbol y que existe la resurrección. El segundo libro es del judío, que intenta probar que su creencia es mejor que la creencia del cristiano y del musulmán. El tercer libro es del cristiano, quien quiere demostrar que sus creencias son mejores que las del judío y el musulmán. El cuarto libro es del musulmán, que quiere probar que vale su creencia más que la del judío y del cristiano.

Por disposición divina sucedió que, en cierto país, hubo un Gentil, muy sabio en filosofía, y meditó en su vejez, en la muerte y en las felicidades de este mundo. Aquel Gentil no conocía a Dios, ni creía en la resurrección, ni en que él fuera a ser algo luego de su muerte. Mientras meditaba de esta manera, sus ojos se anegaron en lágrimas y llantos, y su corazón en suspiros, tristeza y dolor, pues tanto agradaba al Gentil esta vida terrena y tan horrible se le hizo la idea de la muerte y el atisbo de que después de su muerte no iba a ser nada, que no podía consolarse, ni podía dejar de llorar, ni podía arrancar de su corazón la tristeza. Estando así pensativo y triste, el Gentil tuvo la corazonada de partirse de aquella tierra suya y marcharse a tierra extraña, por si acaso podía hallar remedio a su tristeza, y pensó en irse a un gran bosque, que era muy abundante en fuentes y de muy hermosos árboles frutales, por los que el corazón podía tener vida. En aquella selva había muchos animales y muchas aves de variadas especies; y decidió por ello quedarse en aquel paraje eremítico para ver y oler las flores, con la belleza de los árboles, las fuentes y la hierba se animó a hallar algún refrigerio a sus hondas cavilaciones, que mucho lo atormentaban y apenaban.

Cuando el Gentil se halló en el bosque y vio las riberas, las fuentes y los prados, y que en los árboles había pájaros de variadas y diferentes familias que cantaban muy dulcemente y que debajo de los árboles había allí rebecos, ciervos, gacelas, liebres, conejos y otros muchos animales, que eran muy agradables de ver, y que los árboles estaban cargados de flores y frutos de diversas clases, de donde salía muy agradable olor, intentó consolarse y alegrarse con lo que veía, oía y olía; y le vino la idea de la muerte y la aniquilación de su ser, y creció su aflicción en tristeza y en dolor...

Mientras el Gentil estaba en estas ideas, por las que crecía su tristeza y sus tormentos se multiplicaban, le vino el antojo de volverse a su tierra; pero pensó que tales pensamientos y tal tristeza no podían salir de su corazón sin alguna ayuda o algún suceso venturoso. Y por eso frenó su corazonada de volverse atrás y siguió adelante, de lugar en lugar, de fuente en fuente, de pradera en ribazo, para probar y ensayar si por alguna cosa agradable que viera u oyera podía arrancar de él aquel pensamiento en que estaba, y cuanto más andaba y más bellos lugares encontraba, con más violencia el pensamiento de la muerte lo torturaba. El Gentil recogía flores y saboreaba los frutos de los árboles para ensayar si el perfume de las flores y el sabor de los frutos le remediarían algo; pero cuando pensaba que debía morir y que vendría un momento en que él vendría a ser nada, aumentaba su dolor, su llanto y su pena.

Estando el Gentil en esta tribulación, no sabía qué determinación tomar, por la gran angustia de pensamientos en que estaba; y se arrodilló en la tierra y levantó sus manos y sus ojos al cielo y besó la tierra, y dijo así, llorando y suspirando muy devotamente:

–¡Ah, miserable de ti! ¡De qué ira y de qué dolor has venido a ser esclavo! ¿Por qué fuiste engendrado y viniste al mundo, pues no hay quien te ayude en las penalidades que sufres? Y si algo hay que tenga en sí tanto poder que te pueda ayudar, ¿por qué no viene y se apiada de ti? Y ¿por qué no destierras de tu corazón estos pensamientos, que no cesan de multiplicar los graves tormentos que sufres?

Cuando el Gentil hubo dicho estas cosas, tuvo la corazonada de abandonar aquel lugar y de andar tanto de un sitio a otro, hasta que pudiera dar con algún remedio. Mientras el Gentil andaba por el bosque como un hombre perdido, de uno en otro lugar, fue a parar a un camino muy hermoso y decidió seguir aquel camino, hasta ver a qué fin podía venir del trabajo en que estaba. Sucedió que, mientras el Gentil andaba por aquella senda, tres sabios se toparon a la salida de una ciudad. Uno era judío, el otro era cristiano y el otro musulmán. Cuando estuvieron fuera de la ciudad, y se vieron, entonces se saludaron y se acogieron agradablemente y se acompañaron; y cada uno preguntó al otro por su vida, su salud y su voluntad; y los tres acordaron irse paseando para recrear el espíritu, fatigado por el largo estudio en que habían estado.

Tanto anduvieron los tres sabios, hablando cada uno de sus creencias y del saber que enseñaban a sus discípulos, que fueron a parar a aquel bosque por donde caminaba el Gentil, y estuvieron en un hermoso prado, donde había una bella fuente que regaba cinco árboles, significados por los cinco árboles que figuran al comienzo de este libro. Llegó también a la fuente una hermosa doncella, muy noblemente vestida y que cabalgaba un hermoso caballo, que abrevaba en la fuente. Los sabios, que vieron los cinco árboles, que eran muy deleitosos de ver, y vieron a la dama, que tenía un rostro muy agradable, se acercaron a la fuente y, muy humilde y devotamente, saludaron a la dama, y ella correspondió gentilmente a sus saludos. Los sabios le preguntaron su nombre y ella les dijo que era la Inteligencia; los sabios le rogaron les explicara la naturaleza y las propiedades de los cinco árboles y qué significaban las letras escritas en cada una de sus flores. La dama les respondió:

—El primer árbol, en que veis veintiuna flor, significa a Dios y sus virtudes increadas esenciales que están escritas en aquellas flores, como podéis ver. Este árbol tiene, entre otras, dos condiciones. Una es que el hombre debe, en todo momento, atribuir a Dios y reconocer en Él la mayor nobleza en esencia, virtudes y operaciones; la otra condición es que las flores no sean contrarias las unas a las otras, ni unas menores que las otras. Sin tener el hombre conocimiento de estas dos condiciones, no puede conocer el árbol, ni sus virtudes y operaciones.

»El segundo árbol tiene cuarenta y nueve flores, donde están escritas las siete virtudes del primer árbol y las siete virtudes creadas, por las que los bienaventurados van a la bienaventuranza eterna. Este árbol tiene, entre otras, dos condiciones. La primera es que las virtudes creadas deben ser mayores y más nobles cuanto más significan y manifiestan la nobleza de las virtudes increadas; la segunda condición es que las virtudes increadas y creadas no sean contrarias las unas a las otras.

»El tercer árbol es de cuarenta y nueve flores, en que están escritas las siete virtudes que están en el primer árbol, y los vicios, que son siete pecados mortales, por los que los malditos van al fuego infernal. Este árbol tiene, entre otras, dos condiciones. La primera es que no haya concordancia entre las virtudes de Dios y los vicios. La segunda es que todo aquello por lo que las virtudes de Dios sean mejor significadas al entendimiento humano por los vicios, debe ser afirmado; y todo aquello que sea contrario a su mayor significación, arriba dicha, y que sea menos contrario entre las virtudes de Dios y los vicios del hombre, conviene ser negado, salvando las condiciones de los demás árboles.

»El cuarto árbol tiene cuarenta y nueve flores, en que están escritas las siete virtudes creadas [principales y los siete pecados mortales]. Este árbol tiene dos condiciones entre las otras. La primera es que ninguna de aquellas virtudes sea contraria a otra; la segunda es que aquello en que mejor se convengan para ser mayores y para que por ellas tenga el hombre mayor mérito, sea verdad; y lo contrario sea falso, salvando las condiciones de los demás árboles.

»El quinto árbol tiene cuarenta y nueve flores, en que están escritas las siete principales virtudes creadas y los siete pecados mortales. Este árbol tiene, entre otras, dos condiciones. La primera es que las virtudes y los vicios no se concuerden. La segunda es que las virtudes que sean más contrarias a los vicios sean más amables, y los vicios más contrarios a las virtudes sean más aborrecibles.

»Las diez condiciones arriba dichas se rigen por otras dos; es decir, por dos principios. Uno es que las diez condiciones deben convenir en un único fin y el otro es que no se contradigan contra aquel fin. Y el fin es amar, conocer, temer y servir a Dios.

»Por las condiciones arriba explicadas van las flores, que son principios y doctrina para enderezar a los hombres equivocados, que no tienen conocimiento de Dios, ni de sus obras, ni de la creencia en que están. Y con el conocimiento de estos árboles puede el hombre consolar a los desconsolados y aliviar a los trabajados. Y por estos árboles se mortifican las tentaciones y se limpia el alma de culpas y pecado. Y por el provecho de estos árboles, quien sabe cosechar el fruto se aparta de las penas infinitas y se viene al descanso perdurable.

Cuando la dama hubo dicho estas palabras a los tres sabios, se despidió de ellos y se marchó. Y permanecieron los tres sabios entonces junto a la fuente, debajo de los cinco árboles; y uno de ellos comenzó a suspirar y a decir:

—¡Ah, Dios! ¡Y qué gran felicidad sería ésta si, por estos árboles, pudiésemos estar bajo una ley y una creencia todos los hombres que existimos! ¡Y que no hubiera entre los hombres rencor ni mala voluntad, que ponen unos enfrente de otros por diversidad y oposición de creencias y de sectas! ¡Y que así como hay un Dios tan sólo, Padre, Creador y Señor de cuanto existe, todos los pueblos que existen se uniesen en ser un pueblo tan sólo; y que estuviesen todos en el camino de la salud y que todos juntos tuvieran una fe y una ley y tributasen gloria y alabanza a Dios nuestro señor! Pensad, señores, cuántos son los daños que se siguen de que los hombres no tengan una sola secta y cuántos son los bienes que serían si tuviéramos todos una ley y una fe. Siendo, pues, esto así, ¿os parecería bien que nos sentáramos bajo estos árboles, al lado de esta hermosa fuente, y que disputáramos lo que creemos, siguiendo las flores y condiciones de estos árboles, y ya que por autoridades no nos podemos avenir, que ensayáramos a hacerlo por razones demostrativas y necesarias?

Todos tuvieron por acertado lo que el sabio decía, y se sentaron; y comenzaron a observar las flores de los árboles y a recordar las condiciones y explicaciones que la dama les había dicho; y propusieron seguir, en su disputa, según la manera que la dama les había enseñado.

Apenas quisieron comenzar a remover cuestiones uno contra otro, vieron venir al Gentil, que andaba por el bosque. Tenía una gran barba y largos cabellos; y llegó como un hombre cansado, y estaba cadavérico y pálido por la fatiga de sus pensamientos y por el largo viaje que había hecho; sus ojos derramaban lágrimas, su corazón no dejaba de suspirar ni su boca de lamentarse, y por la gran angustia de su trabajo tenía sed y quiso beber en la fuente antes de que pudiese hablar y saludar a los tres sabios.

Cuando el Gentil hubo bebido en la fuente y su aliento y su espíritu hubieron recuperado alguna fuerza, el Gentil saludó, en su lengua y según su costumbre, a los tres sabios. Y éstos correspondieron a su saludo, diciendo:

—Aquel Dios de gloria, que es Padre y Señor de cuanto existe, que ha creado el mundo entero y resucitará a buenos y malos, os valga y os ayude en vuestras penas.

Cuando el Gentil oyó el saludo de los tres sabios, y vio los cinco árboles y leyó en las flores, y advirtió el extraño continente de los tres sabios y sus extrañas vestiduras, entonces comenzó a pensar y se sorprendió mucho de las palabras que había oído y de lo que veía.

—Buen amigo —le dijo uno de los tres sabios—, ¿de dónde venís y cuál es vuestro nombre? Me parecéis bastante apenado y desconsolado por algunas cosas. ¿Qué os pasa y por qué habéis venido a este lugar, y hay alguna cosa de que os podamos consolar o en que os podamos ayudar? Dadnos a conocer vuestra alma.

Respondió el Gentil que venía de lejanas tierras, que era Gentil y que caminaba por aquel bosque como hombre sin juicio, y que la casualidad le había llevado a aquel lugar. Y contó el dolor y la pena de que estaba poseído.

—Y porque vosotros me habéis saludado deseando me ayudara el Dios que creó el mundo y que ha de resucitar a los hombres, me he sorprendido mucho de este saludo; pues antes nunca he oído hablar del Dios que decís, ni tampoco nunca oí hablar de resurrección. Y el que pudiera significar y demostrar con razones vivas la resurrección, podría echar de mi alma el dolor y la tristeza en que está.

—¡Cómo, buen amigo! —dijo uno de los tres sabios—, y ¿no creéis vos en Dios y no tenéis esperanza de la resurrección?

—No, señor —dijo el Gentil—, y si algo hay que vos me podáis significar por lo que mi alma pueda tener conocimiento de la resurrección, os ruego que lo hagáis; pues tened por cierto que la gran aflicción en que vivo es por eso, porque veo que se me acerca la muerte y creo que luego de ella no hay nada más.

Cuando los tres sabios oyeron y comprendieron el error en que estaba el Gentil y el sufrimiento que soportaba por aquel error, entonces hubo en su alma caridad y compasión y decidieron cómo demostrar al Gentil que Dios existe y tiene en sí bondad, grandeza, eternidad, poder, sabiduría, amor y perfección, y procurar estas cosas por las flores de los cinco árboles, para llevarlo a conocimiento de Dios y sus virtudes y en esperanza de la resurrección, para alegrar su espíritu y ponerlo en la senda de la salud.

Y uno de los tres dijo:

—¿Qué manera seguiremos para probar estas cosas? La mejor manera que tenemos es seguir la manera en que nos ha enderezado la dama Inteligencia. Pero si probamos estas cosas por cada una de las flores, será demasiado larga la materia; por tanto, tendría por bueno que viéramos de hallar y demostrar la existencia de Dios sólo por algunas flores y estar en Él las virtudes dichas y que existe la resurrección. Y uno de vosotros comienza por el primer árbol y lo demuestra por él; y el otro luego lo prueba por el segundo árbol; y así, por orden, lo demostramos por los cinco árboles y le demostramos al Gentil lo que le es necesario saber.

Les pareció bien a los dos sabios lo que proponía el tercero, y comenzó uno de ellos a decir:

—¿Quién de nosotros comenzará primero?

Cada uno de ellos honró al otro y el uno al otro se querían ceder el honor en el comenzar primero; pero el Gentil, que vio que ellos se entretenían y diferían el comienzo, rogó a uno de los sabios que comenzara él, pues le dolía mucho tardaran en comenzar lo que él tanto deseaba.

[Epílogo]

De la conclusión de este libro

Cuando el Gentil hubo oído todos los razonamientos de los tres sabios, comenzó él a volver a explicar todo lo que había dicho el Judío, y luego contó todo lo que había dicho el Cristiano, y eso mismo hizo de lo que había dicho el Musulmán. Así que los tres sabios tuvieron una gran alegría de que el Gentil hubiera comprendido y retenido tan bien sus palabras; y a una dijeron al Gentil que bien advertían que no habían hablado con hombre sin corazón y sin oídos.

El Gentil, que había repetido lo que se ha dicho arriba, se puso en pie, y su entendimiento fue iluminado del camino de la salvación, y su corazón comenzó a amar y a dar lágrimas a sus ojos, y adoró a Dios, diciendo estas palabras:

De la oración

–¡Ah! ¡Divino, infinito, soberano Bien, que eres fuente y cumplimiento de todos los bienes! A tu santa bondad, Señor, hago reverencia y honor y a ella reconozco y agradezco la tan grande felicidad a que he llegado. ¡Señor Dios! Adoro y bendigo tu grandeza, infinita en bondad, eternidad, poder, sabiduría, amor y perfección. A tu eternidad le sea dada, Señor, gloria y alabanza, pues no tiene principio ni fin en bondad, grandeza, poder, sabiduría, amor y perfección. ¡Señor Dios! Adoro, temo y honro sobre todos los demás poderes el poder que tú posees, infinito en tu bondad, grandeza, eternidad, sabiduría, amor y perfección. ¡Amable Dios, que tienes en Ti mismo sabiduría infinitamente en tu bondad, grandeza, eternidad, poder, amor y perfección y en todo lo que has creado! Tu sabiduría, Señor, amo y adoro con todas mis fuerzas corporales y espirituales. A tu amor, que no es cualquier amor, sino amor sobre todos los demás amores; amor que es perfecta bondad, grandeza, poder y sabiduría; aquel amor tuyo, Señor, adoro y amo; y aquel amor y toda mi voluntad y toda la virtud de mi inteligencia, y todo cuanto tu amor me ha querido dar, todo lo doy, Señor, para servir, para honrar y para alabar tu amor todos los días de mi vida. Perfección divina, que sois luz y medicina para todas las imperfecciones, esperanza de todos los pecadores, que sois infinita por toda vuestra bondad, grandeza, eternidad, poder, sabiduría y amor; a vos recurro y a vos pido perdón, gracia, consejo y ayuda, para que os pueda servir y en vos recupere los días que he perdido, por ignorancia y por culpa.

Cuando el Gentil, con suspiros y con lágrimas, y con verdadero dolor de corazón, hubo adorado las flores del primer árbol, se arrodilló y pidió a Dios gracia y bendición que le granjeara las flores del cuarto árbol, diciendo estas palabras:

—¡Ah, verdadera fe, que tanto has tardado en venir a iluminar mi inteligencia, que mis días que han pasado son perdidos e irrecuperables! ¡Ah, fe, que no eres conocida en la tierra de que yo soy, por la cual ignorancia tantos hombres van al fuego perdurable! Amable fe, sé bienvenida a mi alma, pues es iluminada en ti y por ti, y has echado de mi pensamiento las tinieblas en que he vivido todos los días de mi vida. El dolor, la ira, la desesperanza, las angustias, los sufrimientos has echado de mi corazón. Al Dios de gloria te agradezco y te pido, por su virtud, estés en mí todos los días que viviere, y que yo sea tu servidor, para contar y multiplicar tu virtud, tu fama y tu honor. ¡Esperanza amiga! ¿De dónde vienes y dónde has estado? ¿Sabes tú cuán largamente me ha trabajado la desconfianza? Mientras la desesperación tan gravemente me atormentaba, ¿por qué no venías tú y me apoyabas contra tu enemigo? Esperanza, que eres consuelo de los desconsolados, y eres riqueza y tesoro de los miserables, y que fortaleces a los débiles contra los fuertes, y que haces habitar el Dios de la gloria en el corazón de los que lo desean y lo aman, has entrado tan fuertemente en mi corazón, que de aquí en adelante no temo a tu contrario que largo tiempo ha sido mi mortal enemigo. En ti, por ti y contigo me confío y espero en el gran poder de mi Señor, que lleve a cumplimiento mi deseo, el cual tengo de honrar y servir a Dios y hacerlo conocer a los que no lo aman ni lo conocen. No me desespero de mi pobre poder, querer y saber, ni mis muchos y graves pecados me desesperan, pues tú me haces tener presente la gran misericordia de aquel Señor que puede llevar a término todas las cosas y puede conceder todas las gracias y puede perdonar todas las culpas.

Mientras el Gentil hablaba estas palabras, se arrodillaba a menudo y besaba la tierra y levantaba sus manos y sus ojos al cielo, y tuvo deseos de adorar y contemplar con la caridad creada la divina caridad increada, honorable en toda honra. Y dijo así:

—¡Ah, Caridad! Amable virtud, quien te posee y te ama, es agradable y amable por la caridad divina, que eterna e infinitamente ama aquello que ama. Caridad, que te das a todos los que quieren poseerte y pueden haber de ti tanto como quisieren tener, ¿qué suerte es ésta, que hayas querido tenerme bajo tu señorío, cuando yo no te tenía presente, ni te conocía, ni te amaba? La buena suerte, que ha sido largo tiempo mi enemiga, me ha restablecido de todos mis males con poseerte a ti; por lo cual, siendo yo un pobre pecador, puesto que tú me haces tanto amar a Dios y a mi prójimo, ¿cómo te podré galardonar el gran bien que me ha venido por ti? ¡Oh, pobre infeliz! ¡Y en qué pobreza y miseria viven todos los que no conocen ni aman la caridad! Y ¿qué valen en el corazón del hombre las riquezas y bienestares, sin caridad? Amable Dios, que me habéis iluminado y calentado en el fuego de caridad, iluminad y calentad con caridad a tanto hombre escaso de caridad como hay en la tierra de que yo soy; por la cual pobreza van a ser sometidos, por sendas tenebrosas, al infinito fuego perdurable; en las cuales penas no acaban los tormentos, ni esperan la esperanza de refrigerio alguno.

»Justicia, no caigáis en el olvido en nuestra oración; pues la justicia divina conoce todas mis culpas y puede castigarme rectamente en todas mis caídas, sea lo que fuere lo que la divina justicia haga de mí, sea que me castigue y me condene a tormento eterno, o que me perdone a la perdurable bendición; en todo adoro y bendigo la justicia de Dios y haga de mí lo que le plazca, pues la caridad me hace amar y temer y adorar a Dios en su justicia, que hace cuanto hace rectamente. Y por eso conviene que mi justicia tenga en mí tanto poder, que me haga querer todo lo que quisiere hacer de mí la justicia de Dios.

»Prudencia, que eres luz de salud, por la que los sabios caminan al resplandor divino que ilumina a todos sus amantes, mi entendimiento ha estado mucho tiempo a oscuras, porque vos no estabais en él; pues tanta bienaventuranza me ha venido por vos, os ruego que de aquí en adelante mi alma no esté sin vos. Y plazca al alto excelente Altísimo, soberano bien, que con vos pueda tener conocimiento y luz de la soberana sabiduría que es luz de vos y de todas las demás luces, y que por gracia e iluminación de la luz soberana me ayudéis a iluminar y enderezar tanto hombre que está en estado y tiempo tenebroso, ignorante del camino de salud.

»Fortaleza, que robustecéis el corazón noble para que no se incline a maldad ni engaño, ¿querríais fortalecer corazón tan débil de hombre perezoso, temeroso de soportar las dificultades, los peligros y las muertes que son menester para dar alabanza, gloria y bendición del nombre de aquel Señor que es digno de todas las honras, y que quiere ser tan honrado que por servirle a Él no sean temidos ningunos tormentos?

»Caridad, justicia, prudencia y que estuviera allí la esperanza, ¿podríais vosotras a una convenir que fueseis a mi tierra y que hicieseis allí el bien que yo he recibido de Dios en vosotras? Templanza, abstinencia, paciencia, perseverancia y demás virtudes, ¿qué hacéis? No durmáis, pues los vicios, que son vuestros contrarios, velan noche y día, y no cesan de destruir el mundo en el corazón de los hombres glotones, lujuriosos, avaros, perezosos, orgullosos, envidiosos e iracundos.

Mientras el Gentil decía estas palabras volvió en sí y se dio cuenta de que sus ojos no lloraban ni derramaban las lágrimas que solían; y para que su corazón devolviese a sus ojos el agua que solía, por la que sus ojos estaban en llantos, quiso en su corazón recordar los siete pecados capitales, diciendo estas palabras:

—¡Ah, cómo están en mi servidumbre todos los que son cautivos y siervos de la gula! Pues la gula cada día atormenta a sus servidores, y no perdona a hombre alguno rico ni pobre, y nos acerca la muerte y engorda nuestro cuerpo, para que en breve tiempo sea comida de muchos gusanos.

»Lujuria, que no sólo ensuciáis el cuerpo, antes sois suciedad y fealdad de la memoria que os recuerda, del entendimiento que os concibe y de la voluntad que os desea; y cosa tan sucia sois, que sois fea y horrible para ver y para tocar.

»Avaricia, que empobreces a los ricos y a los pobres a ti sometidos y que haces que el hombre desconfíe de Dios, que tiene su compleción en conceder todos los bienes, ¿qué haces en este mundo? Y ¿por qué haces que los hombres ricos desprecien a los pobres y haces que los pobres aborrezcan a los ricos?

»Pereza, que eres signo de condenación en tus súbditos, y que haces al hombre tan perezoso en alabar y amar a Dios, que es digno de tanta alabanza y de tan gran honor; a aquellos a quienes tú tienes carentes de todo y pobres, ¿cuándo los galardonas? Y ¿por qué les haces infernal la vida, siguiendo ellos tu voluntad en el bien que les haces desamar?

»Soberbia, si la humildad no fuera nada, ¿qué serías tú? Y si la humildad, que te rebajó, te levantara, ¡cuán grande fueras! Y si tú no puedes estar en la gloria, ¿por qué estorbas a los humildes que suban a la gloria? Pues de ellos es la gloria que tú has perdido y de que tú has caído.

»Envidia, que eres tristeza del alma, si no mueres mientras es tiempo, ¿cuándo morirás? Y si aún no te satisfaces en lo que envidias, ¿por qué lo deseas? Y si siempre quitas, ¿cuándo darás? Y si en tantas cosas cometes engaño y traición, ¿hay alguna cosa en que seas veraz y leal?

»Ira, que eres tinieblas del pensamiento y tinieblas de la inteligencia y querer mortal, contrario a la caridad, ¿qué haces entre nosotros? Y ¿por qué nos estorbas para amar el honor del Señor, que ama el honor de todos sus servidores y que tiene en vileza a todos tus valedores?

Mientras el Gentil decía moralmente estas palabras, volvió en sí y halló que sus ojos no derramaban lágrimas, y dijo:

—¡Ah, cautivo culpable! ¿Qué es eso que impide a tus ojos llorar? Pues, si mientras tienes tiempo de llorar no lloras, por el gozo de la gran felicidad a que has venido inesperadamente, no sabes cómo; y si no lloras tus culpas y tus pecados mientras tienes tiempo de ello, ¿cuándo llorarás, infeliz? Y tú ya llorabas antes de venir a este día, porque no creías haber nada después de tu muerte.

Mientras el Gentil decía estas palabras, y muchas otras que serían largas de contar, su alma se esforzó en recordar, entender y amar la virtud divina, que dio virtud a su espíritu para que subiese el agua del corazón a sus ojos.

Lloró muy dulce y devotamente el Gentil largo tiempo, diciendo estas palabras:

—¡Ah, Dios de virtud! ¡Y qué gran diferencia hay entre los llantos en que antes solía estar y los llantos en que estoy ahora! Pues aquellos llantos atormentaban y fatigaban mi pensamiento y mi corazón, y éstos me son tan agradables y placenteros que vivifican mi alma con tan grande felicidad, que ningún otro gozo quisiera tener en este mundo, sino que mi alma en este lugar inhabitable estuviese en amor todo el tiempo de mi vida, y mis ojos estuviesen en llanto. Pero me es menester andar de tierra en tierra, y volver a mi país nativo, y he de hablar de la honra de Dios a aquellos que no le conocen, y por el cual Dios me ha venido tanto bien. Y por eso debo trabajar todos los días de mi vida, y plázcaos a vos, señor Dios, que ni el hambre, ni la sed, ni el calor, ni el frío, ni la pobreza, ni el cansancio, ni el menosprecio de las gentes, ni la enfermedad, ni los tormentos, ni el desvalimiento de señor, ni el abandonar la mujer, los hijos, las hijas, los amigos o los bienes temporales, ni el ser desterrado o el padecer dura muerte u otra cualquier cosa puedan arrancar de mi corazón el recuerdo de vuestro honor ni la exaltación de vuestro nombre glorioso.

»Señor Dios, que tantas cosas das y perdonas, sea tu agrado que perdones al culpable pecador que te pide perdón y que suplica a los bienaventurados santos de la gloria que te agradezcan el bien que me has concedido, que yo no me puedo bastar a agradecer. Y perdona, Señor, en esta hora a este pecador, que te da su alma y todos sus poderes para caminar por tus caminos y para obrar las obras por las que tú quieres ser servido por tus súbditos.

Según se ha dicho arriba, el Gentil adoraba, bendecía y daba gracias a su señor y a su creador; y tan fuertemente se esforzaba en adorar y alabar a Dios y pedir perdón de sus faltas, que los tres sabios tenían de él muy grande piedad y se maravillaban mucho porque tan noblemente hacía su oración. Y era tan grande la devoción que veían en el Gentil que en su alma la consciencia les remordía y los acusaba de los pecados en que habían perseverado; y mayormente porque reconocían que el Gentil había concebido mayor devoción, en tan breve tiempo, de alabar el nombre de Dios, que ellos, que durante mucho tiempo habían tenido conocimiento de Dios.

De la despedida que
los tres sabios hicieron al Gentil

Cuando el Gentil hubo acabado su oración, lavó sus manos y su rostro en la hermosa fuente, por razón de las lágrimas que había derramado, y se secó en un blanco mandil que llevaba, en el que tenía costumbre de secar los ojos cuando lloraban por la tristeza en que solía estar. Luego se sentó junto a los tres sabios, y les dijo estas palabras:

—Por gracia y bendición de Dios ha ocurrido que yo me he topado con vosotros, señores, en este lugar en que Dios ha querido recordarme y tomarme para ser su servidor. Por lo cual, ¡bendito sea el Señor y bendito sea el lugar y benditos seáis vosotros y bendito sea Dios, que os puso en la voluntad el venir a este lugar! Y en este lugar en que tanta felicidad me ha tocado, quiero, en vuestra presencia, señores, escoger y elegir la ley que se me ha manifestado ser verdadera, por la gracia de Dios y por las palabras que vosotros me habéis dicho. Y en aquella ley quiero vivir y para honrarla y darla a conocer quiero trabajar todos los días de mi vida.

Cuando el Gentil hubo acabado estas palabras y se puso de pie, para arrodillarse y que de rodillas diera a conocer la ley que deseaba, vio, lejos de sí, que por el bosque venían dos gentiles que eran de su país, y que vivían en el error en que él antes estaba, a quienes el Gentil conocía. Y por eso dijo a los tres sabios que él quería esperar a aquellos dos gentiles que venían y quería en su presencia elegir y dar a conocer la ley que es camino de verdad. Y los tres sabios se pusieron en pie y se despidieron del Gentil muy agradable y devotamente. Muchas fueron las bendiciones que los tres sabios dijeron al Gentil y el Gentil a los tres sabios; y en su despedida y al fin de sus palabras hubo abrazos, besos, lágrimas y llantos. Pero antes de que los tres sabios se hubieran marchado de aquel lugar, el Gentil les preguntó y dijo que se extrañaba de ellos porque no esperaban a oír cuál era la ley que él elegiría entre todas. Los tres sabios respondieron, y dijeron que, pues cada uno opinaba que elegiría la suya, no querían saber qué ley elegiría.

—Y mayormente, porque ésta será para nosotros materia que discutiremos entre nosotros para ver, con fuerza de razón y naturaleza de entendimiento, cuál debe ser la ley que tú escojas. Y si tú, ante nosotros, manifestaras aquella ley que tú más amas, no tendríamos tan buena materia como disputáramos, ni como halláramos la verdad.

Acabadas estas palabras, los tres sabios se volvieron a la ciudad de donde habían salido, y el Gentil, mirando a las flores de los cinco árboles y recordando lo que había concebido, esperó a los dos gentiles que venían.

De las palabras que los tres sabios decían mientras se despedían de allí

Dijo uno de los tres sabios:

—Si el Gentil, que ha vivido largamente en el error, ha concebido tan grande devoción y tan grande fervor en dar alabanza de Dios, y dice que por alabar a Dios no vacilará en soportar ningún trabajo y ninguna muerte, por grave que sea, ¡cuánto más nosotros, que de tanto tiempo hemos tenido conocimiento de Dios, deberíamos tener devoción y fervor para alabar el nombre de Dios y mayormente porque Dios nos ha hecho de ello tan responsables, por tantos bienes y por tantas honras como nos ha dado y nos da cada día; y que disputáramos y que viéramos cuál de nosotros está en la verdad y cuál de nosotros está en el error! Y así como tenemos un Dios, un creador, un señor, tuviéramos una fe, una ley, una secta y una manera en amar y honrar a Dios, y nos amáramos y ayudáramos los unos a los otros, y entre nosotros no hubiera ninguna diferencia ni contrariedad de fe ni de costumbres; por la cual diferencia y contrariedad tenemos los unos enojo de los otros y guerreamos y nos matamos unos a otros y somos los unos cautivos de los otros; y por tal guerra, muerte y servidumbre es estorbada la alabanza, la reverencia y el honor que estamos obligados a tributar a Dios todos los días de nuestra vida.

Cuando el sabio hubo concluido sus palabras, el otro sabio comenzó a hablar, y dijo que tan enraizados estaban los hombres en la fe que vivían y en la cual los habían iniciado sus padres y sus antecesores, que sería imposible que les pudiese sacar de ella por predicación ni por disputa ni por cualquier otra cosa que allí se pudiera hacer. Y por eso, cuando se quiere discutir con ellos, y se les quiere mostrar el error en que están, en seguida ellos desprecian todo lo que se les dice, y dicen que, en la fe en que los educaron sus padres y sus antecesores, quieren permanecer y morir.

El otro sabio respondió, y dijo:

—Es naturaleza de la verdad estar más fuertemente arraigada en el alma que la falsedad, pues verdad y ser se concuerdan, y falsedad y no ser. Y por eso, si la falsedad fuera fuertemente combatida por la verdad y por muchos hombres y continuamente, sería menester necesariamente que la verdad venciese a la falsedad, y mayormente, porque la falsedad no recibe ninguna ayuda, pequeña ni grande, de Dios, y la verdad es todas las veces ayudada por la virtud divina, que es verdad increada, la cual ha creado la verdad creada para destruir la falsedad. Pero porque los hombres son amantes de los bienes temporales y tibiamente y con poca devoción aman a Dios y a su prójimo, por eso no se preocupan de destruir la falsedad y el error, y temen morir y soportar enfermedades, trabajos y pobrezas, y no quieren dejar sus riquezas, ni sus bienes, ni sus tierras, ni sus parientes para sacar del error a aquellos que en él están para que vayan a la gloria que no tiene fin, y que no soporten trabajos infinitos. Y mayormente deberían hacer esto, para que hubiera alabadores del nombre de Dios y dieran a conocer su virtud, pues que Dios quiere que sea manifestada en todos los pueblos; y que cada día espera que le honren, entre aquellos que lo deshonran, lo menosprecian y lo ignoran. Y que hagamos lo que podamos para ensalzar entre nosotros el glorioso nombre de Dios. Pues si nosotros hacemos lo que podemos en alabar a Dios, ¡cuánto más hará Dios porque su nombre sea alabado! Y si no lo hiciera, sería contrario a sí mismo y a su honra, y eso es imposible y contra las condiciones de los árboles. Pero puesto que nosotros no nos disponemos a recibir la virtud y la bendición de Dios, para ser sus valientes servidores, alabadores, animados de espíritu fuerte para abrazar todos los trabajos por enaltecer su honor, por eso Dios no derrama en nosotros la virtud que conviene haya en aquellos que, por la virtud de Dios, destruirían el error en que están los hombres que caminan por la senda de la condenación, e imaginan estar en camino de salud.

Mientras el sabio decía estas palabras, y muchas otras, llegaron los tres sabios al lugar donde se encontraran primeramente a la salida de la ciudad; y aquí se despidieron los tres sabios muy amablemente unos de otros, y, cada uno, que perdonara al otro si había hablado contra su ley alguna palabra incorrecta; y el uno perdonó al otro. Y cuando se iban a separar, uno de ellos dijo:

—De la felicidad que nos ha sido dada en el bosque debe seguírsenos a nosotros algún provecho. ¿Os parecería bien que, siguiendo el método de los cinco árboles y las diez condiciones significadas por sus flores, una vez al día discutiéramos y que siguiéramos la manera que nos ha dado la dama Inteligencia, y que nuestra disputa durara tanto tiempo hasta que los tres tuviéramos tan sólo una fe y una ley, y que entre nosotros tuviéramos manera de honrar y servir el uno al otro, para antes podernos poner de acuerdo? Pues la guerra, la dificultad y la malevolencia, y causar daño y pena, estorba a los hombres a estar concordes en una creencia.

Cada uno de los dos sabios tuvo por bueno lo que el otro sabio decía y determinaron el lugar y hora en que disputarían, y la manera de honrarse, servirse y discutir; y cuando estuvieran concordes y avenidos en una fe, que fueran por el mundo dando gloria y alabanza del nombre de nuestro señor Dios. Cada uno de los tres sabios se fue a su casa y se atuvo a lo que había prometido.

Se ha acabado el *Libro del gentil y los tres sabios*. Bendito sea Dios por él, por cuya ayuda se comenzó y se acabó y bajo cuyo cuidado lo ponemos y confiamos, y por cuyo honor ha sido recientemente traducido, el cual libro es razón y manera para llevar la luz al entedimiento turbado, para despertar a los grandes que duermen y para entrar en conocimiento de extranjeros e íntimos que preguntan qué ley les parece que escogería el Gentil para ser agradable a Dios.

Quien este libro ha dictado y escrito, y quien este libro mirará y leerá, sea agradable en la gloria de Dios, y sea preservado en este mundo de las sendas por las cuales caminan al fuego del infierno cuantos incurren en la ira de Dios.

Blanquerna
(*Blaquerna*, Mallorca 1283)
(*Antología de Ramón Llull*, ed. de M. Batllori,
trad. de A. M.ª de Saavedra y F. de P. Samaranch,
vol. I, Madrid 1961, págs. 144-154)

Libro V. De la vida eremítica
Capítulo XCVI

Comienza el quinto libro, de vida eremítica.

De qué manera Blanquerna renunció al papado.

Blanquerna papa envejeció, y recordó el deseo que solía tener de po-
nerse en vida eremítica; y estuvo secretamente en consistorio con todos
los cardenales, a los cuales dijo estas palabras: «Por divina bendición se hallan en prosperidad el papado y la corte de Roma, y de esta ordenación
se sigue gran ensanchamiento de la fe católica. Y así, por la gracia que
Dios ha concedido a la corte y para que Dios la mantenga en el buen orden en que está, bueno sería que instituyéramos a un oficial que hiciera
en todo tiempo oración y llevara vida contemplativa, rogando a Dios que
mantuviera esta ordenación para que ello redundara en su honor y en
provecho de la corte». Todos los cardenales lo tuvieron por bueno y bus-
caron a un hombre santo, y devoto, y de gran perfección, para que su
oración fuese por ello a Dios más agradable.

Cuando el papa hubo entendido la voluntad de los cardenales, hincó-
seles de rodillas, rogándoles tener a bien que renunciase al papado y que
se le encomendara aquel oficio de oración. Todos los cardenales se arro-
dillaron ante el papa y juntos se opusieron a ello, diciendo que no era
conveniente que renunciara a la dignidad apostólica, porque con su renuncia, sobre todo, se correría el riesgo de que la corte dejara de mantenerse en la tan grande ordenación en que estaba por Dios y por la santa
vida de Blanquerna. Respondió el papa Blanquerna que a tan grande
perfección habían llegado los cardenales por merced de los oficios de
Gloria in excelsis Deo, que en adelante no podía destruirse aquella orde-

nación, y mayormente si los regía otro papa elegido según el arte con que lo fue la abadesa Natana. Tanto se mantuvo de rodillas el papa y tanto lloró ante los cardenales, y con tal devoción y efecto pidió misericordia, que todos ellos obedecieron a su mandato.

Cuando Blanquerna quedó absuelto del papado y se sintió libre de ir a servir a Dios en vida de ermitaño, su gozo y alegría, ¿quién os los pudiera decir? Hallándose Blanquerna en estas consideraciones y en estos goces, dijo a los cardenales estas palabras: «Señores, largamente he deseado ser siervo contemplador de Dios en vida eremítica para que en mi corazón no estuviera sino Dios. Mañana, después de la misa, conviéneme partir a buscar mi eremitorio y conviéneme, en despedida, tomar gracia y bendición de vosotros, señores, a quienes tendré en memoria y en mis oraciones todos los días de mi vida; y a Dios y a vosotros rindo gracias en gran manera porque tan bien me habéis asistido en mantener largamente el pontificado».

Mucho desagradó a los cardenales oír que él quería marchar a los bosques a vivir como ermitaño, y le rogaron que quisiera quedar y permanecer en la ciudad de Roma o en otra ciudad, la que más le agradara, donde podía estar en contemplación y en oración. Mas el bienaventurado Blanquerna no cedió a sus ruegos, tan inflamado estaba de la divina inspiración, y al día siguiente, después de la misa, quiso marchar a su eremitorio y despedirse de sus compañeros.

«Señor Blanquerna», dijeron los cardenales, «todos nosotros os hemos obedecido largamente y hemos cumplido vuestras órdenes. Vos sois ya viejo y flaco y necesitáis habitación y alimentos tales que os basten para sustentación corporal, de manera que mejor podáis trabajar en la vida contemplativa espiritual; y por esto os rogamos que permanezcáis entre nosotros hasta que hayáis buscado un eremitorio conveniente y lo hayamos dispuesto de manera que podáis habitar en él y cantar y celebrar el divinal oficio, y entre tanto, nosotros habremos, con vuestro consejo, elegido papa que os dará gracia y bendición al tiempo de despediros de nosotros, que quedaremos muy doloridos de vuestra partida». Con devoción tan grande y con tan razonables palabras suplicaban los cardenales a Blanquerna, que él hubo de obedecer a sus ruegos.

Hallándose Blanquerna con los cardenales en la ciudad de Roma, enviaron los cardenales mensajes por las selvas y por los altos montes para buscar un lugar conveniente donde pudiera morar Blanquerna; y en una alta montaña donde había una iglesia de ermita, junto a un fuente, dispusieron que Blanquerna pudiera habitar, y ordenaron que un monasterio que estaba al pie de la montaña proveyese todos los días a las necesidades de Blanquerna, y en tanto que los cardenales hubieron buscado habitación para Blanquerna, eligieron papa al cardenal de *Laudamus te*, que pasó a ser papa, según lo señaló a los cardenales el arte de elección que usaron. Y a aquel papa fue encomendado el oficio de *Gloria in excelsis Deo*, que solía tener Blanquerna, y el oficio del cardenal fue encomendado a otro nuevamente elegido y puesto en el lugar del cardenal de *Laudamus te*.

Capítulo XCVII. De cómo se despidió Blanquerna del papa y de los cardenales

Se levantó de mañana Blanquerna y dijo privadamente misa del Espíritu Santo. Luego el papa cantó misa solemne y predicó y refirió el bien y la ordenación que hiciera Blanquerna en la corte, y cómo había renunciado al papado y marchaba a hacer penitencia a los altos montes, y cómo quería estar en compañía de los árboles, y de los pájaros, y de las bestias, y contemplar al Dios de gloria.

Tan buena materia tenía el papa hablando de Blanquerna ermitaño, y hablaba con devoción tan grande que los cardenales y el pueblo de Roma que asistían al sermón no podían abstenerse de llorar, y todos compadecían a Blanquerna en su partida, y mayormente porque era hombre viejo y quería atormentar su persona con soledad y áspera vida.

Mientras predicaba el papa y lloraba el pueblo, un ermitaño que moraba en los muros de Roma dijo al papa estas palabras: «Señor padre apostólico, gran número de ermitaños vivimos en la ciudad de Roma, recluidos en los muros, y ocurre muchas veces que estamos en tentación y no sabemos contemplar a Dios ni llorar nuestros pecados. Y habiendo Blanquerna instituido muchos oficiales para servir a Dios y ordenar el mundo, le ruego en nombre de todos los ermitaños de Roma que quiera permanecer con nosotros en la ciudad y que sea nuestro maestro y nuestro visitador, y tome sobre él este cargo; y en él hallará provecho para nosotros y para sí mismo, y podrá perseverar en vida de ermitaño».

El papa y los cardenales rogaron a Blanquerna que permaneciera en la ciudad y tomara el oficio de que hablaba el ermitaño, pues mucho bien derivaría de ello, mayormente por el buen ejemplo que daría a las gentes; pero Blanquerna se excusó y dijo que de ninguna manera se quedaría entre las gentes; y se despidió a la vez de todos rogando, suplicando, pidiendo perdón, si había en algo faltado contra ellos, que le perdonasen y que rogasen por él al Dios glorioso. Cuando Blanquerna hubo terminado sus palabras, el ermitaño solicitó el oficio que había pedido para Blanquerna y concedióselo el papa con su gracia y su bendición.

Blanquerna tomó humildes vestidos de vida eremítica y sobre sí mismo hizo la señal por la que se representa nuestra redención, y besó los pies y las manos del padre apostólico, y llorosamente le encomendó a Dios. El papa le besó y ordenó que dos cardenales le siguieran hasta el eremitorio donde había de habitar, y que si algo allí hubiera de repararse, los dos cardenales le acompañaran y al punto hicieran todo lo necesario. Siguieron los cardenales a Blanquerna y le siguió todo el pueblo hasta la salida de la ciudad. Rogó Blanquerna a los cardenales que regresaran con todo el pueblo y que se quedaran en la ciudad. Pero los cardenales se negaron a ello, y fueron con él hasta la celda en donde habían dispuesto su vivienda.

En aquella habitación había una fuente muy bella, y una capilla antigua, y una celda muy hermosa. Luego, a una milla de aquella ermita, había también una casa para habitación de un hombre que sirviera a Blanquerna y le preparase la comida, para que Blanquerna pudiera quedar mejor en contemplación. Aquel hombre era un diácono, en cuya compañía quiso estar Blanquerna para que le ayudara todos los días a decir el divino oficio.

Cuando estuvo Blanquerna en su ermita, provisto del ajuar que conviene a un ermitaño, los cardenales se despidieron de él muy agradablemente encomendándose a sus oraciones, y regresaron a Roma.

Capítulo XCVIII. De la vida que hacía Blanquerna en su ermita

Levantábase Blanquerna a media noche y abría las ventanas de la celda para ver el cielo y las estrellas, y comenzaba a orar con la mayor devoción, para que toda su alma estuviera con Dios y sus ojos en lágrimas y en llanto. Cuando Blanquerna había contemplado y llorado largamente hasta maitines, entraba en la iglesia y tocaba maitines, y venía el diácono, que le ayudaba a rezarlos.

Después del alba, decía misa. Celebrada la misa, decía algunas palabras acerca de Dios al diácono para enamorarle de Dios, y ambos hablaban de

Dios y de sus obras y lloraban juntos por la gran devoción que había en las palabras que decían. Después el diácono entraba en el huerto y trabajaba en algunas cosas, y Blanquerna salía de la iglesia y recreaba su alma de las fatigas que había sostenido en su persona, y miraba los montes y los llanos para tomarse algún solaz.

En cuanto Blanquerna se sentía recobrado, entraba en oración y en contemplación, o leía en los libros de la divina Escritura o en el *Libro de contemplación*, y así estaba hasta hora de tercia. Después rezaba tercia, mediodía y nona, y después de tercia el diácono se volvía y preparaba algunas hierbas o legumbres para Blanquerna. En el huerto o en algunas cosas trabajaba Blanquerna para no estar ocioso, y tener mayor salud en su persona, y comía entre mediodía y hora nona.

Después de comer regresaba solo a la iglesia, en la que daba gracias a Dios. Hecha su oración, durante una hora se iba holgando por el huerto y junto a la fuente, yendo por los lugares donde mejor pudiese alegrar su alma. Luego dormía para mejor poder sostener la fatiga de la noche.

Después de dormir lavaba sus manos y su cara y esperaba hasta tocar vísperas, a las cuales venía el diácono. Y cuando habían rezado vísperas decían las completas, y el diácono se volvía y Blanquerna entraba en consideración de aquellas cosas que más le agradaban y con las que mejor pudiera disponerse a entrar en oración.

Puesto el sol, Blanquerna subía al terrado, sobre su celda, y estaba en oración hasta el primer sueño, mirando al cielo y las estrellas con ojos llorosos y corazón devoto, considerando, pensativo, las honranzas de Dios y las faltas que los hombres cometen en este mundo contra Dios. Tan absorto y con fervor tan grande quedaba Blanquerna en contemplación desde la puesta del sol hasta el primer sueño, que, cuando se había acostado y dormía, le parecía estar con Dios, según había sido su oración.

En esta vida y en la bienaventuranza estuvo Blanquerna hasta que la gente de aquella comarca vino a tomar gran devoción a las virtudes del altar de la Santa Trinidad que se hallaba en aquella capilla; y por la devoción que le tenían iban a aquel lugar hombres y mujeres que turbaban a Blanquerna en su oración y contemplación. Y para que no perdieran la devoción por aquel lugar, dudaba en decirles que no acudieran a él, y por este motivo mudó Blanquerna su celda a una colina, a una milla de distancia de la iglesia y a otra milla del lugar donde habitaba el diácono; y en aquel lugar yacía y moraba, y no quería ir a la iglesia si en ella había gente, ni que en aquella celda a donde había mudado su vivienda entrara hombre alguno ni mujer.

Así vivía y estaba Blanquerna ermitaño, considerando que nunca se hallara aún en tan placentera vida ni en tal disposición de exaltar tanto su alma a Dios. Tan santa era la vida que Blanquerna llevaba, que por ella Dios bendecía y enderezaba a cuantos sentían devoción por las virtudes de aquel lugar donde se hallaba la capilla, y el papa, y los cardenales, y sus oficiales quedaban más en gracia de Dios por la santa vida de Blanquerna.

Capítulo XCIX. De qué manera
Blanquerna ermitaño hizo el
Libro de amigo y de amado

Ocurrió un día que el ermitaño que moraba en Roma, según ya hemos dicho, fue a visitar a los ermitaños y a los que vivían en reclusión en la ciudad, y halló que en algunas cosas padecían muchas tentaciones por no saber conducirse de la manera que convenía a su vida; y pensó acudir al ermitaño Blanquerna para que le hiciera un libro de vida eremítica, por el cual pudiera y supiera mantener en contemplación y en devoción a los demás ermitaños. Estando un día Blanquerna en oración, llegó aquel ermitaño a su celda y le rogó acerca del referido libro. Mucho caviló Blanquerna de qué manera haría el libro y sobre qué materia.

Estando Blanquerna en este pensamiento, vínole en voluntad darse fuertemente a adorar y a contemplar a Dios, para que en la oración Dios le mostrara de qué manera y de qué materia hacer el libro. Mientras lloraba y adoraba Blanquerna, y a la soberana extremidad de sus fuerzas había Dios levantado su alma que le contemplaba, sintióse Blanquerna fuera de manera por el gran fervor y devoción en que estaba, y discurrió que fuerza de amor no sigue manera cuando el amigo ama muy fuertemente a su amado. Por lo que vino en voluntad a Blanquerna hacer un *Libro de amigo y de amado*, en el que el amigo fuese fiel y devoto cristiano, y el amado fuese Dios.

Mientras estaba en esta consideración recordó Blanquerna que una vez, siendo papa, le refirió un sarraceno que tienen los sarracenos algunos hombres religiosos, y entre éstos son de ellos más preciados los llamados «sufíes», que con palabras de amor y ejemplos abreviados dan al hombre gran devoción, y son palabras que necesitan exposición, y por la exposición sube más alto el entendimiento, por cuya elevación aumenta

186

y se levanta a devoción la voluntad. Y así ello considerado, se propuso hacer el libro de la referida manera, y dijo al ermitaño que regresara a Roma y que en breve tiempo le enviaría por el diácono el *Libro de amigo y de amado*, con el que podría multiplicar fervor y devoción en los ermitaños, a quienes querría enamorar de Dios.

Libro de amigo y amado

(*Llibre de amic i amat*, Mallorca 1283)
(Trad. de M. de Riquer, Barcelona 1985, selección.
Cuando al número del párrafo se añade otro entre paréntesis,
éste corresponde a la edición crítica de A. Soler;
véase Bibliografía)

2. Los caminos por los cuales el amigo busca a su Amado son largos, peligrosos, y están poblados de consideraciones, de suspiros y de llantos, e iluminados de amores.

3. Reuniéronse muchos amadores para amar a un Amado, que a todos los colmaba de amores, y cada uno de ellos tenía por caudal a su Amado y sus pensamientos agradables, por los cuales sentían gustosas tribulaciones.

4. Lloraba el amigo y decía: −¿Cuándo cesarán las tinieblas en el mundo, para que cesen los caminos infernales? Y el agua, que tiene por costumbre discurrir hacia abajo, ¿cuándo llegará la hora en que, por su naturaleza, suba hacia arriba? Y los inocentes, ¿cuándo serán más que los culpables? ¡Ah!, ¿cuándo se enorgullecerá el amigo de morir por su Amado?

6. Dijo el amigo al Amado: −Tú que llenas el sol de resplandor, llena mi corazón de amor.− Respondió el amado: −Sin plenitud de amor no estarían tus ojos en llanto, ni tú hubieras venido a este lugar para ver a tu amador.

7. Probó el Amado a su amigo si amaba perfectamente; y le preguntó en qué consistía la diferencia que hay entre presencia y ausencia del Amado. Respondió el amigo: −En ignorancia y olvido, en conocimiento y recuerdo.

8. Preguntó el Amado al amigo: −¿Recuerdas alguna cosa con la que te haya recompensado porque me ames?− Respondió: −Sí, porque entre los trabajos y los placeres que me das, no hago diferencia alguna.

12. −Amigo loco*, ¿por qué destruyes tu persona, gastas tu dinero,

---

* De los dos sentidos que tiene la palabra *foll*, «necio» y «loco», en esta expresión lu-

abandonas los deleites de este mundo y andas menospreciado entre la gente?– Respondió: –Para honrar los honores de mi Amado, que es por más hombres desamado y deshonrado, que honrado y amado.

13. –Dime, loco por amor, ¿qué es más visible: el Amado en el amigo, o el amigo en el Amado?– Respondió, y dijo que el Amado es visto por amores, y el amigo por suspiros, llantos, trabajos y dolores.

14. Buscaba el amigo quién contase a su Amado cómo él, por su amor, soportaba graves trabajos y moría. Y encontró a su Amado, que estaba leyendo un libro en el que estaban escritas todas las dolencias que amor le daba por su Amado, y todas las satisfacciones que por él tenía.

16. –Dime, pájaro que cantas, ¿te has puesto bajo custodia de mi Amado para que te defienda de desamor, y para que multiplique el amor en ti?– Respondió el pájaro: –¿Y quién me hace cantar, sino solamente el señor de amor, para quien el desamor es una afrenta?

17. Entre temor y esperanza ha hecho su habitación amor, donde vive de pensamientos y muere de olvidos cuando los cimientos están sobre los deleites de este mundo.

18. Hubo discusión entre los ojos y la memoria del amigo, porque los ojos decían que es mejor ver al Amado que recordarlo; y la memoria dijo que por el recuerdo sube el agua a los ojos y el corazón se inflama de amor.

19. Preguntó el amigo al entendimiento y a la voluntad cuál de ellos estaba más cerca de su Amado, y ambos echaron a correr, y el entendimiento llegó antes a su Amado que la voluntad.

20. Disputaron el amigo y el Amado; y lo vio otro amigo, que lloró tanto hasta que hizo paces y concordia entre el Amado y el amigo.

22. Fue el amigo a beber en la fuente donde el que no ama se enamora en cuanto bebe, y se doblaron sus fatigas. Y fue el Amado a beber en la fuente, a fin de que redoblamiento** doblase a su amigo sus amores, en los cuales le doblase las dolencias.

23. Enfermo estuvo el amigo, y lo cuidaba el Amado: lo alimentaba

---

liana, tan frecuente en el *Llibre d'aimc i amat*, el que conviene es el segundo, pues Llull se considera presa de la locura del amor divino y en algún pasaje de sus obras se llama a sí mismo *Ramon lo foll. (N. del T.)*

** Literalmente: «sobredoblamiento» o «exceso de doblamiento», adverbio personalizado. *(N. del T.)*

con mérito, le daba de beber amor, lo acostaba en paciencia, lo vestía de humildad y lo medicaba con verdad.

25. Dijeron al amigo: −¿De dónde vienes? −Vengo de mi Amado. −¿Adónde vas? −Voy a mi Amado. −¿Cuándo volverás? −Estaré con mi Amado. −¿Cuánto estarás con tu Amado? −Tanto tiempo cuanto estén en él mis pensamientos.

26. Cantaban los pájaros al alba, y despertóse el amigo, que es alba; y los pájaros acabaron su canto, y el amigo murió por el Amado en el alba.

27. Cantaba el pájaro en el vergel del Amado. Llegó el amigo, que dijo al pájaro: −Si no nos entendemos por el lenguaje, entendámonos por amor; porque en tu canto se representa a mis ojos tu Amado.

28. Tuvo sueño el amigo, que había trabajado mucho en buscar a su Amado; y tuvo miedo de olvidar a su Amado. Y lloró, a fin de no dormirse y de que su Amado no estuviera ausente en su recuerdo.

29. Encontráronse el amigo y el Amado, y dijo el amigo: −No es preciso que me hables, sino hazme sólo una seña con tus ojos, que para mi corazón son palabras, a fin de que te dé lo que me pides.

30. Desobedeció el amigo a su Amado, y lloró el amigo. Y el Amado fue a morir en el sayo de su amigo, para que el amigo recobrase lo que había perdido; y le dio un don mayor que el que había perdido.

31. El Amado enamora al amigo, y no lo compadece por su fatiga, a fin de que sea amado más intensamente y de que el amigo encuentre placer y alivio en la mayor fatiga.

36. Pensativo iba el amigo por los caminos de su Amado, y tropezó y cayó entre espinas, y le pareció que eran flores, y que su lecho era de amores.

40. Levantóse de mañana el amigo, y buscaba a su Amado; encontró gente que iba por el camino, y les preguntó si habían visto a su Amado. Respondiéronle preguntando en qué hora su Amado se ausentó de sus ojos mentales. Contestó el amigo, y dijo: −Desde que hube visto a mi Amado en mis pensamientos, nunca estuvo ausente de mis ojos corporales, pues todo lo visible me representa a mi Amado.

45. Dos son las hogueras que calientan el amor del amigo: la una está afianzada en deseos, placeres y meditaciones; la otra está compuesta de temor, fatiga y de lágrimas y llantos.

46. Deseó el amigo soledad, y fue a vivir solo para tener la compañía de su Amado, con el cual está solo entre la gente.

47. Estaba el amigo solo, bajo la sombra de hermoso árbol. Pasaron hombres por aquel lugar, y le preguntaron por qué estaba solo. Y el amigo respondió que solo estaba desde que los vio y oyó, y que antes estaba en compañía de su Amado.

50. Entre el amigo y el Amado lo mismo es proximidad y lejanía. Pues del mismo modo que se mezclan el agua y el vino, se mezclan los amores del amigo y del Amado; y, así como calor y luz, se encadenan sus amores; y, así como esencia y ser, convergen y se aproximan.

51. Dijo el amigo a su Amado: –En ti están mi salud y mi fatiga; y cuanto más me curas, más crece mi fatiga, y cuanto más me fatigas, mayor salud me das.– Respondió el Amado: –Tu amor es sello y cuño con que muestras a la gente mis honores.

56. Elevóse el corazón del amigo a las alturas del Amado, a fin de no verse impedido de amar en el abismo de este mundo. Y cuando estuvo con el Amado, lo contempló con dulzura y placer; y el Amado lo descendió a este mundo para que lo contemplase con tribulaciones y fatigas.

58. Cantaba el pájaro en una rama (cubierta) de hojas, y el viento movía las hojas y traía olor de las flores. Preguntaba el amigo al pájaro qué significaban el movimiento de las hojas y el olor de las flores. Respondió: –Las hojas, en su movimiento, significan obediencia; y el olor, sufrimiento y malandanza.

60. Pensó el amigo en la muerte, y tuvo miedo hasta que se acordó de su Amado. Y dijo gritando a la gente que tenía delante: –¡Ah, señores!, amad para que no temáis la muerte ni los peligros al honrar a mi Amado.

62. –Di, loco, si te desamara tu Amado, ¿qué harías?– Respondió, y dijo que amaría para no morir, ya que desamor es muerte, y amor es vida.

65. Preguntaron al amigo qué era bienandanza. Respondió que malandanza soportada por amor.

66 (65). –Di, loco, ¿qué es malandanza? –Recuerdo de los desacatos que se hacen a mi Amado, digno de todo honor.

68 (67). Decía el amigo a su Amado: –Tú eres todo, y estás por todas partes y en todo y con todo. Te quiero todo para que todo lo tenga y todo esté en mí.– Respondió el Amado: –No me puedes tener todo, si no eres mío.– Y dijo el amigo: –Tenme a mí todo, y yo a ti todo.– Respondió el Amado: –¿Qué les quedará a tu hijo, a tu hermano y a tu padre?– Dijo el amigo: –Tú eres todo de tal modo que puedes colmar para ser todo a cada cual que se dé todo a ti.

74 (73). –Di, loco, ¿qué fue antes: tu corazón o amor?– Respondió, y dijo que en un (mismo) tiempo existieron su corazón y amor; porque a no existir (a un tiempo), el corazón no hubiera sido creado para amar, ni el amor hubiera sido creado para pensar.

75 (74). Preguntaron al loco en dónde comenzó primero su amor: si en los secretos de su Amado, o en revelarlos a la gente. Respondió, y dijo que amor no hace ninguna diferencia, cuando está en su plenitud; porque en secreto tiene el amigo secreto los secretos de su Amado, y en secreto los revela, y con la revelación los tiene secretos.

84 (82). –Di, loco, ¿qué es maravilla?– Respondió: –Amar más las cosas ausentes que las presentes; y amar más las cosas visibles y corruptibles que las invisibles e incorruptibles.

86 (84). Preguntó el amigo a su Amado qué es mayor: amor o amar. Respondió el Amado y dijo que, en la criatura, amor es el árbol y amar es el fruto, y los trabajos y las fatigas son las flores y las hojas; y en Dios, amor y amar son una misma cosa, sin ningún trabajo ni ninguna fatiga.

88 (86). Enfermo estuvo el amigo por amor, y entró a verlo un médico que multiplicó sus dolencias y sus pensamientos; y en aquel momento el amigo quedó curado.

92 (90). Ausentóse el Amado de su amigo, y el amigo buscaba a su Amado con memoria y con entendimiento a fin de poderlo amar. Halló el amigo a su Amado; preguntóle dónde había estado. Respondió: –En la ausencia de tu memoria y en la ignorancia de tu inteligencia.

97 (94). Preguntaron al amigo de quién era. Respondió: –De amor. –¿De quién eres? –De amor. –¿Quién te ha engendrado? –Amor. –¿Dónde naciste? –En amor. –¿Quién te ha criado? –Amor. –¿De qué vives? –De amor. –¿Cómo te llamas? –Amor. –¿De dónde vienes? –De amor. –¿Adónde vas? –A amor. –¿Dónde estás? –En amor. –¿Tienes algo más que no sea amor?– Respondió: –Sí, culpas y pecados contra mi Amado. –¿Hay perdón en tu Amado?– Dijo el amigo que en su Amado había misericordia y justicia, y que por esto su habitación estaba entre temor y esperanza.

100 (96). La luz del aposento del Amado fue a iluminar el aposento del amigo a fin de arrojar las tinieblas y de llenarlo de placeres, de dolencias y de pensamientos. Y el amigo arrojó todo lo que había en su aposento para que en él cupiese su Amado.

123 (118). Iluminó el amor la nube que se puso entre el amigo y el

Amado; y la hizo tan luminosa y resplandeciente como la luna en la noche, la estrella en el alba, el sol en el día y el entendimiento en la voluntad; y a través de aquella nube tan luminosa se hablan el amigo y el Amado.

147 (141). Dios ha creado la noche para que el amigo vele y piense en las noblezas de su Amado; y el amigo se imaginaba que la había creado para que reposaran y durmieran los que están fatigados por amor.

152 (146). El Amado privó de la palabra a su amigo, y consolábase el amigo mirando a su Amado.

155 (149). Encontró el amigo a un escudero que iba preocupado y que estaba pálido, descolorido y pobremente vestido; y saludó al amigo deseándole que Dios lo encaminase a encontrar a su Amado. Y el amigo le preguntó en qué lo había conocido. Y el escudero le dijo que unos secretos de amores revelan los otros, y que por esto los amadores se conocen los unos a los otros.

160 (154). En los secretos del amigo se revelan los secretos del Amado, y en los secretos del Amado se revelan los secretos del amigo. Y se discute cuál de los dos secretos es mayor ocasión de revelación.

164 (158). –Di, loco, ¿en qué sientes mayor voluntad: en amar, o en odiar?– Respondió que en amar, ya que odiaba a fin de poder amar.

165 (159). –Di, amador, ¿en qué tienes más entendimiento: en entender la verdad, o la falsedad?– Respondió que en entender la verdad. –¿Por qué? –Porque entiendo la falsedad para poder entender mejor la verdad.

167 (161). El amigo quiso ir a una tierra extraña para honrar a su Amado, y quiso disfrazarse para no ser apresado por el camino. Pero nunca pudo disfrazar el llanto de sus ojos, ni las macilentas facciones ni el pálido color de su cara, ni los lloros, pensamientos, suspiros, tristezas y fatigas de su corazón, y por esto fue apresado en el viaje, y entregado a torturas por los enemigos de su Amado.

170 (164). Preguntó el Amado al amigo qué era amor. Respondió que presencia de facciones y de palabras del Amado en suspirante corazón de amador, y fatiga por deseo y por llanto en corazón de amigo.

171 (164). Amor es hervor de osadía y de temor por fervor; y amor es la voluntad final en desear a su Amado. Y amor es lo que mató al amigo cuando oyó cantar las hermosuras de su Amado. –Y amor es aquello en que está mi muerte, y en lo que está siempre mi voluntad.

179 (172). –Di, loco, ¿quién sabe más de amor: el que recibe su pla-

cer, o el que padece sus trabajos y fatigas?– Respondió, y dijo que por lo uno sin lo otro no se puede tener conocimiento del amor.

190 (183). –Di, loco, ¿con qué se hace la mayor comparación o similitud?– Respondió: –Con amigo y Amado.– Preguntáronle por qué razón. Respondió que por amor, que estaba entre ambos.

196 (189). Moría el amigo por placer, y vivía por fatigas; y los placeres y las torturas se juntaban y se unían para ser una misma cosa en la voluntad del amigo. Y por esto el amigo moría y vivía al mismo tiempo.

198 (191). Tanto amaba el amigo a su Amado que lo creía en todo cuanto le decía, y tanto anhelaba entenderlo que todo cuanto oía de él quería entenderlo por razones necesarias. Y por esto el amor del amigo se hallaba entre creencia e inteligencia.

205 (198). Afirmaba el amigo que en su Amado se hallaba toda perfección; y negaba que en su Amado hubiese falta alguna. Y por eso se discutía qué era mayor: la afirmación o la negación.

210 (203). Probó el amigo si el amor podría mantenerse en su corazón sin recordar a su Amado, y cesaron su corazón de pensar y sus ojos de llorar; y extinguióse (anichilà's) el amor, y quedó el amigo suspenso, y preguntaba a la gente si habían visto a amor.

211 (204). Amor, amar, amigo y Amado están de acuerdo tan estrechamente en el Amado que son una actualidad en esencia, y el amigo y el Amado son diversas cosas que concuerdan sin ninguna contrariedad ni diversidad de esencia. Y por esto el Amado es amable sobre todos los demás amores.

217 (210). Azotaba el Amado el corazón del amigo con ramas de amor a fin de hacerle amar el árbol del que el Amado desgajó las ramas con que hiere a sus amadores; en este árbol sufrió muerte, dolencias y afrentas para restaurar el amor en los amadores que había perdido.

219 (212). Alabala el amigo a su Amado, y decía que él había traspasado el *donde*, porque él está donde no se puede conseguir el *donde*. Y por esto, cuando preguntaron al amigo *dónde* estaba su Amado, respondió: –Existe.– mas no sabía dónde; pero sabía que su Amado estaba en su memoria.

235 (228). Amor es mar alborotado de olas y de vientos, en el que no hay puerto ni costa. Perece el amigo en el mar, y en su perecer perecen sus torturas y nacen sus perfecciones.

236 (229). –Di, loco, ¿qué es amor?– Respondió: –Amor es concor-

dancia entre teórica y práctica hacia un fin, al cual tiende la realización de la voluntad del amigo, a fin de hacer que la gente honre y sirva a su Amado.– Y se discute si el fin conviene mejor a la voluntad del amigo que desea estar con su Amado.

241 (234). Decía el amigo que la ciencia infusa procedía de voluntad, devoción y oración, y que la ciencia adquirida procedía de estudio y de entendimiento. Y por esto se discute cuál es la ciencia que llega antes al amigo, cuál le es más agradable y cuál es mayor en el amigo.

244 (237). Torturaba el amor al amigo, y por esta tortura lloraba y se lamentaba el amigo. Llamábale su Amado para que se acercase a él a fin de sanarlo. Y cuanto más se acercaba a su Amado, más intensamente lo torturaba el amor, porque más amor sentía. Y puesto que más placeres sentía cuanto más amaba, más vivamente lo sanaba el Amado de sus dolencias.

245 (238). Amor estaba enfermo. El amigo lo medicaba con paciencia, perseverancia, obediencia y esperanza. Sanaba el amor, y enfermaba el amigo. Sanábalo el Amado haciéndole recordar sus virtudes y sus honores.

249 (242). El amor mató todas las cosas en el corazón de su verdadero amigo, para poder vivir e intervenir en él, y hubiera muerto el amigo si no hubiese recordado a su Amado.

250 (243). Había en el amigo dos pensamientos: el uno meditaba constantemente en la esencia y en las virtudes de su Amado, el otro meditaba en las obras de su Amado. Y por esto se discutía qué pensamiento era más luminoso y más agradable al Amado y al amigo.

251 (244). Murió el amigo a fuerza de gran amor. Lo enterró en su tierra el Amado, en la cual el amigo resucitó. Y se discute con qué recibió el amigo mayor don.

257 (250). Sembraba el Amado varias semillas en el corazón de su amigo, de lo que nacía, brotaba y florecía tan sólo un fruto. Y se discute si de aquel fruto pueden nacer varias semillas.

258 (251). Muy por encima del amor está el Amado, y muy por debajo del amor está el amigo. Y el amor, que está en medio, desciende al Amado hacia el amigo, y eleva al amigo hacia el Amado. Y en el descenso y en la elevación vive y toma principio el amor por el que languidece el amigo y es servido el Amado.

259 (252). A la derecha del amor está el Amado, y el amigo está a la

izquierda; y por esto el amigo no puede llegar a su Amado sin pasar por el amor.

269 (261). Alababa el amigo a su Amado, y decía que si su Amado tiene mayor posibilidad en perfección y mayor imposibilidad en imperfección, conviene que su Amado sea simple y pura actualidad en esencia y en operación. Y mientras el amigo alababa de esta suerte a su Amado, le era revelada la trinidad de su Amado.

277 (269). El Amado y amor fueron a ver al amigo que dormía. El Amado llamó a su amigo, y amor lo despertó. Y el amigo obedeció a amor, y contestó a su Amado.

284 (276). –Di, loco, ¿qué es pecado?– Respondió: –Intención contraria y opuesta a la final intención y razón por que mi Amado ha creado todas las cosas.

288 (280). –Di, loco, ¿dónde empieza la sabiduría?– Respondió: –En la fe y en la devoción, que son las escaleras por donde asciende el entendimiento a entender los secretos de mi Amado. –Y la fe y la devoción, ¿dónde empiezan?– Respondió: –En mi Amado, que ilumina la fe y enardece la devoción.

295 (287). –Loco, di, ¿qué es amor?– Respondió que amor es aquello que a los libres pone en servitud, y a los siervos da libertad. Y se discute qué es lo que está más cerca de amor: libertad o servidumbre.

297 (289). –Amado –decía el amigo–, a ti voy y contigo, pues me llamas. Voy a contemplar contemplación en contemplación, con la contemplación de tu contemplación. En tu virtud estoy, y con tu virtud voy, de donde tomo virtud. Salúdote con tu salutación, que es mi salutación, en tu salutación, de la cual espero salutación perdurable en bendición de tu bendición, en la cual soy bendecido en mi bendición.

298 (290). –Alto estás, Amado, en tus alturas, a las cuales exaltas mi voluntad, exaltada en tu exaltación con tu alteza, que exalta en mi memoria mi entendimiento, exaltado en tu exaltación, para conocer tus honores, y a fin de que la voluntad logre exaltado enamoramiento, y que la memoria consiga recuerdo.

299 (291). –Amado, eres gloria de mi gloria, y con tu gloria das, en tu gloria, gloria a mi gloria, que tiene gloria de tu gloria. Por esta gloria tuya me son igualmente gloria los trabajos y las fatigas que me vienen por honrar tu gloria con los placeres y los pensamientos que me vienen de tu gloria.

300 (292). –Amado, en la cárcel de amor me tienes enamorado con tus amores, que me han enamorado con tus amores de tus amores, por tus amores y en tus amores. Porque no eres sino amores, en los cuales me haces morar solo y en compañía de tus amores y de tus honores. Porque tú estás solo en mí solo, que estoy solitario con mis pensamientos, como sea que tu soledad, sola en honras, me tenga sola para alabar y honrar sus valores sin temor de los ingratos que no te tienen solo en sus amores.

301 (293). –Consuelo eres, Amado, de consuelo; pues en ti consuelo mis pensamientos con tu consuelo, que es consuelo y confortación de mis fatigas y de mis tribulaciones, que son atribuladas en tu consuelo, porque no consuelas a los ignorantes con tu consuelo y porque a los conocedores de tu consuelo no los enamoras más vivamente para honrar tus honores.

302 (294). El amigo se quejaba a su Señor de su Amado, y a su Amado de su Señor. Decían el Señor y el Amado: –¿Quién hace distinción entre nosotros, que somos solamente una cosa?– Respondía el amigo y decía que piedad del Señor y la tribulación del Amado.

306 (298). –Eternamente comienza, ha comenzado y comenzará mi Amado; y eternamente no comienza, no ha comenzado ni comenzará. Y estos comienzos no suponen contradicción en mi Amado, porque es eterno y tiene en sí unidad y trinidad.

307 (299). –Mi amado es uno, y en su unidad se unen en una voluntad mis pensamientos y mis amores; y la unidad de mi Amado comprende todas las unidades y todas las pluralidades; y la pluralidad que hay en mi Amado comprende todas las unidades y pluralidades.

308 (300). –Soberano bien es el bien de mi Amado, que es bien de mi bien; porque mi Amado es bien sin otro bien; pues si no lo fuera, mi bien sería soberano de otro bien. Y ya que no lo es, sea pues invertido todo mi bien, en esta vida, en honrar al soberano bien, pues así conviene.

313 (305). El Amado creó y destruyó al amigo. Juzgó el Amado, lloró el amigo. Creó de nuevo el Amado, dio gloria al amigo. Acabó el Amado su operación, y el amigo se quedó eternamente en compañía de su Amado.

332 (323). El amigo pintaba y modelaba en su imaginación las facciones de su Amado en las cosas corporales, y con su entendimiento las pulía en las cosas espirituales, y con la voluntad las adoraba en todas las criaturas.

342 (333). Reflexionó el amigo sobre la muerte, y sintió miedo hasta

que se acordó de la ciudad de su Amado, de la cual son puerta y entrada muerte y amor.

350 (341). Mirábase el amigo a sí mismo a fin de ser espejo en el que viese a su Amado, y miraba a su Amado para que le fuese espejo mediante el cual tuviera conocimiento de sí mismo. Y se discute de cuál de los dos espejos estaba su entendimiento más próximo.

351 (342). Teología, Filosofía, Medicina y Derecho encontraron al amigo, el cual les preguntó si tenían noticias de su Amado. Teología lloraba, Filosofía temía, y Medicina y Derecho se alegraban. Y se discute qué significan cada uno de los cuatro significados para el amigo que va en busca de su Amado.

352 (343). Acongojado y lloroso iba el amigo buscando a su Amado por vías sensuales y por rutas intelectuales. Y se discute en cuál de los dos caminos entró primero mientras buscaba a su Amado, y en cuál el Amado se mostró más declaradamente al amigo.

355 (346). —Di, loco, ¿cuál es el mayor y más noble amor que exista en la criatura?— Respondió: —El que es uno con el Creador. —¿Por qué? —Porque el Creador no tiene con qué para hacer más noble a la criatura.

359 (350). —Di, loco, ¿qué es religión?— Respondió: —Limpieza de pensamiento, desear morir para honrar a mi Amado, y renunciar al mundo para que no exista entorpecimiento en contemplarlo y en decir verdad de sus honores.

361 (352). Preguntaron al amigo en quién era mayor el amor: en el amigo que vivía, o en el amigo que moría. Respondió que en el amigo que moría. —¿Por qué? —Porque no puede ser mayor en amigo que muere por amor, y puede serlo en amigo que vive por amor.

363 (354). —Di, loco, ¿por qué hablas tan sutilmente?— Respondió: —Para que haya ocasión de elevar el entendimiento a las noblezas de mi Amado, y para que sea honrado, amado y servido por más hombres.

Félix o Libro de maravillas

(*Fèlix o Llibre de meravelles*, París 1287-1289)
(Ramon Llull, *Antologia filosòfica*, ed. de M. Batllori,
trad. de A. Vega, Barcelona 1984, págs. 141-147)

Libro IV. De los elementos
Capítulo XIX. De la simplicidad
y composición de los elementos

Cuando Félix hubo estado largamente con el pastor, y de los cuerpos celestiales el pastor le hubo dado conocimiento, Félix se despidió del pastor, el cual acompañó a Félix mucho tiempo por un gran bosque. Tanto caminó el pastor con Félix, que lo introdujo en un camino por el que iba una doncella cabalgando en su palafrén.

–Señor –dijo Félix al pastor–, ¿sabéis adónde va esta vía?–. Respondió el pastor, y dijo que aquella vía iba a una villa que estaba bastante lejos de aquel lugar: –En aquella villa hay dos hijos de un rey muy noble y muy sabio que aprenden. El hijo mayor aprende de la naturaleza y el hijo menor aprende de armas. La doncella que veis viene del hijo menor del rey, y la ha enviado la reina, que ama más al hijo menor que al mayor.

Félix se maravilló de que la reina amara más al hijo menor que al mayor; y el pastor dijo a Félix que la reina amaba más caballería en su hijo que sabiduría. Mucho se maravillaba Félix de tal amor, pues por armas están los hombres en peligro de muerte, y por sabiduría sabe el hombre esquivar peligros y ocasión de muerte.

–Señor –dijo Félix–, ¿cuál es la razón por la que el rey hace enseñar al hijo mayor filosofía, y al hijo menor hace enseñar armas?–. Respondió el pastor, y dijo que el rey tiene mayor necesidad de tener sabiduría natural que ciencia de armas; pues por la ciencia natural puede el rey tener conocimiento de Dios y de su persona, y puede conocer la manera según la cual sepa reinar y gobernar a sí mismo y a su pueblo. Y ya que el rey necesita hombres bien acostumbrados en hechos de armas, por eso el rey hace enseñar al hijo menor hechos de armas, con el fin de que sea con las armas protección del hijo mayor, que será rey tras la muerte de su padre. Mucho plugo a Félix la conducta del rey y de sus hijos, y deseó que muchos reyes tuviesen igual conducta.

Mientras Félix y el pastor hablaban, vieron llegar al rey, que venía de sus hijos, a los que había visto bien adoctrinados en las ciencias que aprendían. Entre tanto, Félix y el pastor hicieron la reverencia que conviene al rey, y éste saludó a Félix y al pastor. Y después dijo el rey a Félix estas palabras: —Bello amigo, ¿cuál es la razón por la cual me habéis hecho reverencia y honor, y cómo sabéis que yo soy digno de que me hagáis honor?

—Señor —dijo Félix—, en una ciudad había un rey que estaba muy mal acostumbrado. Y mientras que el rey pasaba por la plaza de aquella ciudad, pasaba un peregrino por aquella plaza, el cual no hizo reverencia al rey según como hacían los otros. El rey se airó mucho contra el peregrino, pues no le había hecho reverencia así como los otros; y aquel peregrino le dijo al rey estas palabras: «Señor rey, has de saber que dos peregrinos salían de Jerusalén el día en que yo entraba. Ambos lloraban y se lamentaban por el deshonor que toda la cristiandad tiene a causa de la posesión que los sarracenos tienen de Jerusalén, los cuales sarracenos honran a Mahoma, su falso profeta, que dice que Jesucristo no es Dios. Mientras los dos peregrinos lloraban así, uno de los dos dijo al otro que seis hombres cristianos hay en el mundo, que son reyes, que podrían dar a los cristianos aquella Tierra Santa de ultramar, si querían. Y aquéllos no tienen gran cuidado en honrar a Jesucristo como a sí mismos; y por eso no son dignos de honor. Y puesto que vos sois uno de aquellos reyes, por eso no sois digno de que se os haga reverencia ni honor».

Cuando Félix hubo dicho estas palabras al rey, dijo que el rey era digno de honor, pues Dios lo ha honrado para honrar su honor. —Y, pues vos, señor rey, alimentáis vuestros hijos para honrar a Dios, sois digno de que se os haga honor.

Entre tanto, Félix se despidió del rey y del pastor y, cuando hubo partido, se puso de camino, y llegó a aquella villa en donde estaban los hijos del rey. Y Félix llegó al palacio del rey, en donde el hijo mayor oía lección de filosofía.

Félix vio que en aquel palacio, en una silla, había un filósofo que leía filosofía al hijo del rey y a los hijos de otros varones, diciendo estas palabras: —De los cuatro elementos, el fuego es elemento simple en cuanto tiene forma y materia propias, las cuales forma y materia tienen apetito, la una de ser en la otra, sin mezcla de ningún otro elemento; y esto mismo se sigue de la simplicidad que hay en los otros elementos, a saber, aire, agua y tierra; pues todos los elementos son mezclados, y cada uno está en otro. Y por eso el fuego simple no puede ser en ninguna parte sin los otros elementos con los que se compone, dando, el fuego, su calor al aire, y recibiendo sequedad de la tierra, y calentando el agua, con el fin de destruirla; y calentando el fuego al aire, calienta el agua, pues el aire da humedad caliente al agua, y el agua la recibe, la cual mortifica al frío que tiene en sí misma; asimismo dicha agua mortifica en sí misma aquel calor, que pasa a la tierra que del agua recibe frío, en cuyo frío la tierra recibe el calor del fuego, habiendo entrado en el agua por el aire. Aquella tierra recibe humedad del agua, recibiendo de ella frialdad; cuya humedad entra en el agua, recibiendo del aire humedad; cuya humedad contradice en la tierra a la sequedad, con cuya sequedad la tierra mortifica la humedad del aire; y recibiendo el fuego, de la tierra, sequedad, recibe en sí la humedad del aire que pasa al agua, y recibe la frialdad que pasa a la tierra, y recobra el calor que pone en el aire, y que el aire pone en el agua, y que el agua pone en la tierra, y que la tierra pone en el fuego; cuyo calor es digerido y mortificado cuando ha pasado por todos los otros elementos.

Y cuando el filósofo hubo leído hasta este punto de la materia del fuego y de su calor, el hijo del rey tuvo conocimiento de la simplicidad y composición del fuego y de los otros elementos. Y repitió la lección, por semejanza, según estas palabras: —El fuego tuvo una vez apetito de engendrar el grano de pimienta, y unió cuatro puntos de sí mismo con tres puntos de la tierra; y con dos puntos del aire unió el fuego dos puntos de sí mismo; y con un punto de sí mismo unió otro del agua. Y por eso resultaron cuatro grados en la pimienta, en la cual el calor estuvo en cuarto grado, y la sequedad en tercer grado, y la humedad en segundo grado, y la frialdad en primer grado. Y lo que, en la pimienta, es cuarto grado, es fuego compuesto; y lo que es tercer grado es tierra compuesta; y lo que es segundo grado, es aire compuesto; y el primer grado es agua compuesta. La esencia del fuego, que es por el cuarto, tercero, segundo y primer grado, es el fuego simple; la esencia de la tierra, que es por el tercer, segundo y primer grado, es la tierra simple; la esencia del aire, que es por todos los grados, es el aire simple; y la esencia del agua, que es por todos los grados, es el agua simple.

Capítulo XX. De la generación
y corrupción de los elementos

El filósofo dijo que generación de elemento es cuando se engendra a sí mismo en alguna cosa elementada, así como el fuego que, engendrando el grano de la pimienta, engendra, bajo complexión de naturaleza cálida, complexión de naturaleza seca, húmeda y fría; y en el agua, complexión húmeda y fría.

Cuando el filósofo hubo significado la generación y la corrupción de los elementos en el grano de pimienta, el hijo del rey repitió la lección por esta semblanza: —Justicia quiso engendrar caridad en un hombre pecador, en el cual había injusticia; la justicia movió a la memoria de aquel hombre a recordar, y al entendimiento a entender, y a la voluntad a amar la caridad de Dios. Sabiduría da la manera de conocer a la justicia con el fin de mover a la memoria a recordar, y al entendimiento a entender, y a la voluntad a amar. Sucedió que injuria contrastó a la justicia, e ignorancia a la sabiduría; pero fortaleza ayudó a la justicia y a la sabiduría con la templanza, por cuya ayuda fueron vencidas injuria, ignorancia, frivolidad y gula, y fue engendrada caridad, en la cual estuvieron justicia, sabiduría, fortaleza, templanza.

Mucho se maravilló Félix de la gran ciencia del hijo del rey, al cual preguntó cómo los elementos, que son sin discreción, pueden engendrar y corromper los cuerpos elementales, y cómo saben dar figura de ellos y colorearlos, según la disposición que tienen, pues parece como si aquella obra no pudiesen hacerla sin discreción. El hijo del rey dijo que Dios ama en sí mismo su semblanza, por cuyo amor Dios Padre engendra a Dios Hijo, y este Hijo engendra el Padre de su misma sabiduría. Y por eso Dios ha dado virtud a los elementos: que en la virtud de Dios tengan cada uno apetito para engendrar sus semblanzas, las cuales están en los cuerpos compuestos, según la disposición de aquellas especies.

—Señor —dijo Félix al hijo del rey—, ¿por cuál naturaleza la candela encendida enciende otra candela sin disminución de su luz?

Respondió el hijo del rey, y dijo que la forma y la materia del fuego quieren tener por propiedad la candela encendida y, en otra candela que no esté encendida, puede la forma del fuego engendrar de sí misma otra forma, y de su materia puede engendrar otra materia en la candela encendida; y por eso no se reduce la luz que engendra la luz en la candela que enciende.

Mientras el hijo del rey decía estas palabras, su maestro lo reprendió porque no había respondido a Félix por semblanza; y por eso el hijo del rey dijo a Félix estas palabras:

–Dios ha dado naturaleza al hombre, y a la mujer, y a las plantas, de modo que cada uno engendre su semejante, sin corrupción de su ser específico, así como a hombre y mujer, que engendran hijos sin corromperse el padre y la madre en la generación del hijo. Esto mismo se sigue de la generación de los árboles, pues el árbol engendra semejante árbol de sí mismo sin corrupción de su ser específico. Estas generaciones están ordenadas así con el fin de que den alguna semejanza de que en la generación del Hijo de Dios no hay corrupción alguna.

Árbol de ciencia

(*Arbre de ciència*, Roma 1295-1296)
(OE I, págs. 555-556, trad. de A. Vega)

Dios, con tu gran virtud, comienza este libro de *Árbol de ciencia*.

Del prólogo

En desconsuelo y en llantos estaba Ramon bajo un bello árbol, y cantaba su desconsuelo, para alejar un poco su dolor, que tenía porque no pudo acabar en la corte de Roma el santo negocio de Jesucristo, y la pública utilidad de toda la cristiandad.

Y mientras así estaba desconsolado, en un bello valle abundante de muchas fuentes y bellos árboles, un monje venía por aquel valle, y oyó cantar a Ramon. Y como el canto era doloroso y piadoso, siguiendo la voz, vino hasta el lugar donde estaba Ramon; y por el hábito que le vio y la gran barba que Ramon tenía, pensó que fuese algún hombre religioso de extraña nación, y dijo estas palabras:

—Amigo, ¿qué tenéis? ¿Y por qué lloráis? ¿Cómo os llamáis? ¿Y en qué tierra habéis nacido? Y si en alguna cosa os pudiese ayudar, voluntariamente lo haría, pues mucho me parecéis hombre desconsolado, y querría que tuvieseis consuelo y que os alegraseis en nuestro Creador, menospreciando y olvidando la breve vida de este mundo.

Respondió Ramon al monje, y le dijo su nombre, y le contó gran parte de su situación. Mucho agradó al monje haber encontrado a Ramon, a quien le dijo había buscado largamente, con el fin de rogarle que hiciera un libro general a todas las ciencias que se pudiera entender fácilmente, y por el cual se pudiera entender su *Arte* general que había hecho, pues era muy sutil de entender. Y todavía le dijo que las otras ciencias que han hecho los antiguos sabios que han pasado, son tan graves de entender y requieren tanto tiempo para aprenderlas, que a penas se puede llegar a fin alguno. Y que muchas son las dudas que unos sabios tienen contra otros. Por eso le rogaba que hiciera un libro general que ayudase a entender las otras ciencias; pues el entendimiento confuso comporta gran peligro y privación de gran devoción para honrar a Dios y amarlo y servirlo, y para procurar salud a su prójimo.

Respondió Ramon: –Señor monje, durante mucho tiempo he trabajado para buscar la verdad por unas materias y las otras, y por la gracia de Dios he llegado al fin al conocimiento de la verdad que tanto deseaba saber, la cual he puesto en mis libros. Estoy muy desconsolado, pues no puedo llevar a fin aquello que tanto he deseado y en lo que he trabajado desde hace treinta años, y aun más, porque mis libros son poco apreciados, pues os digo que muchos hombres me tienen por loco, pues me entretengo con tal negocio, y así no me hallo en voluntad de hacer este libro que me decís ni otro; antes bien propongo estar en mi tristeza desconsolado, ya que Jesucristo tiene tan pocos amadores en este mundo, y propongo volver a los sarracenos y decirles la verdad de nuestra fe y hacerle honor, según mi poder y la gracia y la ayuda que espero tener de Dios, que me ha creado, y tratar de su honor y reprender a aquellos por los que en este mundo es deshonrado.

–Ramon –dijo el monje–, haced este libro que os he rogado, y hacedlo tal que se conozca vuestra intención, y que de la fatuidad de que os acusan algunos porque no os conocen, ni tampoco a vuestros libros, seáis excusado; y que por este libro sean apreciados los otros libros que habéis hecho. Y no estáis excusado de no hacer el bien que podáis entre los cristianos ni de reafirmar el que habéis hecho; y yo os prometo que, si hacéis este libro, lo llevaré a unos y a otros, y haré todo el bien que pueda tanto como viva.

Mucho consideró Ramon sobre lo que el monje le rogó, y en el bien que podría seguirse si hacía el libro. Y mientras así consideraba, miraba en un bello árbol delante de él, en el que había muchas hojas y frutos, y pensaba en lo que significaba aquel árbol.

–Ramon –dijo el monje–, ¿en qué pensáis? ¿Y por qué no respondéis a mis palabras? –Señor monje, pienso en el significado de este limonero, ya que todas cuantas cosas son, están en él significadas; y por eso quiero hacer el libro que me rogáis, recibiendo los significados que este árbol me significa en siete cosas, a saber, por las raíces, y por el tronco, es decir, la caña del árbol, y por las ramas, y los ramos, y por las hojas, y por las flores, y por el fruto. Y por todas estas siete cosas propongo tener el proceso de este libro.

De la división de este libro

Dividido está este libro en dieciséis partes, de las que se compone este Árbol de ciencia. La primera parte es del Árbol elemental, segunda del Árbol vegetal, tercera del Árbol sensual, cuarta del Árbol imaginal, quinta del Árbol humanal, sexta del Árbol moral, séptima del Árbol imperial, octava del Árbol apostolical, novena del Árbol celestial, décima del Árbol angelical, undécima del Árbol eviternal, duodécima del Árbol maternal, decimotercera del Árbol cristianal, decimocuarta del Árbol divinal, decimoquinta del Árbol ejemplifical y decimosexta del Árbol cuestional. Por estos dieciséis árboles se puede tratar de todas las ciencias.

Se pone el Árbol elemental en esta ciencia, para que con él se puedan conocer las naturalezas y propiedades de las cosas elementales, lo que ellas son, la obra que hacen y lo que de ellas se sigue.

Por el Árbol vegetal se puede tener conocimiento de las plantas según su vegetación, y de la obra que tienen en sí mismas según las naturalezas que tienen por instintos y apetitos naturales.

Por el Árbol sensual se puede tener conocimiento de las cosas sensibles y sintientes, y de su sentir.

Por el Árbol imaginal se da conocimiento de las impresiones que permanecen en la imaginación de las cosas sentidas, vegetadas y elementadas.

Por el Árbol humanal se da conocimiento de los principios y conjunciones de las cosas espirituales, corporales y de sus naturalezas, y de los fines y de las cosas que son para los hombres; y todavía de muchas otras cosas de las que hablaremos en la quinta parte de este libro.

Por el Árbol moral se da conocimiento de las virtudes y de los vicios que hay en los hombres, y de las cosas por las que virtudes y vicios van y vienen.

Por el Árbol imperial se da conocimiento del régimen de los príncipes y del fin por el cual son personas comunes.

Por el Árbol apostolical se da conocimiento del vicariato que Jesucristo encomendó a san Pedro, y de la santidad que conviene a los prelados y a sus súbditos, y del fin por el cual son elegidos personas comunes.

Por el Árbol celestial se da conocimiento de la impresión que los cuerpos celestiales imprimen en los terrenales, y de las naturalezas que los terrenales toman de aquéllos.

Por el Árbol angelical se da conocimiento de la «quiddidad» de los ángeles y de las obras que tienen en sí mismos, y de la gloria que dan a Dios y de las ayudas que hacen a los hombres.

Por el Árbol eviternal se da conocimiento del paraíso y del infierno, y de la continua duración sin fin en el otro siglo.

Por el Árbol maternal entendemos nuestra señora santa María, que es madre de justos y pecadores, y la esperanza que tenemos en ella, y su ayuda y la consideración, la gloria y el amor que hay entre ella y su hijo.

Por el Árbol divinal y humanal entendemos a Jesucristo y la participación de la divina naturaleza humana, y como Jesucristo es fin y cumplimiento de todas las cosas creadas.

Por el Árbol divinal entendemos a Dios y las obras que tiene en sí mismo y las criaturas, y el fin y el cumplimiento que tiene en sí mismo y que nosostros tenemos en él.

Por el Árbol ejemplifical entendemos los ejemplos que se pueden dar y explicar de los árboles arriba dichos, y buscar y mostrar las naturalezas y las propiedades de aquéllos; y este árbol es muy bueno para predicar.

Por el Árbol cuestional entendemos el arte y manera de hacer cuestiones y resolverlas, y encontrar las verdades de las cosas, y confundir los errores que hay en muchos libros y por los cuales muchos hombres están en tinieblas.

Del fruto del Árbol ejemplifical
(págs. 835-837)

1. Del ejemplo del fruto elemental

Se cuenta que en el anillo del rey, el oro y la esmeralda discutieron, pues el oro decía que los elementos eran más por razón de que él era, que por la esmeralda, pues hacía más servicio que la esmeralda; y la esmeralda dijo que ella hacía más servicio al rey y el oro a los mercaderes. Y el oro dijo a la esmeralda que él no sabía lo que el hierro había dicho a la madera. –¿Y cómo fue esto? –dijo la esmeralda.

–Se cuenta –dijo el oro– que un rey venció una batalla. Hubo discusión entre el escudo y la espada del rey, pues el escudo decía que había protegido al rey, que no había sido herido en la batalla, pues había sufrido los golpes de las lanzas y de las espadas que querían matarlo y que habría muerto si él no hubiera estado; y la espada dijo que había vencido la batalla, en cuanto que había matado y herido a los que querían matar al rey.

Y así la esmeralda dijo al oro que él había dado ejemplo contra sí mismo; pues, aunque es bello en el escudo del rey, no sería bueno en la espada, que hiere y mata a los caballeros, a los cuales no podría matar si fuese de oro; y, aun, que se da a los caballeros con el fin de que hagan espadas de hierro que guarden y defiendan al rey, y que maten a quienes quieran matar al rey. Y así la espada tiene dos oficios, uno defender al rey, y otro matar a los enemigos del rey; y el escudo tiene un oficio solamente. Y entonces el oro tuvo vergüenza de haber dado ejemplo contra sí mismo, pues bien conocía que la esmeralda guardaba al rey de venenos y alegraba su corazón.

2. Del ejemplo del fruto vegetal

Se cuenta que en la manzana hubo discusión entre la potencia elementativa y la potencia vegetativa, pues la elementativa decía que la manzana era su fruto en cuanto que era cuerpo por los elementos, y las cualidades que tenía, las tenía por los elementos. Y la vegetativa alegaba y decía a la elementativa que no había oído el juicio que un juez había dado entre el comienzo y el fin.

—¿Y cómo fue esto? —dijo la elementativa.

—Se cuenta —dijo la vegetativa— que la harina y el agua y el horno hicieron un pan, que quiso comer un hombre con el fin de vivir; y el agua y la harina y el horno dijeron que no querían que el hombre comiera el pan, y el hombre dijo que quería comer el pan, pues el pan había sido hecho para comer y vivir. Y así pues se llegaron a un juez, que sentenció que el hombre comiese el pan, pues el agua, la harina y el horno se habían hecho para comer y vivir, y castigó al agua y la harina y al horno pues contradecían el fin para el que estaban hechos.

3. Del ejemplo del fruto sensual

Se cuenta que un molinero alimentaba a un cerdo, a quien daba de comer maíz que robaba a los hombres que lo tenían. Un día sucedió que el molinero dio el maíz al cerdo, y el asno quiso comer con él de aquel maíz; y el molinero hirió con un bastón al asno, para que no comiera del maíz. Mucho se maravilló el cerdo de que el molinero no quisiera que el asno comiera maíz, y preguntó al asno por qué lo había herido su señor. Le dijo que su señor era malo, y ladrón, pues él llevaba el maíz, y le hacía injusticia pues no le daba de comer. Y el cerdo dijo al asno que en es-

211

to parecía que su señor lo amaba más a él que al asno, y que era más honrado, pues no trabajaba en llevar el maíz ni en otra cosa, y su señor le daba de comer del maíz a su voluntad; y no le quería dar al asno, que trabajaba llevándolo. Y el asno dijo al cerdo que mal había visto la amistad de su señor y su honra, pues su señor lo había castrado para que no hiciera hijos, y que no trabajara para engordar, y cuando hubiera comido mucho maíz y fuera gordo, le daría con una maza en la cabeza, y lo mataría, y después lo metería en sal y lo comería pieza por pieza. Mucho disgustó al cerdo lo que el asno le había dicho, y dijo que mala cosa era comer el maíz pues lo comía para morir; y, aun, que comía el maíz robado, por el que había pecado, del cual por temor a morir fue consciente; y por eso dijo que iría a hacer penitencia de aquel pecado a una viña en donde había mucha uva, y que no volvería a comer maíz robado ni estaría con su señor, que le había hecho gran desprecio y gran mal, pues lo había castrado; y no le parecía que fuese del linaje de las bestias. Y entonces fue a la viña y quiso comer las uvas, las cuales dijeron al cerdo que eran fruto del señor de la viña, y no suyo, que no pensaba en la viña, en la cual sí pensaba el hombre, y por eso hacía pecado; y entonces el cerdo dijo que no quería ser consciente sino por temor a la muerte, y entonces comió de las uvas a voluntad. Mientras el cerdo comía las uvas, un cuervo le dijo que él era fruto del señor de la viña, ya que comía de sus uvas, y que lo mataría cuando estuviese bien gordo; y entonces el cerdo fue consciente de las uvas que comía, y salió de la viña y huyó a un gran bosque, y allí dijo que quería comer para no morir, y amaba más estar delgado y vivir largamente que estar gordo y morir brevemente.

4. Del ejemplo del fruto imaginal

Se cuenta que el tiempo pretérito y el tiempo futuro discutieron sobre la imaginación, pues cada uno decía que era suya. El tiempo pretérito alegaba que la imaginación era suya, pues imaginaba las cosas pasadas; y el tiempo futuro decía que la imaginación era suya, pues imaginaba las cosas futuras. Mientras así discutían, dijo el tiempo futuro que eligieran un juez que acabara su disputa, y dijo que fuese juez el tiempo presente, que estaba en medio de ambos. Y el tiempo pretérito dijo que era verdad que el tiempo presente estaba en medio de ambos, pero no hacía así su voluntad, pues más quería las cosas futuras que las pasadas; y dijo que tenía por bueno que el entendimiento fuese juez, que estaba en el medio, en cuanto que entiende las cosas pasadas y las futuras. Pero el tiempo futuro dijo que no era juez conveniente el entendimiento, pues mayor proporción y concordancia tenía con la imaginación en las cosas pasadas, que en las futuras. Y así no pudieron llegar a un acuerdo ni pudieron encontrar juez común, y ambos combatieron; y ya que la imaginación amaba más ser del tiempo pasado que del futuro, por razón de la memoria que se lo pedía, fue vencido el tiempo futuro, y dijo al tiempo presente que hacía mal, pues no le ayudaba, cuando mucho lo quería.

Del Árbol cuestional
(págs. 842-843)

Este árbol está dividido en siete partes: en raíces, troncos, ramas, ramos, hojas, flores y frutos. Y en las raíces buscaremos las cuestiones que corresponde hacer en las raíces de los otros árboles, y en el tronco buscaremos las cuestiones que pertenecen a la naturaleza de los troncos de los otros árboles; y así por orden. Y este proceso proponemos tener con el fin de dar doctrina para resolver las cuestiones peregrinas que pueden ser hechas según la naturaleza de los otros árboles, la cual doctrina daremos en las soluciones de las cuatro mil cuestiones que proponemos poner en este árbol, pues, según resolvamos aquéllas, podrán los hombres que sabrán esta ciencia resolver las cuestiones peregrinas. Y por eso está dicho que este libro es Árbol de ciencia general a todas las otras ciencias, pues está compuesto de principios generales, y su investigación es general y artificial; y lo mismo de la conclusión de este árbol, que es práctica de los árboles antecedentes.

Las soluciones a las cuestiones proponemos hacerlas tan brevemente como podamos, pues esquivamos prolijidad; y naturalmente la solución de la cuestión en su brevedad es más propia a la investigación y al arte, ya que la brevedad de palabras es más general que la longitud de aquéllas. Y de esto ya hemos dado doctrina en el *Arte inventiva* y en la *Tabla general* y en el *Árbol de filosofía*.

El proceso que proponemos para resolver cuestiones es en tres maneras. Una manera, que tramitemos la respuesta a ciertos lugares de los árboles antecedentes, en los cuales se podrá captar la solución según la naturaleza de aquellos lugares y la naturaleza de la cuestión y de sus términos; así como cuando se hace una pregunta sobre la bondad del fuego, y la respuesta está en las raíces del árbol elemental, de manera que la afirmación y la negación de la cuestión se saque de aquel test según que lo significa mejor por una parte que por la otra, quedando el test siempre en su condición y las definiciones de las raíces sin estar dañadas. Y lo mismo si se trata de la bondad de la pimienta, el *Arte* quiere que se busque la solución en las raíces del Árbol vegetal; y así por orden, según las naturalezas de las otras raíces y las naturalezas de las cuestiones que convienen a aquellas raíces. Y lo mismo que decimos de las raíces, decimos de los troncos y de las otras partes de los árboles.

La segunda manera es resolver las cuestiones por máximas condicionadas según las naturalezas de los árboles, concordando aquella máxima con la conclusión de la cuestión afirmando o negando. Y si la máxima es oscura a algunos, aconsejamos que recurran a las naturalezas de aquellos árboles y de los lugares de aquellos con los cuales la máxima tiene concordancia, así como si se quiere sacar conclusión de esta máxima: todo principio es más noble por estar y obrar buenas obras, que por estar solamente. Esta máxima es general a todo lo que es dicho de los principios en los árboles, y lo que es dicho de mayor grandeza, de bondad, duración, poder y los otros principios; y sus particulares están los unos en las raíces del Árbol elemental y los otros en el tronco y los otros en las ramas, y esto mismo, por orden, de las otras partes del árbol y de las otras partes que son en los otros árboles. Y a la cuestión proponemos hacer una máxima según esta segunda investigación, la cual máxima es puesta después de la cuestión.

La tercera manera de solución está compuesta de la primera manera y de la segunda, pues algunas veces proponemos resolver algunas cuestiones enviando a los lugares de los árboles y dando una máxima a la cuestión.

De las raíces del Árbol cuestional
De las cuestiones de las raíces del Árbol elemental

1. Cuestión: Como el fuego es de la bondad de duración, ¿por qué hace mal a las sustancias que quema? ¿Y por qué las consume?

Solución: Si no fuera consumativo, no sería generativo ni haría bien a los hombres.

2. Cuest.: Bondad, ¿de qué está llena?

Sol.: Ve a la bondad, a las raíces del Árbol elemental.

3. Cuest.: Se pregunta si la bondad del fuego es sustancial.

Sol.: Ve a la bondad, a las raíces del Árbol elemental. Si la sustancia del fuego no fuera buena sustancialmente, sería más buena por las cosas menores que por las mayores.

4. Cuest.: ¿Los accidentes de bondad, cuáles son?

Sol.: Ve a la bondad, a las raíces del Árbol elemental.

5. Cuest.: Se pregunta si nada grande puede ser grande sin grandeza.

Sol.: Ve a la grandeza, a las raíces del Árbol elemental. Si ningún ente pudiera ser grande sin grandeza, no podría ser poco por poquedad, ni ser grande por sustancia.

6. Cuest.: Se pregunta si el fuego es más grande que su grandeza.

Sol.: Ve a la grandeza, a las raíces del Árbol elemental. Toda sustancia es mayor que su parte, y por eso la grandeza del fuego no puede ser por sí misma supuesta.

7. Cuest.: Se pregunta si la grandeza del fuego puede ser ociosa.

Sol.: Por toda la sustancia del fuego hay sucesión de su comienzo, medio y fin.

8. Cuest.: Se pregunta si el fuego puede ser grande fuera de sí mismo.

Sol.: Así como bondad es buena en grandeza, así grandeza es grande en bondad.

9. Cuest.: Se pregunta si el fuego podría durar sin obrar.

Sol.: Ya el fuego no sería si sus partes no fuesen; y ve a la duración, a las raíces del Árbol elemental.

10. Cuest.: Se pregunta si la duración del fuego es sustancial.

Sol.: Si ninguna duración fuese sustancial, duración sería naturalmente más durable por otra que por sí misma.

De las cuestiones de las raíces del Árbol vegetal
(págs. 846-852)

77. Cuest.: Se pregunta si la bondad de la manzana es de la bondad del fuego.

Sol.: Ve a las raíces del Árbol vegetal.

78. Cuest.: Se pregunta si mal sabor es de la bondad del Árbol elemental.

Sol.: Dulzura y amargura, según sus naturalezas, son buenas.

81. Cuest.: Se pregunta por qué el fuego tiene apetito de estar en la pimienta.

Sol.: Virtud natural es mayor en muchas especies que en una.

82. Cuest.: ¿Cómo pasa la esencia del fuego a estar en la esencia de la pimienta?

Sol.: La vegetativa hace del pan carne y del vino sangre.

83. Cuest.: Si el fuego está en la pimienta, ¿por qué no lo quema?

Sol.: Así vive la vegetativa del fuego, como la llama del aceite.

84. Cuest.: ¿Por qué el fuego no tiene tan gran virtud en la calabaza como en la pimienta?

Sol.: Así como todas las raíces del Árbol elemental están en el fuego por calor, están en el agua por frialdad.

De las cuestiones de las raíces del Árbol sensual

88. Cuest.: La bondad sensitiva, ¿por qué es?

Sol.: De la bondad de la harina y de la bondad del agua, se multiplica la bondad del pan.

92. Cuest.: Se pregunta si la bondad de la sensitiva siente.

Sol.: El animal siente por naturaleza y sus razones son instrumentos para sentir.

93. Cuest.: Se pregunta si la bondad sensual es mortal.

Sol.: Si la parte simple fuese mortal sería simple y no simple.

De las cuestiones de las raíces del Árbol imaginal

104. Cuest.: ¿Qué es la imaginación?

Sol.: Así como las formas primeras están bajo el fuego, así están las semblanzas del Árbol elemental, vegetal, sensual y celestial bajo la imaginación.

105. Cuest.: Se pregunta si la imaginación tiene color.

Sol.: La imaginación con la semblanza del color capta el color.

106. Cuest.: Se pregunta si la imaginación puede imaginarse a sí misma.

Sol.: La imaginación tiene tan poca entidad que no puede imaginarse a sí misma.

De las cuestiones de las raíces del Árbol humanal

108. Cuest.: Se pregunta si la bondad corporal y espiritual están mezcladas.

Sol.: En toda participación no hay mezcla, así como el ángel, que en la ciudad en donde está no mezcla sus partes con la longitud, la anchura y la profundidad de aquel lugar.

109. Cuest.: Se pregunta si el alma toma la naturaleza del cuerpo.

Sol.: En el hombre la diferencia conserva la naturaleza espiritual y corporal, y la concordancia las ajusta; y ve a las raíces del Árbol humanal.

114. Cuest.: Cuando el hombre muere, ¿por dónde sale el alma?

Sol.: Ningún lugar corporal es cárcel del alma racional.

De las cuestiones de las raíces del Árbol moral

118. Cuest.: ¿Por qué el ermitaño baja de la montaña y viene a la ciudad a ver las bellas mujeres?

Sol.: Los ojos ven las bellezas de las criaturas, y el entendimiento del hombre bueno entiende la belleza de Dios, la voluntad la ama, y la memoria la recuerda.

125. Cuest.: Se pregunta si la vergüenza que los hombres tienen en hacer el bien es virtud.

Sol.: Ni Jesucristo ni santa María tuvieron vergüenza.

De las cuestiones de las raíces del Árbol vicioso

135. Cuest.: La mala tentación, ¿cómo es conocida?

Sol.: El deleite que está bajo el hábito vicioso es aquella cosa en la que los vicios tienen reposo; y ve a las raíces del Árbol vicioso.

De las cuestiones de las raíces del Árbol imperial

138. Cuest.: Se pregunta si la bondad del príncipe es más grande que la bondad del pueblo.

Sol.: Muchos caballeros compran un caballo.

De las cuestiones de las raíces del Árbol apostolical

146. Cuest.: Se pregunta si el prelado es más temible que amable.

Sol.: Más se es prelado por caridad que por quemar a los herejes.

149. Cuest.: Se pregunta si el papa está obligado a tratar que los Evangelios sean predicados por todo el mundo.

Sol.: Ningún poder ha sido dado para ociosidad.

155. Cuest.: Se pregunta por qué los clérigos no tienen mujeres.

Sol.: Es cosa grave que un hombre pueda usar bien de vida activa y contemplativa.

De las cuestiones de las raíces del Árbol celestial

158. Cuest.: Se pregunta por qué las flores se giran al sol.

Sol.: Entre dar y tomar hay concordancia.

162. Cuest.: Se pregunta por qué el sol es más luminoso en el mediodía que en la mañana.

Sol.: De la leña verde sale más humo que de la seca.

163. Cuest.: Se pregunta por qué el agua de las fuentes es más fría en verano que en invierno.

Sol.: El invierno saca a los amigos del sol de su casa.

De las cuestiones de las raíces del Árbol angelical

169. Cuest.: Se pregunta si el ángel es corruptible.

Sol.: Ningún círculo simple, así hablamos, es divisible.

172. Cuest.: Se pregunta si el ángel es audible.

Sol.: Entre Dios y criatura la idea es considerable.

De las cuestiones de las raíces del Árbol eviternal

179. Cuest.: Si el demonio ha pecado en el tiempo, ¿por qué tiene pena eterna?

Sol.: Ve a las raíces del Árbol eviternal.

184. Cuest.: Se pregunta si el demonio tiene por sí mismo algún poder en el hombre.

Sol.: Ningún hombre vive de piedras; y ve a las raíces del Árbol eviternal.

De las cuestiones de las raíces del Árbol maternal

192. Cuest.: Se pregunta ni nuestra Señora es más madre por la naturaleza divina de Jesucristo que por la humana.

Sol.: Jesucristo en cuanto hombre no se hizo ni hijo ni hombre.

195. Cuest.: Se pregunta, si no hubiera pecado, ¿nuestra Señora sería madre de Jesucristo hombre Dios?

Sol.: Las primeras intenciones no son con el fin que sean las segundas; ni el martillo y las tenazas son con el fin de que el clavo sea.

De las cuestiones de las raíces del Árbol cristianal

203. Cuest.: Se pregunta si Jesucristo cuando estaba en este mundo pudo pecar.

Sol.: Es imposible que mientras el alma está en el cuerpo, pueda estar el cuerpo muerto; y ve a las raíces del Árbol cristianal.

205. Cuest.: Se pregunta si en Jesucristo los elementos son contrarios.

Sol.: Así como Jesucristo es hombre en la deidad y es hombre por su naturaleza, los elementos en el cuerpo de Jesucristo son concordantes y son contrarios según su naturaleza, cuya contrariedad es obligada y consumada en la concordancia.

De las cuestiones de las dignidades de Dios en el Árbol divinal

207. Cuest.: Se pregunta si hay producción en Dios.

Sol.: Si en Dios no hubiera producción, todas sus razones serían ociosas en extensión infinita y en infinita duración; y ve a las dignidades y a las flores del Árbol divinal.

215. Cuest.: Se pregunta si las divinas razones son creativas.

Sol.: Así, y mejor todavía, como el hombre siente por razón de ver, oír y por los otros sentidos, es Dios creador por sus razones; y así como el hombre es sintiente por naturaleza de sus sentidos, Dios es creador por naturaleza de sus razones.

De las cuestiones de las raíces del Árbol ejemplifical

216. Cuest.: Se pregunta por qué los caballeros en la batalla se lanzan a muerte para defender a su señor el rey.

Sol.: Ve al primer párrafo de las raíces del Árbol ejemplifical, en donde la solución está significada por semblanza.

233. Cuest.: Se pregunta cómo se conoce el miedo de los hombres.

Sol.: Ve al decimoctavo párrafo de las raíces del Árbol ejemplifical.

Hemos dado doctrina de cómo saber extraer cuestiones morales de los ejemplos de las raíces del Árbol elemental, por razón de cuya doctrina se pueden extraer de aquellos mismos ejemplos cuestiones de ejemplos, que se pueden hacer de las raíces de los árboles vegetal, sensual, y de los otros.

El desconsuelo
(*Lo desconort*, Roma 1295-1296)
(Trad. de M. de Riquer, Barcelona, Madrid,
Lisboa 1950, págs. 128-160)

Éste es el Desconsuelo que maestro Ramon Llull hizo en su vejez, cuando vio que ni el papa ni los demás señores del mundo querían emprender la conversión de los infieles, según él les instó muchas y diversas veces.

Dios amoroso, con tu poder
empieza este desconsuelo de Ramon Llull
I

Dios, con vuestro poder empiezo este *Desconsuelo*, el cual hago cantando, a fin de consolarme y de publicar el pecado y el agravio que se cometen contra vos, que nos juzgáis en la muerte. Y cuanto más me consuelo, menos firme tengo el ánimo, pues mi corazón es puerto de indignación y de dolor; y así el consuelo se convierte en grave desconsuelo. Me hallo entre trabajos y placeres, y no tengo amigo alguno que me traiga alegría sino sólo vos. Y llevo la carga, cayendo y levantándome, y estoy en tal estado que no veo ni oigo nada que me proporcione alivio.

II

Cuando fui mayor y sentí la vanidad del mundo, empecé a obrar mal y entré en pecado, olvidando a Dios glorioso y siguiendo la carne; pero quiso Jesucristo, por su gran piedad, aparecérseme cinco veces crucificado a fin de que lo recordase y me enamorase tan intensamente de él, que procurara que fuera predicado por todo el mundo, y que fuera dicha verdad de su alta Trinidad y de cómo se encarnó; con ello me sentí inspira-

221

do de tan grande voluntad que sólo anhelé fuese él honrado, y entonces empecé a servirlo de buena gana.

III

Cuando me puse a considerar el estado del mundo, y cuán pocos son los cristianos y cuántos los incrédulos, entonces concebí en mi ánimo el propósito de ir a los prelados, a los reyes también, y a los religiosos, con el proyecto de que se emprendiese una expedición, y tal predicación que con hierro, naves y argumentos verdaderos se diera a nuestra fe gran acrecentamiento y que los infieles viniesen a sincera conversión. Y esto he procurado desde hace treinta años, y en verdad no lo he podido conseguir, lo que me aflige tanto que a menudo lloro y me veo reducido a grande flaqueza.

IV

Mientras me hallaba de este modo [sumido] en la tristeza y consideraba constantemente la gran afrenta que Dios recibe en el mundo por mengua de amor, así como siervo irritado que huye de un mal señor me fui a un bosque, donde vivía llorando y tan desconsolado, que el corazón me dolía. Pero como lloraba sentía dulzura, y también porque hablaba con Dios quejándome de él porque escucha tan poco a los justos y pecadores cuando lo requieren para procurar su honor pues, si les diera más ayuda y favor, antes convertirían el mundo a su fe.

V

Estando en esta melancolía, levanté la vista y vi a un hombre que se acercaba con un cayado en la mano; tenía largas barbas, llevaba cilicio en la cintura y vestía escasamente: por su aspecto parecía ermitaño. Cuando estuvo cerca de mí me preguntó qué me pasaba, de dónde procedían mis penas, y si en algo podía ayudarme. Yo le respondí que era tal mi indignación que ni él ni nadie lograrían consolarme, porque cuanto mayor es la pérdida más se acrece el enojo: –¿Y quién podría expresar lo que he perdido?

222

VI

–¡Ramon! –dijo el ermitaño–, ¿qué habéis perdido? ¿Por qué no os consoláis en el Rey de salvación, que provee a todo cuanto de él procede? Quien le pierde, carece de poder para ser consolado, porque se encuentra demasiado abatido. Y si no tenéis ningún amigo que os ayude, habladme de vuestro [estado de] ánimo y de lo que os ha sucedido; porque si tenéis ánimo flaco y estáis desengañado, bien podría ser que mi doctrina os socorriera, de tal modo que si estáis vencido os enseñará a vencer a vuestro ánimo asediado por indignación y dolor, siempre que Dios ayude.

VII

–Ermitaño, si yo pudiese llevar a cabo el servicio de Dios que durante largo tiempo procuré, nada hubiera perdido ni me quejaría de Él, antes bien hubiera ganado tanto que los equivocados vendrían a conversión, y los cristianos poseerían el Santo Sepulcro. Pero por culpa de aquellos a quienes Dios ha dado más honores, que no me quieren oír, y menosprecian mi persona y palabras, como si fuera hombre que hablara desatinadamente y nada hiciese con juicio, se me malogra, por ellos, cuanto procuro hacer para honor de Dios y salvación de los hombres.

VIII

»Os digo además que llevo conmigo una *Arte general*, que recientemente ha sido inspirada como don del Espíritu Santo, mediante la cual se pueden saber todas las cosas naturales, según el entendimiento alcanza a lo sensual. Sirve para [aprender] Derecho, Medicina y todo saber, y para Teología, la más estimada por mí, y no existe arte que mejor valga para resolver cuestiones y destruir errores por razón natural; y la considero como perdida, pues a casi nadie interesa. Por esto me lamento, lloro y siento mortal indignación, ya que cualquiera que perdiese tan rico caudal, nunca más podría hallar satisfacción en nada terreno.

IX

–Ramon, si vos hacéis cuanto os es preciso para procurar la honra de

Dios y hacer gran bien, y no sois escuchado ni os viene auxilio de parte de los poderosos, ello no justifica que estéis disgustado; porque Dios, que lo ve todo, os lo agradece tanto como si se realizara cuanto anheláis, pues el que se conduce bien procurando su honra, consigue para sí mérito, enmienda, don, piedad y merced. Por esto comete gran pecado quien entretiene en su ánimo indignación y desconsuelo, otorgándole Dios un bien que concuerda con alegría, esperanza y fe.

X

»Ramon, no estéis preocupado por vuestra *Arte*, al contrario, estad alegre y satisfecho de ella, pues, ya que Dios os la dio, justicia y esfuerzo la multiplicarán en leales amadores. Y si bien pasáis ahora amargura, vendrán tiempos mejores en que tendréis ayudantes que la aprendan, que venzan los errores de este mundo, y realicen muchas acciones extraordinarias. Por lo que os ruego, amigo mío, que os consoléis, y que de ahora en adelante no lloréis por hechos virtuosos, antes bien alegraos por los hechos viciosos y esperad gracia y auxilio de Dios.

XI

»Ramon: ¿por qué lloráis y no mostráis alegre rostro, y no os consoláis de vuestro mal talante? Por esta razón me hacéis temer que, estando en pecado mortal, seáis indigno de hacer nada bueno; porque Dios no quiere ser servido por ningún hombre que esté pecando. Y si no se realiza aquello que tanto deseáis, no es por culpa de aquellos de quienes os vais quejando, [sino] porque Dios no quiere que vuestra empresa prospere si estáis en pecado, ya que ningún pecador puede ser principio de ninguna clase de bien, pues el bien y el pecado en nada se parecen.

XII

—Ermitaño, no pretendo negar que no haya pecado mortalmente muchas veces, de lo que me confesé; pero desde que Jesucristo se me apareció en la cruz, tal como antes os he contado, y afirmé mi voluntad en su amor, a sabiendas no cometí ningún pecado mortal. Pero podría ser que por lo que hice cuando era siervo del mundo, amando su vanidad, no me ayude Jesús a hacer bien; pero Dios haría conmigo injusticia y pecado si no me ayudara desde que empecé a amarlo y abandoné el mundo por su amor.

XIII

–Ramon, el hombre negligente no sabe llevar ningún bien a término; y es negligente cuando no quiere acordarse bastante de lo que se propone hacer. Me haces temer que se malogre la general empresa que tú quieres llevar a cabo con los muy grandes señores que no te quieren ayudar, porque tú no pones todo tu amor en ello, y con poco amor no se realiza una gran acción. Y si eres perezoso debes recriminarte a ti mismo; no debes echar las culpas de tu falta a otros, y, estando en la ociosidad, sólo debes desconsolarte por tu causa, no por la de los demás, pues no quieres esforzarte en hacer de modo que honres a Dios con todas tus fuerzas.

XIV

–Ermitaño, ved vos [mismo] si yo soy negligente en procurar el bien general de justos y pecadores: dejé a mi mujer, a mis hijos y a mi hacienda, y estuve treinta años [sumido] en trabajos y en dolencias; fui cinco veces a la corte [pontificia], a mis expensas, a tres capítulos generales de los Predicadores, y también a otros tres de los Menores. Y si supierais lo que he llegado a decir a reyes y a señores, y cuánto he trabajado, no temeríais que hubiese sido perezoso en esta empresa, antes bien me tendríais compasión, si sois hombre piadoso.

XV

–Ramon, todo aquel que quiere llevar a término una empresa de gran importancia, tiene que saber procurarla discretamente; pero si vos no sois hombre discreto ni entendido en ello, y si lanzáis recriminaciones, obráis injustamente, pues censuráis a quienes son discretos y hacen con sensatez lo que conviene a la buena empresa y al encumbramiento de la fe cristiana. Por lo tanto, os aconsejo brevemente que os consoléis en vuestro error, considerando que no sois apto para la empresa, y permaneced apartado entre humildad y paciencia.

XVI

–Ermitaño, mi lucidez no es suficiente para que en cosa tan importante baste mi razón; y si, ignorante, fracaso en ello por falta de entendimiento, y por no ser tan discreto como requiere la magnitud de la empresa, por esto quiero compañeros que me ayuden a llevarla a cabo. Pero buscar compañía no me vale ni poco ni mucho, antes bien me encuentro solo y abandonado; y cuando los miro cara a cara y voy a hablarles de mi propósito, no quieren escucharme, y los más dicen que soy necio porque les echo tal sermón. Pero en el Juicio [final] se manifestará quién es el que tiene lucidez, y quién alcanzará perdón de sus pecados.

XVII

–Ramon, el avaro, cuando quiere realizar una empresa, no puede cumplir ni llevar a cabo lo que pretende; por lo tanto, si sois avaro y no queréis desprenderos de lo vuestro para dar honra a Dios, debéis quejaros de vuestra codicia, pues ella os impide intentar la buena empresa. Y si no podéis ser dadivoso, la pobreza puede oponerse a vuestro propósito, y deberíais tener presente que los grandes [señores] se mueven más por dádivas que por prédicas a favor de los ruegos que se les hacen. Por lo tanto, os aconsejo que, si podéis ser dadivoso, os preparéis a poneros en seguida en marcha, pues con dádivas todo lo alcanzaréis.

XVIII

–Ermitaño, estad seguro de que a mi corazón nunca le pluguieron codicia, dinero ni honores, y que en este negocio he consumido todo mi patrimonio, y he sido tan liberal que mis hijos se hallan en la pobreza. Por lo que no temo ser recriminado de avaricia; ni puedo ser dadivoso, como quisiera, con los hombres, porque no soy rico ni señor de ciudad. Así pues, consideradme inocente de lo que me imputáis. Pero si fuera señor de imperio o monarquía, daría toda mi hacienda hasta que se agotara; mas, quien poco da, no es escuchado atentamente.

XIX

–Ramon, la vanagloria hace que uno se ame a sí mismo para hacer hablar de sí a la gente con encomio, a fin de ser apreciado, amado, honrado y mencionado frecuentemente. Así pues, si trabajáis para alabaros a vos mismo, el orgullo y la vanagloria os hacen despreciable ante aquellos con quienes queréis llevar a cabo vuestra empresa, los cuales no se dignan veros ni os quieren escuchar, porque empresa tan honrosa no debe ser llevada por hombre vil, pues es vil y está en pecado todo aquel que se quiere hacer encomiar más de lo debido. Por lo tanto, no queráis inculpar a otros vuestro error.

XX

–Ermitaño, no sé por qué motivo me tenéis en tan poca estima, pues debe tenerse buen concepto, y no mala opinión, de quien no se conoce. ¿Y por qué no creéis que a empresa tan buena no pueda entregarse completamente un hombre que sirve un poco para ello? Pues si yo fuera malo para todo, intentaría lo contrario, según lo exigen la naturaleza y la razón. Y, así Dios me perdone, nunca hubo en mi ánimo intención de pronunciar tales sermones para cosechar alabanzas, ya que ningún elogio puede ser bueno a hombre pecador.

XXI

–Ramon, tal vez vos no sois conocido, y por esto encontráis decepciones en vuestra empresa, porque ningún tesoro que se halle oculto en tierra no puede ser deseado ni apetecido. Así pues, si vuestro saber no es advertido, ¿cómo queréis que se os conozca? Mostrad lo que sabéis, a fin de que os ayude vuestra *Arte* y vuestro saber, porque quien es desconocido no logra, siendo ignorado, honor ni poder. Y si vos, amigo mío, queréis la salvación de los hombres, la honra de Dios y que vuestro saber no se malogre, procurad que sea conocido.

XXII

–Ermitaño, ¿cómo podéis imaginaros que yo esconda un saber me-

227

diante el cual se demuestre tan decididamente nuestra fe a los hombres equivocados, para que los salve Dios, a quien tanto deseo que todos amen? Estad seguro de que, al contrario, estoy cansado de enseñarlo; y si se estudiaran intensamente mis libros, y no fueran olvidados por otra ciencia, yo sería conocido; pero los leen como gato que pasa sobre brasas, por lo que con ellos nada adelanto en mi propósito. Pero si existiera quien los recordase, quien los entendiera y no les tuviera miedo, con mis libros se podría arreglar el mundo.

XXIII

–Ramon, todo cuanto digo lo hago para consolaros; pero ya que no queréis dejar de llorar, podría ocurrir que me enojara. Mas escuchad y ved si es factible lo que pedís al papa, pues no parece que sea posible probar nuestra fe ni hallar tales hombres que espontáneamente se ofrezcan a ser martirizados por los pícaros sarracenos para predicarles. Así pues, amigo, no os debéis sorprender si el papa y los cardenales no os quieren otorgar lo que les pedís, ya que no puede hacerse.

XXIV

–Ermitaño, si no fuera posible probar la fe, Dios no podría inculpar a los cristianos por no querérsela enseñar a los infieles, y éstos razonablemente se podrían quejar de Dios porque no deja argumentar la mayor verdad. A fin de que el entendimiento ayude a nuestro amor a amar más la Trinidad y la Encarnación de Dios, y pueda luchar mejor contra la falsedad, he escrito el *Pasaje*, donde he revelado claramente cómo se puede recuperar el muy Santo Sepulcro y hallar hombres que vayan a predicar la fe sin miedo de la muerte, y [he indicado] quiénes podrían hacerlo.

XXV

–Ramon, si nos fuera posible demostrar nuestra fe, perderíamos mérito, y por esto no conviene que pueda demostrarse, pues aquel bien se malograría. Porque con la pérdida del bien, el mal sería al punto causa de la demostración que va contra el mérito que existe en el hombre de creer la verdad que no se ve por la fuerza del argumento, sino tan sólo por la fe. Además porque el entendimiento humano no comprende todo el poder de Dios, que es tan infinito que no hay en él cosa finita. Así pues, no parece que vuestras razones tengan ningún valor, y, al no consolaros, obráis inconvenientemente.

XXVI

–Ermitaño, si el hombre se hubiese creado a sí mismo, sería verdad lo que queréis probar; pero como Dios creó al hombre para ser reverenciado por él, que es fin más noble y más elevado que el fin de quien [sólo] se propone ser llevado a la gloria, no son válidas vuestras razones. Ya se ha demostrado antes que la fe se puede probar, si lo recordáis bien; y si puede probarse, no se deduce que lo creado contenga y comprenda a todo el ser increado, sino que lo entiende en la medida en que a él se le ha dado, para que el hombre reciba de Dios plenamente su voluntad, su memoria, entendimiento, poder y bondad.

XXVII

–Ramon, ¿cómo pensáis que se pueda, mediante la predicación, conducir a los sarracenos al bautismo? No me parece que sea útil ir [a ellos], pues Mahoma ordenó que a quien dijera mal de él no se le dejara escapar y que sus razones no fueran escuchadas. Además, [quien fuera a predicarles] no sabría hablar la lengua árabe, y con intérpretes poco podría adelantar con ellos; y si aprende el lenguaje tardará mucho tiempo. Por lo tanto, os aconsejo que os vayáis a rezar a Dios en una alta montaña para contemplarlo conmigo.

XXVIII

–Ermitaño, los sarracenos se hallan en tal estado que los que son sabios no creen en Mahoma por fuerza de argumentos, y desprecian el Corán, porque él vivió deshonestamente. Así pues, en seguida se convertirían si se mantuviera una gran discusión con ellos y se les demostrase la fe por fuerza de argumentos; y ellos, una vez convertidos, convertirían a la gente. Para aprender su lenguaje no se necesita mucho tiempo, y no es preciso hablar mal de Mahoma en seguida. Quien hace lo que puede, el Espíritu Santo hace lo que a él le conviene, dando el cumplimiento.

XXIX

–Ramon, cuando Dios quiera que el mundo se convierta, dará las lenguas por medio del Espíritu Santo para convertir al mundo, tal como habéis oído decir de Cristo y de los apóstoles, de lo que existen muchos escritos; y esta conversión se extenderá por todas partes de tal modo que todos los hombres se unirán en una sola grey que nunca más se desparramará por el mundo. Aquella [grey] será la nuestra, por Dios establecida, y en ella jamás será consentido ningún pecado. Y ya que en nuestro tiempo todos los hombres han pecado tanto que no quieren que sean salvados [los infieles], Dios tiene que hacer milagros porque le han afrentado tanto.

XXX

–Ermitaño, Dios siempre ama la verdad y quiere ser amado y conocido por el hombre, y por esto el hombre tiene siempre libertad para hacer bien, y no mal; y estaría forzado si en el tiempo en que vivimos no tuviese potestad para procurar el honor de Dios ni para tener caridad del prójimo. Por esto no quedo satisfecho con lo que me habéis dicho, y cometéis gran pecado cuando decís que en este tiempo el hombre está atado, por lo que no puede convertir a los equivocados ni puede ser ayudado por Dios en lo que atañe a su honra. Así pues, estoy desconsolado por vuestras palabras.

XXXI

–Ramon, más sensato es retener lo que se ha ganado, que ir a convertir a los malos sarracenos, que no quieren escuchar; por esto, vale más predicar mucho a los cristianos la bondad de Dios, para que lo sirvan. Además, no se sabe si nos traería bien ir a los sarracenos, pues ello podría fracasar hasta tal punto que intentaran matar [a quien les predica]; y, lo que aún es peor, nunca serían buenos cristianos, porque no pueden apartarse de lo que tienen por costumbre. Por lo tanto, vale más que abandonéis vuestra indignación y que dirijáis hacia otra cosa vuestros deseos.

XXXII

–Ermitaño, si fueran pocos los Predicadores, los clérigos seglares, los frailes Menores, y aun los monjes que están sujetos a abad y prior, lo que vos decís sería lo más acertado; pero como sea que en nuestra fe hay muchos hombres de valer que desean morir para honrar a Dios, y que son suficientes para nosotros y para ellos, estoy disgustado; y porque los que están más elevados no hacen lo que deben para dar loor a Dios. Si los padres convertidos no tienen amor a la fe, la tendrán sus hijos. Y es gran necedad lo que decís, porque nadie sale perdiendo si muere por el Criador.

XXXIII

–Ramon, según oigo decir, muchos han ido a predicar a los sarracenos, y poco es lo que han logrado, y también a los tártaros, por lo que me sorprende que estéis tan firme en vuestro propósito; pues toda empresa en la que uno ha sido vencido por la fatiga, mayormente después de haberla intentado muchas veces, hay que abandonarla si se tiene juicio, y, si no se abandona, uno pasa por necio. Por esto os aconsejo, hermano, que tengáis compasión de vuestro cuerpo, al que tanto habéis afligido, que moréis en un lugar tranquilo y que os consoléis de vuestros daños.

XXXIV

–Ermitaño, quien quiere servir y honrar mucho a su buen señor, por nada [del mundo] debe desentenderse ni cansarse de servirlo bien. Pero como vuestro corazón carece de amor, no acertáis en aconsejaros a vos mismo ni a los demás; pues si uno no puede llevar a cabo su empresa una vez, si lo planea bien podrá acabarla en otra ocasión; porque quien inicia una buena empresa, no la consigue al principio, y si los primeros logran poca cosa, los demás podrán hacer mucho. Así pues, os ruego, por piedad, que me dejéis en paz, porque no creo ganar nada con vos, y cuanto más me habláis más me hacéis entristecer.

XXXV

Ramon se enojó, y no quiso oír al ermitaño que le instaba para que abandonase el gran dolor en que se hallaba, y empezó a decir: —¡Señor Dios glorioso! ¿Hay en el mundo tortura como la que sufro al no poder servirte y al no tener quien me ayude a que perdure esta *Arte* que tú me diste, de la que puede venir tanto bien, la cual temo que se malogre después de mi muerte? Pues, en mi opinión, nadie la conoce bien, y yo no puedo obligar a nadie a aprenderla. ¡Ay de mí! Si se malogra, ¿cómo podré excusarme ante ti, que me la encomendaste para que te ensalzara con ella?

XXXVI

—Ramon, los filósofos que hubo antiguamente no conocieron esta *Arte* que tú tienes, por lo que parece que no sea de mucho provecho; y si fuera cierta, ya habría sido hallada antes por ellos, pues su entendimiento fue más alto que el tuyo. Pero si lo que yo digo es mentira, y [realmente] la has recibido de Dios, yerras al temer que después de tu muerte quede reducida a nada, pues todo lo que da Dios llega a buen fin. Además, los antiguos, mientras vivían, no lograban que las artes que inventaban llegasen a elevación, sino que fueron elevadas por los otros que les siguieron.

XXXVII

Quiso consolar a Ramon, pero [éste] se enojó cuando vio que el ermitaño opinaba que los antiguos filósofos, que no conocieron la fe, habían sido principio de todo cuanto es bueno, y conocedores de la Trinidad y la Encarnación; pues los filósofos antiguos no supusieron que en Dios hubiese trinidad ni unión con el hombre, ni amaron ni conocieron la obra que Dios tiene en sí por producción. Y pues ¿por qué razón los filósofos antiguos tienen que tener más penetración en su entendimiento que los que han venido después, que tienen ley y creen en la resurrección?

XXXVIII

—Ramon, nada puedo hacer para consolarte. Escucha este razonamiento, y no te irrites: ¿qué pierde Dios si el mundo no está en buen estado? Cuanto existe no puede elevarlo ni rebajarlo, pues es perfecto en sí mismo y no tiene necesidad de ninguna criatura. Por lo tanto, debes estar satisfecho de la perfección que Dios tiene en sí por su propia bondad; y tú, loco, estás triste como si Dios menguara por el mal estado en que has hallado al mundo. ¡Loco!, ¿por qué no te complaces en la plena divinidad y no te despreocupas de todo lo criado, a fin de que tu corazón alcance a Dios inmenso?

XXXIX

—Ermitaño, poco bien me hacen vuestros consuelos, y aciaga fue la hora en que os encontré; y si no fuese porque temo vergüenza e inconveniencia, nunca más quisiera hablar con vos. Y pues ¿qué podríais decirme que me consolara de ver afrentar, no servir, ni recordar, ni amar, ni conocer a Dios? Y si bien Dios puede bastarse todo él a sí mismo, no satisface al amor de mi corazón el no verle suficientemente honrado; y me desconsuelo y no me puedo alegrar cuando lo veo tan menospreciado por tan viles motivos; pero estoy consolado en cuanto se refiere a la esencia de Dios.

XL

—Ramon, todo cuanto obra Dios, lo hace justamente, y si envía al infierno a los malvados descreídos, no debéis desolaros por ello; y si os indignáis porque Dios hace justicia, vuestra indignación es pecaminosa, y pecáis mortalmente contra Dios, y amáis a aquellos que en la falsedad creen contra el verdadero Dios y lo desobedecen. Si en vos hubiera amor bueno y leal, estaríais contento, porque Dios da torturas a quienes constantemente pecan; ya que quien bien ama no se queja de lo que hace el amado, pues lo hace con justicia.

XLI

—Ermitaño, no me lamento de lo que el Señor hace, sino que en todo cuanto obra le alabo y le adoro; pero como quisiera que se le honrara y que se le amara por encima de todo lo que existe, me quejo, me lamento y estoy [sumido] en tristeza; y como que vos no sabéis de qué procede mi dolor, no acertáis a consolarme ni a darme ningún auxilio. Así, es mejor que me dejéis en indignación y en llanto y que aprendáis a ser mejor consolador, porque sabéis muy poco de ello; y gracias a vos poco mejorarán los pecadores, pues no sentís caridad hacia ellos, al paso que Dios los perdona magnánimamente.

XLII

–Ramon, porque quiero que estéis contento y que no sintáis indignación ni dolor por nada, os quiero consolar, y os ruego que escuchéis. Dios soporta que el mundo sea tan malvado para poder perdonar mejor por dondequiera, pues cuanto más perdona, más piedad tiene y más gracias se le han de dar. Estad, pues, seguro de que Dios tiene tan grande caridad a su pueblo, que se salvarán casi todos los hombres del mundo; porque si no fueran más los salvados que los condenados, su piedad no tendría gran caridad: así pues, consolaos en la gran piedad de Dios.

XLIII

–Ermitaño, me tenéis todo el día discutiendo y no me dejáis recordar mi angustiosa tortura, y lo hacéis para que relegue al olvido la indignación y el desconsuelo que me producen fatigas; pero no llegáis a ninguna conclusión y apeláis más a la gran piedad que a la gran justicia. Y erráis en esto, porque en Dios hay igualmente juzgar y perdonar, según el ordenamiento de sus virtudes; pues no consiente nada que vaya en mengua de su justicia. Por esto el pecador debe tener mucho miedo; y por esto lloro, pues no es reverenciado.

XLIV

–Ramon, los hombres que están predestinados es forzoso se salven, pues, si no lo fueran, podría mudarse el saber de Dios en su contrario, mudanza de la que no existe posibilidad, pues si la hubiera no sería perfecto el saber de Dios, sino menguable; y ya que es perfecto, consolaos en su perfección, contra la que pecáis al no conformaros en lo que ha sido juzgado y concedido por la voluntad de Dios, como lo sabe su ciencia y la verdad hace cierto.

XLV

—Ermitaño, si fuerais persona letrada hablaríais más acertadamente de los hombres predestinados: no echaríais en olvido la libertad de Dios, que la tiene en sí mismo y en cuanto ha creado; y que, por lo tanto, la ha dado al hombre para que le sirva sin ser forzado, pues Dios es tan bueno que debe ser servido voluntariamente. Tal servicio no existiría si [Dios] fuera servido y amado por hombres predestinados, y uno se salvaría sin ser juzgado, pues no puede haber juicio sin libertad, y la libertad no es constreñida por precitos y predestinados.

XLVI

—Ramon, si vos tuvierais gran esperanza, a pesar de que el mundo esté en grave peligro, no sentiríais pena por su mal estado; porque Dios, que está todo lleno de piedad, pronto traerá al mundo felicidad tan grande que los hombres se alegrarán. Y tened la seguridad de que esto es cierto, porque Dios dio principio al hombre con la piedad y la bondad que tiene en su semejanza; y si por esto vos no abandonaseis la tristeza, no tendríais piedad ni confianza en bondad, y os opondríais a Dios y a su amor.

XLVII

—Ermitaño, antes de que el mundo se halle en buen estado, se harán muchos ultrajes al verdadero Dios; además, no veo que suceda nada que indique que el tiempo esté próximo; pues lo que yo presento a la corte [pontificia] no lo aprueban al instante ni el papa ni los cardenales, sino que le van dando largas. Ello me entristece tanto que no puedo hallar ningún consuelo; porque lo que yo les ofrezco enseña con toda claridad el orden que se puede establecer brevemente en el mundo; y no le dan ningún valor, antes bien tómanlo a burla como si fuera cosa de persona que habla insensatamente. Por esto tales hombres me hacen desesperar.

XLVIII

Consideró el ermitaño si podría consolar de algún modo a Ramon, que tanto se lamentaba; y le dijo que la Virgen María, y con ella todas las jerarquías de los ángeles, y los santos, ruegan noche y día a Jesucristo, hijo de aquélla, que le plazca dar en breve orden y camino al mundo para que le honre y le sirva. —Esto os debería consolar, Ramon, pues Jesucristo hace siempre lo que le piden su piadosa madre, los ángeles y los santos; consolaos, pues, con esto, y vuelva la alegría a vos.

XLIX

—Ermitaño, cuando considero que la Señora de amor, y Señora de valor, y de justos y pecadores, y que todos los santos ruegan a Nuestro Señor que todo el mundo haga honor a Jesucristo, y veo que el mundo le hace tantos ultrajes, pienso morirme de indignación y de dolor; porque los malvados pecadores son tan indignos que Dios casi no soporta que se le interceda por ellos; y así el mundo perdura en su error y apenas hay quien quiera alabar a Dios, antes bien alabarse a sí mismo, a sus hijos o a su azor. ¿Quién podría, pues, estar alegre y no triste?

L

—Ramon, no me parece que seáis persona sufrida, ya que no queréis hallar consuelo en nada. ¿Cómo no os acordáis de Job, que padeció tantas pérdidas, y en su cuerpo tantas torturas, y llegó a ser tan pobre que no le quedó nada? Pero se conformó, y vos no os queréis conformar por nada del mundo, estando como estáis sano y en posesión de hacienda, dinero, vestidos, hijos y otras cosas que producen satisfacción; y como que a Dios no le gustan los hombres mal sufridos, no tolera que se lleve a cabo la empresa divina que vos conducís, ni tolera ser reverenciado.

LI

—Ermitaño, no es gran cosa consolarse de la pérdida de hijos, dinero, hacienda y de estar enfermo, si ello place a Dios. Pero ¿quién puede consolarse de que Dios sea olvidado, menospreciado, blasfemado y sumamente ignorado, lo que hace que Dios esté muy descontento? Además, vos no sabéis hasta qué punto soy, a causa de Dios, despreciado, y he sido muchas veces golpeado, maldecido y vituperado, puesto en peligro de muerte, tirado de las barbas; y por la virtud de Dios he tenido paciencia; pero no hay en el mundo quien pueda hacerme estar conforme en que Dios sea tan poco amado en el mundo.

LII

—Ramon, según veo, haces todo lo posible para que Dios sea reverenciado por todo el mundo; lo cual Dios justo debe agradecértelo tanto como si la empresa se realizara. Ello debe producirte consuelo y mitigar tu dolor, porque has adquirido mucho mérito y puedes esperar buena recompensa; y no te preocupes por los pecados de los que disgustan a Dios: alégrate de ti y de tu conducta y no te inquietes demasiado por lo que pretendes ni porque los demás no siguen tu voluntad. Bástete amar y temer a Dios.

LIII

—Ermitaño, el hombre no ha sido creado primordialmente para adquirir mérito y mucha glorificación, sino para que Dios sea reverenciado en el mundo por su pueblo. Por esto no me alegro si gano gran premio, ni me entristezco si lo obtengo menguado, pues no es ésta mi finalidad; sino que toda mi indignación, mi dolor y mi pena proceden de que en el mundo no se ha establecido tal orden que haga a Dios honrado y amado por toda la gente y que todos los hombres se hallen en la fe de salvación. Y como que vos me queréis dar consuelo en lo que es imposible darlo, habláis inútilmente.

LIV

—Ramon, ¿cuál es esta empresa que anheláis tanto, mediante la cual Dios será tan honrado en el mundo? Pues bien podría ser que no fuerais adecuado para tal empresa, y que ésta conviniera a otro, por el cual el mundo sería llevado a buen fin; porque si la empresa corresponde a otro, en vano trabajáis, y trabajaríais, aunque vivierais mil años, sin llegar a lo que os proponéis, pues nadie puede llevar a cabo empresa en la que va desencaminado. Por esto os ruego que me expliquéis claramente el proyecto, y veamos los dos si vuestra empresa es adecuada para que Dios pueda ser más amado.

LV

–Ermitaño, ya os he explicado el modo de que Dios sea más honrado, si bien lo recordáis: es decir, que el papa dispusiese de muchos hombres letrados y animosos que desearan ser martirizados por Dios, a fin de que fuera comprendido y reverenciado por todo el mundo; y que a todos ellos se les enseñara la lengua [de los infieles], tal como se dispuso en Miramar, ¡que le remuerda la conciencia a quien lo malogró! Además, que para [costear] la expedición, los clérigos y los prelados diesen el diezmo de sus bienes; y que esto continúe hasta conquistar el [Santo] Sepulcro. Y sobre ello he escrito un libro.

LVI

»Ermitaño, aún existe otra providencia, que prosperará grandemente la expedición, y ayudará a destruir el error en que está la gente: que el papa haga que se reúnan los cismáticos para entablar una gran discusión, sobre la cual ya hemos escrito; y una vez recobrados los cismáticos, que son en gran número, no habrá quien pueda oponerse con malas intenciones a la Iglesia, ni con armas ni con argumento alguno; y que se unifiquen las órdenes del Temple y del Hospital, y sea su maestre rey del Santo Sepulcro. No conozco otro medio mejor para reverenciar a Dios.

LVII

Consideró el ermitaño que decía verdad, y se quedó muy preocupado no pudiendo hallar solución más provechosa que la que decía Ramon; por lo que se apiadó y se arrepintió sinceramente de haberlo fatigado tanto. Quiso quedarse, triste y desconsolado, con Ramon, a quien llorando y suspirando rogaba que lo perdonase; y dijo: –¡Ay verdad, devoción y caridad! ¿Dónde está la gratitud de que Dios es merecedor?– Cuando Ramon vio que el ermitaño había llegado a un acuerdo con él, se acercó a besarlo. Lloraron mucho juntamente.

LVIII

–Ramon –dijo el ermitaño–, ¿cómo podríamos convencer al papa y a los cardenales, y conseguir la empresa? Pues en cosa tan noble quiero persistir siempre, e invertir todas mis fuerzas para procurarla, ya que con ella el mundo valdrá más; y estoy disgustado de no haberla penetrado antes, pues, si así fuera, nada me habría impedido aprender el árabe y vuestra ciencia, a fin de ir a [tierra de] sarracenos para mantener la fe sin miedo de la muerte, y a fin de experimentar el placer de morir por honrar y querer a Jesús. Mejor es morir por él, que vivir para uno mismo.

LIX

–Ermitaño, ya estoy cansado de exponer esta empresa en la corte [pontificia], pues nada he podido concluir; y si vos quisierais intentar en la corte esta empresa de Jesús y hacer cuanto pudierais durante mucho tiempo, podría suceder que se llevara a cabo; aunque fuera preciso que os convirtierais en una especie de juglar, y cantarais en la corte los *Cien Nombres* que he escrito sobre Dios, y que he puesto en verso para que se canten y se digan sin temor [de olvidarlos]. Pero no creo que sea buen consejo, pues ello haría menospreciar los libros que Dios me ha hecho componer.

LX

–Ramon, cuando esté en la corte, vos ¿dónde estaréis? ¿Por qué no intentáis allí conmigo la empresa de Jesucristo, ya que vos la habéis iniciado? Y si se burlan de nosotros, ¿en qué seréis escarnecido [si no os halláis presente]? Me mandáis que haga lo que vos no queréis hacer; y ello me hace creer que no sois capaz para esta empresa ni para otra ninguna. Pero vayamos a la corte y nada temáis; no seáis como los que dicen «Señor, haced» cuando ellos no lo harían. Deberíais avergonzaros, pues no tenéis excusa y obráis hipócritamente, en lo que pecáis, y malográis por vergüenza el bien que habéis realizado.

LXI

–Ermitaño, yo me propongo volver a [la tierra de] los sarracenos para llevarles nuestra fe; y voy sin miedo a la muerte, que es más llevadera que soportar vergüenza por honrar a Jesucristo, la cual nada temo, pues debe ser amada. Pero a fin de no exponer mi *Arte* a los desprecios al emplear el estilo propio de los juglares, y además porque creo hacer más bien en otro lugar, me propongo no volver ahora a la corte. Y si vos me recrimináis ahora tan agriamente, tal vez lo hacéis para excusaros de ir a la corte. Así pues, dejémoslo.

LXII

Se arrepintió el ermitaño de haber censurado a Ramon, y le dijo que le había atacado tan reciamente con el fin de que fuera con él a la corte. –Ramon –dijo el ermitaño–, me propongo estar en la corte dos o tres años, aunque no haga nada; pero luego pretendo empezar a recorrer mundo, e ir a prelados, marqueses, religiosos y reyes para hacer todo cuanto pueda por llevar a buen término la empresa que me habéis encomendado. Pero quisiera que mi sitio en la corte lo ocupara otro, para que se formase un círculo [de instigadores sucesivos] hasta que en la corte se realizara este gran proyecto.

LXIII

–Ermitaño –dijo Ramon–, bien habéis discurrido; pues gracias a este círculo se podrá llevar a cabo empresa tan buena y tan grande para la cristiandad. Y decid por ahí, a los reyes y a los prelados, que si no la emprenden pronto, ya está establecido por los sarracenos que los turcos se unan con ellos, y ya han convertido una gran cantidad; y los tártaros convertidos al mahometismo fácilmente podrán destruir casi toda la cristiandad, hasta tal punto que no quedará cristiano con monarquía y ningún prelado tendrá caballo gordo y reposado. Ved, pues, ermitaño, cómo está el mundo.

LXIV

–Ramon –dijo el ermitaño–, quisiera saber por qué razón Dios quiere comportarse de este modo con el mundo, que, siendo suyo, lo menosprecia; y cómo puede permitir su bondad que tantos pecadores vayan a padecer en el infierno. Os ruego, Ramon, que me digáis la verdad, pues cuanto más me habléis más aprovecharé, y mejor podré llevar la empresa que me encargáis. Porque desde que el mundo fue creado hasta ahora, a mi parecer, si un hombre se salva hay mil penando en el infierno, para siempre. ¿Cómo puede suceder esto sin que la Iglesia ni los hombres hagan cuanto puedan [para evitarlo]?

LXV

—Ermitaño, ya os dije, y bien podéis recordarlo, que Dios creó al hombre más para su servicio y su honor que para que se glorificara. Y como sea que el hombre no permanece dentro de los fines para que ha sido creado cuando desea más procurar su propia salvación y bienestar que la honra de Dios, por esto no puede estar en gracia, sino que está en pecado y sentado al borde del abismo. Por esta razón se pierde el mundo y no se quiere despertar, y no me sorprende que Dios no quiera amarlo y que deje que el demonio haga tanto daño, pues así se puede vengar cumplidamente de las afrentas que recibe.

LXVI

El ermitaño y Ramon se despidieron, y, llorando, se besaron y se abrazaron; cada uno dijo al otro que con Dios se partiese y que lo recordaría en su oración. Al separarse se contemplaron con gran caridad, piedad y pena, ambos arrodillados, y cada uno santiguó al otro y le dio gracias. Se separaron el uno del otro lanzando muchos suspiros, pues no creían volver a reunirse en este mundo, sino en el otro, si a Dios le placía. Y en cuanto se hubieron alejado un poco el uno del otro, al punto el uno fue intensamente deseado por el otro.

LXVII

El ermitaño pensó en los trabajos y los afanes que habían entristecido a Ramon durante muchos años, y además que se exponía a gran peligro. Levantó los ojos al cielo, con las manos juntas y de rodillas, y dijo a Dios llorando con piedad y amor: —¡Oh Dios, inmenso y piadoso, os pido por favor que Ramon esté con vos, y que lo preservéis de mal! A vos, Dios poderoso, encomiendo a mi amigo Ramon, y [os ruego] que enviéis al mundo hombres que tengan anhelo de muerte por vuestro amor, y que vayan enseñando la verdad de la fe, predicando por el mundo tal como ahora lo va haciendo Ramon.

LXVIII

Cuando Ramon recordó la gran tempestad por la que durante tanto tiempo había sido azotado, y se acordó del ermitaño que se había lanzado a ella, lloró copiosamente y sintió compasión de él; y dijo a Jesucristo, con las manos juntas y de rodillas: —¡Oh vos, verdadero Dios y hombre, por quien me he afanado para que fuerais conocido y amado en todo el mundo! Si place a la justicia que me mostréis agradecimiento, plázcaos que el ermitaño sea premiado, pues con tanto entusiasmo se ha vinculado a mi compañía; y haced que por él se realice aquello en que yo tan poco he conseguido, y ayudadme a mí a prosperar la cristiandad.

LXIX

Acaba el *Desconsuelo* que ha escrito Ramon, en el cual ha explicado el ordenamiento del mundo, y lo ha puesto en verso para que no se olvide; pues podría suceder que algunos hombres animosos se adhiriesen a la empresa, hasta que llegue a su término lo que Ramon ha requerido del papa. Porque si la empresa es organizada por el papa y los cardenales consienten en ella, todos los males podrán ser alejados del mundo, y el mundo entero se prendará de tal modo de Dios que la fe cristiana no será contradicha. Este *Desconsuelo* encomiendo al Espíritu Santo. Amén.

Este Desconsuelo *fue compuesto en la corte de Roma,
y se canta con la tonada del* Berart

Canto de Ramon
(*Cant de Ramon*, Mallorca 1300)
(OE I, págs. 1301-1302, trad. de A. Vega)

Soy creado y ser me ha sido dado
para servir a Dios y así ser honrado,
y he caído en gran pecado
y en ira de Dios fui puesto.
Jesús me vino crucificado,
quiso que Dios fuese por mí amado.

Por la mañana fui a pedir perdón
a Dios, y tomé confesión
con dolor y contricción.
De caridad, oración,
esperanza, devoción,
Dios me hizo provisión.

El monasterio de Miramar
hice a frailes Menores donar,
para predicar a los sarracenos.
Entre la viña y el hinojal
el amor me tomó, me hizo amar a Dios
y estar entre suspiros y llantos.

Dios Padre, Hijo, Dios espíritu,
que es Santa Trinidad,
traté acerca de cómo fuesen demostrados.
Dios Hijo ha bajado del cielo;
nacido de una virgen,
Dios y hombre, llamado Cristo.

El mundo estaba condenado;
murió para dar salvación
Jesús, por quien el mundo fue creado.
Jesús subió al cielo sobre el trono;
vendrá a juzgar al malo y al bueno,
no valdrán llantos para pedir perdón.

Nuevo saber he encontrado;
por él se puede conocer la verdad
y destruir la falsedad.
Sarracenos serán bautizados,
tártaros, judíos y cuantos están errados,
por el saber que Dios me ha dado.

La cruz he tomado; envío amor
a la Señora de los pecadores
que de ella me venga gran socorro.
Mi corazón es casa de amor
y mis ojos fuentes de llanto.
Entre gozo estoy y dolor.

Soy hombre viejo, pobre, menospreciado,
no tengo ayuda de hombre nacido
y he cargado con demasiado.
Gran cosa he buscado del mundo:
muy buen ejemplo he dado:
poco soy conocido y amado.

Quiero morir en piélago de amor.
Por ser mayor no tengo temor
de mal príncipe ni mal pastor.
Todos los días considero el deshonor
que hacen a Dios los grandes señores
que llevan al mundo a error.

Ruego a Dios mande mensajeros
devotos, sabios y verdaderos,

a conocer que Dios es hombre.
A la virgen en la que Dios se hizo hombre
y a todos los santos a ella sometidos,
ruego que no sea conducido al infierno.

Alabanza, honor al mayor Señor,
al cual tramito mi amor
para que de él reciba resplandor.
No soy digno de hacer honor
a Dios: ¡tan fuerte pecador soy,
y soy de libros trovador!

Adonde voy pienso en hacer el bien,
y al final nada puedo hacer; porque tengo ira y pesar.
Con contrición y llanto
quiero a Dios tanta merced clamar
que mis libros quiera ensalzar.

Santidad, vida, sanidad, gozo me dio Dios y libertad,
y me guardó de mal y pecado.
A Dios todo me he encomendado:
mal espíritu ni hombre airado
no tengan en mí potestad.

Mande Dios a los cielos y a los elementos,
plantas y a toda cosa viva
que no me hagan mal ni tormento.
Me dé Dios compañeros conocedores,
devotos, leales, humildes, temerosos,
para procurar sus honores.

Arte breve
(*Ars brevis*, Pisa 1308)
(Ramon Llull, *Antologia filosòfica*, ed. de Batllori,
trad. de A. Vega, Barcelona 1984, págs. 71-84)

Dios, con vuestra gracia, sabiduría y amor comienza el *Arte breve*, el cual es una imagen del *Arte general*, que comienza: Dios, con vuestra suma perfección comienza el *Arte general*.

Prólogo

La razón por la cual hacemos este *Arte breve*, es con el fin de que el *Ars magna* sea más fácilmente sabido; pues, una vez conocido este *Arte*, también los otros *Artes* pueden ser sabidos y aprendidos fácilmente.

El fin de este *Arte* es responder a todas las cuestiones, a sabiendas de que se sepa qué quiere decir cada nombre.

Y este libro se divide en trece partes, en las cuales está dividida el *Ars magna*. La primera parte trata del *Alfabeto*. La segunda, de las *Figuras*. La tercera, de las *Definiciones*. La cuarta, de las *Reglas*. La quinta, de la *Tabla*. La sexta, de la *Evacuación de la tercera figura*. La séptima, de la *Multiplicación de la cuarta figura*. La octava, de la *Mezcla de los principios y las reglas*. La novena, de los *Nueve sujetos*. La décima, de la *Aplicación*. La undécima, de las *Cuestiones*. La duodécima, de la *Habituación*. La décimo tercera, de la *Manera de enseñar este Arte*.

Primera parte, que es del Alfabeto de este Arte

En este *Arte*, ponemos un alfabeto con el fin de poder hacer figuras con él, y conocer y mezclar principios y reglas en busca de la verdad, pues mediante una letra que tenga muchos significados, la inteligencia es más general para recibir muchos significados, y también para crear la ciencia. Y ciertamente hay que conocer de memoria dicho alfabeto, de otro modo el estudiante de este *Arte* no podrá emplearlo bien.

B significa bondad, diferencia, cuestión, Dios, justicia y avaricia.

C significa grandeza, concordancia, qué, ángel, prudencia y gula.

D significa duración, contrariedad, de qué, cielo, fortaleza y lujuria.

E significa poder, principio, por qué, hombre, templanza y soberbia.

F significa sabiduría, medio, cuánto, imaginativa, fe, acedía.

G significa voluntad, fin, cuál, sensitiva, esperanza, envidia.

H significa virtud, mayoría, cuándo, vegetativa, caridad, ira.

I significa verdad, igualdad, dónde, elementativa, paciencia, mentira.

K significa gloria, minoría, cómo y con qué, instrumentalidad, piedad e inconstancia.

Segunda parte, que es de las figuras
Capítulo I
Figura primera

Esta parte se divide en cuatro, es decir, en cuatro figuras. La primera figura es de A. Esta figura contiene en sí misma nueve principios, a saber, bondad, grandeza, etc., y nueve letras, es decir, A, B, C, etc. Esta figura es circular, con el fin de que el sujeto pueda cambiarse en predicado, y al revés, como cuando se dice: la bondad es grande y la grandeza es buena, y así de los otros. En esta figura, el estudioso del *Arte* busca la conjunción natural entre el sujeto y el predicado, la definición y la proporción, para poder encontrar un medio para llegar a la conclusión.

Cualquier principio, tomado en sí mismo, es enteramente general, como cuando se dice: bondad o grandeza. Pero cuando un principio es referido a otro, entonces aquél es subalternado, como cuando se dice: bondad grande, etc.; y cuando algún principio es referido a algo singular, entonces es un principio especialísimo y especificado, como: la bondad de Pedro es grande. Y así el intelecto tiene una escalera para subir, y para bajar de un principio enteramente general a otro no enteramente general ni del todo especial; y de un principio enteramente general, pero no del todo especial, a otro totalmente especial. Y la misma cosa puede decirse, de manera semejante, del ascenso de esta escalera.

En los principios de esta figura está incluido todo lo que es; pues todo lo que es, o es grande, o bueno, etc., como Dios y el ángel, que son buenos y grandes, etc. Por lo cual, todo lo que es, puede ser reducido a dichos principios.

Capítulo II
Figura segunda.
De la segunda figura, representada por T

La segunda figura es denominada T. Esta figura contiene en sí tres triángulos, y todo aquello que es general a toda cosa. El primer triángulo es de diferencia, concordancia y contrariedad, dentro del cual entra, a su manera, todo lo que es. Pues todo lo que es, es en diferencia, en concordancia o en contrariedad, y nada puede encontrarse que caiga fuera de estos principios.

Pero hay que saber que cualquier ángulo de este triángulo tiene tres especies, pues hay diferencia entre vegetal y sensual, como entre la piedra y el árbol, y también entre sensual e intelectual, como entre el cuerpo y el alma, y más aún entre intelectual e intelectual, como entre el alma y Dios, o entre el alma y el ángel, o entre un ángel y otro ángel, o entre Dios y el ángel. Y la misma cosa puede decirse, a su propia manera, de la concordancia, y de la contrariedad.

Y así, la diferencia que hay entre cualquier ángulo de este triángulo, es escalera del intelecto, por la cual éste sube y baja con el fin de encontrar un medio natural entre el sujeto y el predicado, con cuyo medio pueda concluir y declarar la proposición. Y, a su manera, la misma cosa puede decirse de la escalera de la concordancia y de la contrariedad.

Otro triángulo es de principio, medio y fin, en el cual entra todo lo que es. Pues todo lo que es consiste en principio o en medio o en fin, y nada puede encontrarse fuera de estos principios.

En el ángulo del principio, la causa significa la causa eficiente, la material, la formal y la final. En cambio, por la cantidad y el tiempo son significados los otros nueve predicamentos y todo lo que puede reducirse a ellos.

En el ángulo del medio hay tres especies, a saber, medio de conjunción, que es entre el sujeto y el predicado, como cuando se dice: el hombre es animal (pues entre hombre y animal hay medios, es decir, la vida, y su cuerpo, sin los cuales no podría haber animales); y, también, medio de medida, que se da por el acto existente entre el agente y el agible, tal como amar se encuentra entre amante y amable; y, además, medio de las extremidades, como la línea que hay entre dos puntos. Y este ángulo del medio es una escalera general del intelecto.

Tres son las especies del ángulo del fin. La primera es la del fin de privación, el cual significa hábito privativo, y las cosas que están en tiempo pasado. La segunda especie es la de terminación o acabamiento, la cual significa los términos o metas, como son los dos puntos con los que acaba una línea, como amar en amante y en amado. La tercera especie es el fin de perfección, que es el fin último, como el hombre, que es para multiplicar su especie, y para que entienda, ame y adore a Dios, y otras cosas semejantes. Y este ángulo de fin es también una escalera general del intelecto.

El tercer triángulo es de mayoría, igualdad y minoría, y es general a todas las cosas según su propia manera; pues todo cuanto es, es o en mayoría o en igualdad o en minoría.

La mayoría tiene tres especies. La primera, cuando se da entre sustancia y sustancia, como la sustancia del cielo, que es mayor que la sustancia del fuego. La segunda especie se encuentra cuando la mayoría es entre sustancia y accidente, en donde la sustancia es mayor por su cantidad, pues la sustancia existe por sí misma, lo cual no sucede con el accidente. La tercera especie es cuando hay mayoría entre accidente y accidente, como entender, que es mayor que ver; y ver, más que correr. Y en la manera que hemos dicho de la mayoría, podría decirse de la minoría, pues son términos relativos.

El ángulo de igualdad tiene tres especies. La primera es cuando las cosas son sustancialmente iguales, como Pedro y Guillermo, que son iguales en la sustancia. La segunda especie es cuando la sustancia y el accidente se igualan, como la sustancia y su cantidad. La tercera especie es cuando hay igualdad entre accidente y accidente, como entre entender y amar, que son iguales en el objeto. Y este ángulo es una escalera del intelecto, por la cual éste sube y baja, como ha sido dicho en los otros triángulos. Y cuando el intelecto sube a los objetos más generales, aquél es general; y cuando baja a los particulares, es particular.

Esta figura T sirve a la primera figura, pues por diferencia distingue entre bondad y bondad, entre bondad y grandeza, etc. Y por esta figura, unida a la primera, el intelecto adquiere la ciencia; y como esta figura es general, el intelecto es general.

Capítulo III
Figura tercera

La tercera figura está compuesta de la primera y de la segunda, pues la B que está en ella, equivale a la B que está en la primera y en la segunda figuras, y así de las otras letras. Aquélla contiene treinta y seis cámaras, como aparece al que la mira. Cada cámara tiene muchos y diferentes significados, por razón de las dos letras contenidas en ella: así como la cámara BC tiene muchos y diferentes significados para BC; y de manera semejante la cámara BD tiene muchos y diferentes significados para BD, etc. Y esto ya aparece en el alfabeto predicho.

Cada cámara contiene dos letras, y éstas significan sujeto y predicado, en los cuales el estudioso del *Arte* busca el medio por el que el sujeto y el predicado se unan: como bondad y grandeza, que se juntan por concordancia, y así en otras semejantes; con cuyo medio quien estudia el *Arte* intenta concluir y declarar la proposición. En esta figura queda significado que cada principio se atribuye a cualquier principio; así como B, que se atribuye a C, D, etc.; y C, al cual son atribuidos D, E, etc., tal como aparece en la figura. La razón de esto es para que el intelecto, con todos los principios, conozca cualquier principio, y aduzca muchas razones para llegar a la misma conclusión.

Y queremos dar un ejemplo de la bondad, que hacemos sujeto; y de los otros, predicado; así como: la bondad es grande, la bondad es duradera, la bondad es poderosa, la bondad es cognoscible, la bondad es amable, la bondad es virtuosa, la bondad es verdadera, la bondad es gloriosa, la bondad es diferente, la bondad es concordante, la bondad es contrariante, la bondad es principiante, la bondad es mediadora, la bondad es acabadora, la bondad es mayorificadora, la bondad es igualadora, la bondad es minorificadora. Y lo que hemos dicho de bondad puede decirse también de los otros principios, a su manera.

Esta figura es fuerza general, con la cual el intelecto es muy general para hacer ciencia. La condición de esta figura es que una cámara no sea contra otra cámara, antes bien concuerden la una con la otra en la conclusión: como, por ejemplo, que la cámara BC no sea contra la cámara BD, y así con las otras. Con tal condición, el intelecto se condiciona a sí mismo, y hace ciencia.

Capítulo IV
Figura cuarta

La cuarta figura tiene tres círculos, del cual el superior es inmóvil, y los dos inferiores son móviles, como aparece en la figura. El círculo mediano gira bajo el círculo superior inmóvil, como cuando se pone C bajo B. Y el círculo inferior gira bajo el círculo mediano, como cuando se pone D bajo C, y entonces se forman nueve cámaras: BCD es una cámara, CDE otra, y así las restantes. Después colóquese la E del círculo menor bajo la C del círculo mediano, y entonces se forman otras nueve cámaras, a saber, BCE es una cámara, y CDF otra.

Y cuando todas las letras del círculo menor hayan pasado bajo la B del círculo mayor y bajo la C del círculo mediano, entonces C es medio entre B y D, con el fin de que B y D participen mutuamente por los significados de C, y así de las otras cámaras. De esta manera, por medio de las cámaras, el hombre busca las conclusiones necesarias, y las encuentra.

Nuevamente, han de correrse las letras del círculo inferior con B del mismo círculo mayor y con D del círculo mediano, y hágase así con las otras letras de los círculos mediano e inferior, cambiándolas (mientras la B del círculo mayor permanece inmóvil), hasta que la B del círculo mayor llegue a la I del círculo mediano y a la K del círculo inferior, y de esta manera habrá doscientas cincuenta y dos cámaras.

Esta figura es más general que la tercera, porque en cualquier cámara de esta cuarta figura hay tres letras, mientras que en cada cámara de la tercera figura sólo hay dos. Y por eso el intelecto es más general por la cuarta figura que no por la tercera.

Es propio de la cuarta figura que el intelecto aplique a su propósito aquellas letras que parezcan más aplicables a éste; y, una vez hecha la cámara con tres letras, entienda su significado, mirando la conveniencia que hay entre el sujeto y el predicado, evitando la inconveniencia. Y, con esta condición, el intelecto hace ciencia por la cuarta figura, y tiene muchas razones para la misma conclusión.

Hemos dicho de las cuatro figuras que hay que saberlas de memoria, y sin las cuales el estudioso no puede usar este *Arte*, ni practicarlo.

Tercera parte, que es de las definiciones

En este *Arte*, sus principios son definidos con el fin de que aquéllos sean conocidos por las definiciones y para que se los use, afirmando y negando, de tal manera, que las definiciones permanezcan invariables. Y, con estas condiciones, el intelecto hace ciencia, y encuentra medios, y rompe la ignorancia, que es su enemiga.

B. Bondad es un ente, por razón del cual lo bueno obra el bien.

C. Grandeza es aquello por razón de la cual bondad, duración, etc. son grandes.

D. Duración es aquello por razón de la cual grandeza, etc. duran.

E. Poder es un ente por razón del cual bondad, grandeza, etc. pueden existir y actuar.

F. Sabiduría es aquello por razón de la cual quien sabe, entiende.

G. Voluntad es aquello por razón de la cual bondad, grandeza, etc. son amables y deseables.

H. Virtud es origen de la unión de bondad, grandeza y los otros principios.

I. Verdad es aquello que es verdadero de bondad, grandeza, etc.

K. Gloria es la misma delectación en que bondad, grandeza, etc. reposan.

TB. Diferencia es aquello por razón de la cual bondad, etc. son razones inconfusas, es decir, claras.

TC. Concordancia es aquello por razón de la cual bondad, etc. concuerdan en un ser y en muchos.

TD. Contrariedad es la mutua resistencia de algunos seres a causa de los diversos fines.

TE. Principio es aquello que está en relación con toda cosa, por razón de una cierta prioridad.

TF. Medio es el sujeto en que el fin influye sobre el principio y el principio refluye sobre el fin, y abraza la naturaleza de ambos.

TG. Fin es aquello en que el principio reposa.

TH. Mayoría es una imagen de la inmensa bondad, grandeza, etc.

TI. Igualdad es el sujeto en que el fin de la concordancia, de la bondad, etc. reposa.

TK. Minoría es ente sobre nada.

Hemos dicho de las definiciones de los principios que hay que saberlas de memoria, pues si se ignoran las definiciones, el *Arte* no puede ser enseñado.

Vida coetánea

(*Vita coaetanea*, París 1311)
(Ramon Llull, *Autobiografía*, Barcelona 1987, págs. 15-37,
ed. de M. Batllori, trad. de A. M.ª de Saavedra,
según la ed. crítica latina de H. Harada, ROL 8,
Turnholti 1980, págs. 259-309)

1. A honor, gloria y amor del solo Señor Dios nuestro Jesucristo, vencido de la instancia de ciertos amigos suyos religiosos, refirió Ramon y permitió que fuera escrito lo que aquí sigue sobre su conversión a penitencia y sobre algunos hechos suyos.

2. Siendo Ramon senescal de mesa del rey de Mallorca, joven aún, y harto dado a componer vanas cantilenas o canciones y a otras liviandades del siglo, estaba sentado una noche junto a su cama, dispuesto a componer y a escribir en su vulgar una canción sobre cierta dueña a quien entonces amaba con amor desatinado. Mientras comenzaba, pues, a escribir la predicha canción, mirando a la diestra vio a nuestro Señor Jesucristo, como pendiente en la cruz. Habiéndolo visto, sintió temor, y, dejado lo que tenía en manos, entró en su lecho para dormir.

3. Levantado, con todo, al día siguiente, y vuelto a las vanidades de siempre, poco curaba de aquella visión; y aun pasados pronto casi ocho días, en el mismo lugar de antes y casi a la misma hora, de nuevo se dispuso a escribir y a terminar su canción predicha; y de nuevo el Señor le apareció en la cruz, como antes; más aterrado entonces que al comienzo, entró en su lecho y se durmió, como la otra vez; y ni aun al día siguiente, descuidado de la aparición habida, dejó su devaneo. Por el contrario, muy poco después se esforzaba por terminar la canción comenzada, hasta que, sucesivamente por tercera y cuarta vez, interpuestos algunos días, le apareció el Salvador, siempre en la misma forma de antes.

4. La cuarta, pues, o aun la quinta vez, según más bien se cree, presente a él la misma aparición, aterrado en extremo, entró en su lecho, discurriendo consigo mismo en su pensamiento toda aquella noche qué de-

bían significar estas visiones tantas veces repetidas. De una parte, a veces, le dictaba la consciencia que aquellas apariciones no pretendían sino inducirle a dejar al punto el mundo y entregarse del todo desde entonces al servicio del Señor Jesucristo; de otra parte, no obstante, su consciencia se proclamaba de antiguo culpable e indigna del servicio de Cristo. Y así, ya debatiendo consigo mismo estas cosas, ya orando a Dios con más recogimiento, pasó insomne aquella noche, en congoja. Al fin, por don del Padre de las luces, consideró la mansedumbre de Cristo y la paciencia y misericordia que tuvo y tiene hacia cualesquiera pecadores; y así entendió, por fin, con toda certeza, ser voluntad de Dios que Ramon dejara el mundo y sirviera totalmente desde entonces de corazón a Cristo.

5. Comenzó, pues, dentro de sí mismo, a revolver en el pensamiento cuál sería el servicio que más agradaría a Dios, y le pareció que nadie podía prestar a Cristo mejor ni más grande servicio que dar la propia vida y el alma por amor a él y a honor suyo; y ello convirtiendo a su culto y servicio a los sarracenos, que con su multitud rodean por todas partes a los cristianos. Pero, en esto, volviéndose a sí mismo, entendió estar falto de toda ciencia para tan alto negocio, como quien ni tan sólo en gramática aprendiera sino acaso muy poco. Por lo cual, consternado en su pensamiento, comenzó a dolerse sobremanera.

6. Así, pues, mientras con mente acongojada resolvía estas cosas, he aquí que, no sabía él mismo cómo, pero sábelo Dios, penetró en su corazón un cierto impetuoso y embargador dictado de la mente: que él mismo había de hacer más tarde un libro, el mejor del mundo, contra los errores de los infieles; empero, como no viese forma alguna ni manera de escribir tal libro, harto se maravillaba; con todo, cuanto más y más a menudo se maravillaba de ello, con tanta mayor fuerza aquel instinto o designio de hacer el libro predicho crecía dentro de él.

7. Pero de nuevo considerando que aunque Dios nuestro Señor le concediese con el tiempo escribir el predicho libro, poco o nada, no obstante, podría hacer él solo, en especial por ignorar del todo la lengua arábiga, propia de los sarracenos. Pero a esto ocurrió a su mente que iría al papa y también a los reyes y príncipes cristianos para incitarles, y obtenerlo cerca de ellos, a constituir en diversos reinos y provincias a ello apropiados, monasterios en donde personas escogidas religiosas y otras para ello idóneas se acogerían a estudiar los lenguajes de los predichos sarracenos y otros infieles, a fin de que, entre las allá convenientemente ins-

truidas, fuera siempre posible obtener y enviar a personas idóneas a predicar y a manifestar a los predichos sarracenos y otros infieles la pía verdad de la fe católica que está en Cristo.

8. Estos, pues, tres propósitos sobredichos ya firmemente en su ánimo concebidos, a saber: aceptar la muerte por Cristo, convirtiendo a su servicio a los infieles; escribir también el libro sobredicho, si Dios se lo concediera, así como impetrar la fundación de monasterios para que en ellos se aprendieran diversos lenguajes, como se señaló ya más arriba, a la mañana siguiente subió al punto a una iglesia que de allí no distaba mucho, y con lágrimas devotas rogó en gran manera al Señor Jesucristo que se dignara llevar a un efecto a él agradable los tres citados designios que él mismo, misericordiosamente, había inspirado a su corazón.

9. Vuelto luego a sus cosas, aun en extremo imbuido de la vida y liviandad seculares, fue, durante los tres meses siguientes, es decir, hasta la próxima fiesta de San Francisco, harto tibio y remiso en la prosecución de los predichos tres proyectados negocios. Pero en la misma fiesta, mientras predicaba un obispo en el convento de los frailes Menores, en presencia de Ramon, explicando cómo el predicho san Francisco, dejándolo y rechazándolo todo para unirse con más firmeza al solo Cristo, etc., también Ramon, incitado entonces por el ejemplo de san Francisco, vendidos pronto sus bienes, reservados, con todo, unos pocos para sustentación de su esposa y de sus hijos, confiándose todo a Cristo, partió, con intención de no regresar a su tierra, hacia Santa María de Rocamador, a Santiago y a diversos otros lugares santos, para rogar al Señor y a sus santos que lo encaminaran en aquellos tres propósitos que, como ya se dijo, el Señor había puesto en su corazón.

10. Cumplida, pues, su peregrinación predicha, se dispuso a tomar el camino de París, para aprender allá la gramática y alguna otra ciencia afín a su propósito. Pero sus parientes y amigos, y mayormente fray Ramon de Penyafort, de la orden de Predicadores, que en otro tiempo compilara las decretales del señor Gregorio nono, con sus persuasiones y consejos le disuadieron de este viaje y, por así decir, le indujeron a regresar a su ciudad de Mallorca.

11. Y al llegar allá, dejando el ropaje tan fastuoso usado hasta entonces, se vistió un hábito vil de paño, el más grosero que pudo encontrar, y así, en la misma ciudad, estudió un poco de gramática y, habiéndose comprado allí mismo un sarraceno, aprendió de él la lengua arábiga.

Luego, después de nueve años, aconteció que aquel sarraceno, ausente un día Ramon, blasfemó el nombre de Cristo; cuando Ramon lo supo a su regreso por los que oyeron la blasfemia, movido de gran celo de la fe, golpeó al sarraceno en la boca, en la frente y en el rostro. Pero, habiendo concebido de ello el sarraceno un rencor extremado, comenzó desde entonces a revolver en su mente de qué manera podría matar a su dueño.

12. Y como, habiéndose procurado ocultamente una espada, viera un día sentado a solas a su señor, arremetió contra él de pronto, acometiéndole con la predicha espada y gritando con un terrible rugido: «Muerto eres». Pero, aunque Ramon desvió un poco, como a Dios plugo, el brazo del que le atacaba, armado de la espada, sufrió, con todo, sobre el estómago, al recibir el golpe, una herida grave, pero no mortal; sobreponiéndose, no obstante, por la fuerza logró derribarle bajo su peso y le arrebató con violencia la espada. Luego, al acudir la servidumbre, impidió que dieran muerte al sarraceno; permitió, con todo, que lo pusieran, atado, en prisión hasta que él mismo deliberase consigo qué sería preferible hacer con él. Pues le pareció duro matar a aquel de quien aprendiera y por quien ya sabía lo que tanto había deseado, es decir, la lengua arábiga; pero temía perdonarle o retenerle más tiempo, sabiendo que en adelante no cesaría de maquinar su muerte.

13. Perplejo, pues, acerca de ello, subió a una abadía cercana y allí oró a Dios sobre aquello intensísimamente durante tres días; pasados los cuales, maravillado de que, perdurando en su espíritu la ya aludida perplejidad, el Señor, según a él le parecía, no atendiera en modo alguno a su oración, regresó con tristeza a su casa; y como en el camino de ella se desviara hacia la prisión para visitar a su cautivo, halló que él mismo, con la cuerda que le sujetaba, se había ahorcado. Rindió, pues, Ramon gracias a Dios, gozoso, no sólo de que le guardara las manos inocentes de la muerte del predicho sarraceno, sino de que le librase de aquella grave perplejidad por la que poco antes, lleno de congoja, le había suplicado.

14. Ocurridas estas cosas, subió Ramon a una montaña, no muy lejos de su casa, para poder allá contemplar con más sosiego a Dios; y habiendo permanecido en ella casi ocho días, ocurrió un día, mientras se hallaba absorto mirando los cielos, que de pronto el Señor ilustró su mente, concediéndole manera y forma de escribir el libro de que más arriba se habla contra los errores de los infieles. Dando Ramon infinitas gracias al Altísimo, descendió de aquella montaña y enseguida regresó a la abadía

sobredicha y comenzó allí mismo a ordenar y a escribir aquel libro, llamándolo primero *Arte mayor*, pero luego *Arte general*; bajo cuyo *Arte* hizo después muchos libros explicando con insistencia en ellos los principios generales por los más específicos, según la capacidad de los entendimientos simples, como la experiencia le había enseñado. Cuando, pues, hallándose en la predicha abadía, hubo Ramon compuesto su libro, ascendió de nuevo a la montaña y, en el mismo lugar donde se apoyaran sus pies mientras en aquel monte el Señor le mostraba el método del *Arte*, mandó construir un eremitorio y en él permaneció sin interrupción durante más de cuatro meses, rogando a Dios día y noche que por su misericordia le encaminara a prosperidad a él mismo y al *Arte* que le había dado a honor suyo y provecho de su Iglesia.

15. Mientras permanecía así en el eremitorio mencionado, vino a él un pastor de ovejas, joven, alegre, y de hermoso rostro, quien le dijo en una sola hora de Dios y de las cosas celestes, y singularmente de los ángeles, y de otras cuestiones, tantas y tales excelencias que, a su parecer, otro hombre cualquiera hubiera hablado al menos durante dos días enteros. Y viendo aquel pastor los libros de Ramon, los besó de rodillas, regándolos con sus lágrimas, y dijo a Ramon que de aquellos libros provendría gran bien a la Iglesia de Cristo. Bendijo también aquel pastor a Ramon con muchas bendiciones como proféticas, persignándole la cabeza y todo el cuerpo con la señal de la santa cruz, y partió. Ramon, no obstante, considerando todas estas cosas, se maravillaba; pues nunca había visto a aquel pastor, ni oído hablar de él a nadie.

16. Pasado un tiempo, habiendo oído el rey de Mallorca que Ramon tenía ya escritos algunos buenos libros, le envió a buscar para que acudiera a Montpellier, donde el rey mismo estaba entonces. Y como allá viniese Ramon, hizo el rey examinar sus libros por un fraile de la orden de los Menores; y en especial unas meditaciones que había dispuesto en devoción sobre todos los días del año, señalando treinta párrafos especiales para cada día. Las cuales meditaciones halló aquel fraile, no sin admiración, llenas de profecía y devoción católica. Hizo, pues, Ramon, en aquella ciudad, sobre el *Arte* predicha a él concedida en la montaña, un libro al que llamó *Arte demostrativa*, que, además, leyó allá públicamente, y dio sobre el mismo una lectura suya en la que declara de qué manera la primera forma y la primera materia constituyen el caos elemental, y de qué manera los cinco universales, así como los diez predicamentos, derivan

del mismo caos y se contienen en él según la católica y teológica verdad.

17. En aquel mismo tiempo obtuvo también Ramon del predicho rey de Mallorca que se construyera un monasterio en su reino, dotado de posesiones suficientes, y se instituyera en él a trece frailes menores, que aprendieran allá la lengua arábiga para convertir a los infieles, según más arriba se expresó; a los cuales, como también a cuantos les sucedieran más adelante en el mismo monasterio, se proveería perpetuamente, en las predichas posesiones, de quinientos florines todos los años para lo que les fuera necesario.

18. Más tarde fue Ramon a la corte romana, a fin de obtener del señor papa y de los cardenales la institución por todo el mundo de monasterios semejantes para la enseñanza de las diversas lenguas. Pero al llegar a la corte halló al papa entonces recién fallecido, a saber, el señor papa Honorio. Por esta causa, dejando la corte, dirigió sus pasos a París para comunicar allá al mundo el *Arte* que Dios le había dado.

19. Llegado Ramon a París, en tiempos del canciller Bertoldo, leyó en su aula un comentario del *Arte general*, por mandato especial del predicho canciller. Una vez leído en París aquel comentario, y vista allá la ordenación de los escolares, regresó a Montpellier, donde de nuevo leyó en público, e hizo también un libro, al que dio el nombre de *Ars veritatis inventiva*; poniendo en el mismo libro, así como en todos los demás que hizo desde entonces, sólo cuatro figuras, recortadas o, mejor, disimuladas doce figuras de las dieciséis que antes aparecían en su *Arte*, a causa de la fragilidad del intelecto humano que había experimentado en París. Cumplido todo ello convenientemente en Montpellier, partió camino de Génova, donde, demorado poco tiempo, tradujo al arábigo el predicho libro, a saber, el *Ars inventiva*. Hecho lo cual, dirigió a Roma sus pasos, deseando, como en ocasión anterior, obtener que se fundaran monasterios por el mundo para la enseñanza de diversas lenguas, según más arriba se dijo; pero en vista del escaso éxito obtenido allá entonces en su intento, a causa de las trabas de la corte, regresó a Génova, previa deliberación, a fin de pasar desde allá a tierra de sarracenos a intentar si al menos él solo pudiera lograr algo entre ellos, disputando con sus sabios y manifestándoles, según el *Arte* recibido de Dios, la encarnación del Hijo de Dios, así como también la beatísima Trinidad de las divinas Personas en suma unidad de esencia, en la cual los sarracenos no creen, sino que, ciegos, afirman que nosotros, los cristianos, adoramos a tres dioses.

20. Y habiéndose presto divulgado entre los genoveses que Ramon había ya llegado con ánimo de pasar a tierra de sarracenos para convertirlos, si pudiera, a la fe de Cristo, el pueblo quedó con ello muy edificado, esperando que Dios haría por medio de él algún bien insigne entre los mismos sarracenos. Pues habían oído los genoveses que el mismo Ramon, después de su conversión a penitencia, había recibido por vía divina, en cierta montaña, cierta ciencia santa para la conversión de los infieles. Pero habiendo el Señor visitado así a Ramon con tanto gozo del pueblo, cierta mañana al romper el alba, comenzó a probarle de pronto con una gravísima tribulación; pues, aparejado ya el navío y todo el resto a punto para pasar el mar, según ya se dijo, introducidos en la nave sus libros con todas las demás cosas necesarias, le vino por ciertas ocasiones como algo fijo en la mente, a saber, que si pasaba a los sarracenos le darían muerte sin tardanza a su llegada, o al menos le cautivarían en prisión perpetua. Por ello Ramon, temiendo por su piel, como en otro tiempo san Pedro apóstol en la pasión del Señor, olvidado de su propósito sobredicho por el cual decidiera morir por Cristo, convirtiendo a su culto a los infieles, permaneció en Génova detenido por cierto temor paralizante, abandonado en tanto a sí mismo, permitiéndolo o disponiéndole el Señor acaso para que no presumiera vanamente de sí. Pero, partido ya de Génova el predicho navío, pronto Ramon, ante el hecho de que quedándose hubiese dado así al pueblo enorme escándalo contra la fe, cayó en completa desesperación, estimando con toda certeza que por ello Dios le condenaría, con lo cual fue herido de tal dolor de corazón que enfermó gravísimamente de fiebres en su cuerpo; y así, languideciendo largo tiempo en Génova, sin descubrir a nadie la causa de su dolor, casi quedó reducido a nada.

21. Por fin, al llegar el día santo de la fiesta de Quincuagésima, se hizo llevar o conducir a la iglesia de los frailes Predicadores, y mientras oía cantar a los frailes el himno *Veni Creator*, gimiendo, dijo entre sí: «¡Ah! ¿Acaso este Espíritu Santo me podría salvar?». Y así, desfallecido, conducido o llevado al dormitorio de los frailes, se tumbó allá mismo sobre una de las camas, y mientras así allá tendido miraba hacia arriba, vio en lo más alto del techo de la casa una luz pequeñita, como una estrella pálida, y oyó que desde el lugar de la estrella una voz le decía tales palabras: «En esta Orden te puedes salvar». Y Ramon envió a buscar a los frailes de aquella casa, pidiéndoles que le vistiesen al punto su hábito; pero los frailes difirieron hacerlo, por ausencia del prior.

22. Vuelto, pues, Ramon a su hospedaje, trajo a su memoria que los frailes Menores acogían con más dilección el *Arte* que Dios le diera en la montaña, que los Predicadores ya mencionados. Por lo cual, esperando que los mismos frailes Menores promoverían con más eficacia el *Arte* predicha en honor del Señor Jesucristo y para utilidad de su Iglesia, pensó que, dejando a los Predicadores, entraría en la orden de los frailes Menores. Mientras así discurría en su mente, apareció junto a él, como colgado en la pared, un cíngulo o cuerda semejante a la que se ciñen los frailes Menores; y como con esta visión se hubiera consolado una horita, mirando de lejos vio sobre sí aquella luz o estrella pálida que, como ya se ha dicho, viera él mismo antes, tendido en el lecho, en el convento de los Predicadores, y oyó que aquella estrella, como conminándole, le decía así: «¿Acaso no te dije que sólo en la orden de los frailes Predicadores te podrías salvar? Ve, pues, lo que haces».

23. Ramon, pues, considerando de una parte su condenación si no moraba con los Predicadores, de la otra, la perdición de su *Arte* y de sus libros si no le hallaba la muerte en la orden de los frailes Menores, eligió (lo que era en extremo admirable) mejor su propia condenación eterna que la pérdida del *Arte* predicha, que sabía haber recibido de Dios para la salvación de muchos y, singularmente, en honor del mismo Dios. Y así, pese a la reprobación de la estrella predicha, envió a buscar al guardián de los frailes Menores, a quien pidió que le diera el hábito de ellos; y el guardián le concedió dárselo cuando estuviera más cerca de la muerte.

24. Ramon, pues, aunque desesperando de que Dios quisiera salvarle, quiso, no obstante, para no pasar por herético a los ojos de los frailes o del pueblo, confesarse superficialmente y otorgar testamento, lo cual hizo también. Como el sacerdote llevara a su presencia el cuerpo de Cristo y en pie, frente a él, se lo presentara, sintió el propio Ramon, como si, a impulso de la mano de algún hombre, su rostro, que hasta entonces mantuviera recto, se torciese hacia su hombro derecho, y le parecía que en el mismo punto y hora el cuerpo de Cristo, que entonces el sacerdote le ofrecía, pasando a la parte contraria, es decir, a su hombro izquierdo, le decía tales palabras: «¿Sufrirás el castigo condigno si así ahora me recibes?». Pero Ramon, firme en lo que en sí mismo había ya resuelto, es decir, mejor querer condenarse eternamente antes de que por mala fama suya pereciera el *Arte* revelada en honor de Dios y salvación de muchos, sintió de nuevo como si una mano de hombre le torciese hasta dejarla recta la

cara que aún tenía vuelta; y aun de frente, viendo entonces el cuerpo del Señor en manos del sacerdote, se precipitó presto al suelo desde su yacija y besó el pie del propio sacerdote; y así recibió entonces el cuerpo de Cristo para que él mismo, al menos, bajo tal devoción fingida, salvara el *Arte* predicha. ¡Oh, admirable tentación, o más bien, como parece, dispensación de la divina prueba! El patriarca Abraham, en otro tiempo, contra esperanza fió en la esperanza; éste, empero, prefiriendo obstinadamente a la propia salvación el *Arte* o doctrina por la que muchos se convertirían a conocer y amar y rendir culto a Dios, como sol cubierto de nube, mientras, con todo, ardía en sí mismo, desesperando de Dios de modo maravilloso bajo un cierto oscurecimiento de su mente, dio prueba de amar a Dios, y al prójimo a causa de Dios, infinitamente más que a sí mismo, como se deduce evidentemente de lo predicho.

25. Mientras, pues, todavía Ramon quedaba así detenido por una grave dolencia de cuerpo y de alma, llegó a él el rumor de que una galera surta en el puerto se disponía a pasar a Túnez. Oído lo cual, como despertando de un pesado sueño, se hizo presto llevar junto con sus libros a la misma nave; pero sus amigos, viéndole a las puertas de la muerte, compadecidos de él, aun contra su voluntad le sacaron de la nave, de lo que mucho se dolió.

No obstante, habiendo sabido de nuevo Ramon largo tiempo después que otra nave de las que los genoveses llaman comúnmente barcas se había aparejado para ir a la predicha ciudad o reino de los sarracenos, es decir, a Túnez, se hizo llevar a aquella barca, con los libros y otras cosas suyas necesarias, contra la voluntad y el consejo de sus amigos, y al punto, cuando los marineros al salir del puerto comenzaron a navegar, Ramon recobró de pronto, alegre en el Señor, por una misericordiosa ilustración del Espíritu Santo, junto con la salud de su cuerpo enfermo, la esperanza de consciencia que había creído perdida bajo la predicha obnubilación; de tal manera que en poquísimos días, con admiración de cuantos con él venían y de él mismo, se sintió en tan buen estado de mente y de cuerpo como tuviera antes en toda su vida pasada.

26. Rendidas por ello las debidas gracias a Dios, entraron seguidamente en el puerto de Túnez y, subiendo a tierra, penetraron en la ciudad. Ramon, pues, convocados poco a poco, de día en día, los más versados en la ley de Mahoma, entre otras cosas les dijo que conocía bien los fundamentos de la ley de los cristianos en todos sus artículos y que había

venido con ánimo de convertirse a su secta si, oídos los fundamentos de su ley, esto es, de la ley de Mahoma, los hallaba, sostenido debate entre ellos mismos sobre éstos, más fuertes que las razones de los cristianos. Y como de día en día acudieran a él en mayor número los más versados, mostrándole los fundamentos de su ley para así convertirle a su secta, él mismo, satisfaciendo sin dificultad a sus razones, dijo así: «Aquella fe es propio de todo sabio mantener, que atribuye a Dios eterno, en el que creen todos los sabios del mundo, mayor bondad, poder, gloria, perfección y demás atributos semejantes, y todo ello en mayor igualdad y concordancia. Es más de alabar también aquella fe en Dios que entre Dios, que es suma y primera causa, y su efecto, pone mayor concordancia o conveniencia. Pero yo, según cuanto me habéis propuesto, advierto ya que todos vosotros, sarracenos, sujetos a la ley de Mahoma, no entendéis que en las predichas y otras semejantes dignidades divinas haya actos propios, intrínsecos y eternos, sin los cuales ellas mismas serían ociosas también "ab aeterno". Es decir, los actos de bondad que son: bonificativo, bonificable, bonificar, y también los actos de magnitud: magnificativo, magnificable, magnificar; y así de todas las demás divinas dignidades sobredichas y semejantes. Pero como vosotros atribuís estos actos predichos sólo a dos dignidades o razones divinas, según ya veo; es decir, a la sabiduría y a la voluntad, con ello queda manifiesto que en todas las demás sobredichas razones divinas, a saber, bondad, grandeza, etc., dejáis ociosidad y, por consiguiente, ponéis también desigualdad y discordia entre ellas; lo cual no es lícito. Pues por los actos sustanciales intrínsecos y eternos de las predichas dignidades, razones o atributos, tomados en igualdad y concordancia, como es debido, prueban de modo evidente los cristianos que en una simplicísima esencia y naturaleza divina hay Trinidad de Personas, a saber, del Padre, del Hijo y del Espíritu Santo.

27. Lo cual, Dios mediante, os podré demostrar también yo con claras razones en virtud de un *Arte* a cierto ermitaño cristiano revelada hace poco divinamente, según se cree, si vosotros quisierais departir sobre ello conmigo unos pocos días con ánimo sosegado. Se os hará manifiesto también, si os place, de la manera más razonable, por medio de la misma *Arte*, cómo en la Encarnación del Hijo de Dios, por participación, es decir por unión del Creador y la criatura en la sola persona de Cristo, la primera y más alta causa conviene y concuerda de la manera más razonable con su efecto; y cómo también ello aparece, en su mayor y más no-

ble grado, en la pasión de Cristo, Hijo de Dios, que él soportó en la parte que había adoptado de la naturaleza humana por voluntaria y misericordiosa dignación, para redimirnos a nosotros, pecadores, del pecado y corrupción de nuestro primer padre, y reconducirnos a estado de gloria y fruición divina; pues por este estado, y para él mismo, Dios bendito nos creó a nosotros hombres.»

28. Como, pues, sobre tales cosas pareciera Ramon ilustrar ya las mentes de los infieles, ocurrió que alguien, no poco famoso entre los sarracenos, advertidas tanto la intención como las palabras de Ramon, suplicara al rey exhortándole a que ordenara degollar a aquel hombre que se esforzaba por subvertir a la nación sarracena y destruir con su osadía temeraria la ley de Mahoma. Mientras se celebraba sobre ello consejo a la instigación del sobredicho hombre famoso y de muchos otros, ya se inclinaba la voluntad del rey a la muerte de Ramon, viendo lo cual, uno de ellos, prudente y lleno de ciencia, trató de impedir un crimen tan grande, persuadiendo al rey de que no sería para él honroso dar muerte a tal varón que, aunque pretendía difundir su ley cristiana, parecía, no obstante, abundar en gran madurez de bondad y de prudencia, añadiendo que también sería reputado buen sarraceno quien osara penetrar entre los cristianos para imprimir en los corazones de otros la ley de los sarracenos. Así, pues, asintiendo a estas palabras y a otras semejantes, el rey desistió de la muerte de Ramon; pero ordenó al punto que se le expulsara del reino de Túnez. Y cuando se le sacó de la cárcel sufrió, por parte de muchos, innumerables oprobios, golpes y tribulaciones.

29. Con todo, fue conducido, al fin, a una nave de genoveses que había de partir al poco tiempo. Y mientras se dirigía a ella decretó el rey que fuera lapidado hasta morir si se le hallaba en la patria. Se dolía inmensamente, pues había dispuesto para el bautismo a varones de famosa reputación y a muchos otros a quienes confiaba con toda el alma conducir antes de su partida a la completa luz de la fe ortodoxa. Cuando el hombre de Dios se hallaba afligido por el aguijón de semejante perplejidad, ocurrió que aquella nave a la que había sido conducido partía hacia su tierra. Al verlo Ramon, sentía que por todas partes le amenazaban las tribulaciones: porque si se alejaba veía recaer en el lazo de la condenación eterna a las almas que había dispuesto ya para el culto cristiano; pero, si intentaba quedarse, ya conocía la locura de los sarracenos preparada para darle muerte. Ardiendo todo él, no obstante, en amor de Dios,

no temía afrontar los peligros de muerte, sólo con que con ello pudiera conseguir para las almas algún efecto de salvación. Y dejando la nave que partía, entró a escondidas en otra, en el mismo puerto, pues esperaba de alguna manera poder llegar a tierra sin el impedimento de su ímpetu bestial, para consumar en los sobredichos la buena obra comenzada.

30. Estando, pues, así las cosas, ocurrió que un cristiano, en porte y hábito semejante a Ramon, iba por la ciudad; al cual prendieron los sarracenos, sospechando que fuera Ramon; y mientras se disponían a lapidarle clamaba aquel hombre, diciendo: «No soy yo Ramon». E indagando supieron que Ramon se había de hallar en la nave, y escapó aquél de sus manos. Así, pues, permaneció Ramon allí mismo tres semanas, y viendo que no podía allá cumplir nada en servicio de Cristo, marchó a Nápoles, donde permaneció leyendo su *Arte* hasta la elección del señor papa Celestino quinto.

31. Más tarde fue Ramon a la corte romana para conseguir del señor papa algo deseado por él largamente, como se expresó más arriba, en favor de la fe de Cristo, y allá compuso libros. Pasado algún tiempo, al señor papa Celestino quinto sucedió el señor papa Bonifacio octavo, a quien con todas sus fuerzas se afanó en suplicar Ramon a favor de algunas utilidades de la fe cristiana. Y aunque sufría muchas angustias siguiendo con frecuencia al Sumo Pontífice, con todo, no cejaba de ninguna manera en el intento, esperando que, sin duda, se dignaría escucharle, ya que no le suplicaba en provecho propio o por una prebenda, sino, sin cesar, por el público bien de la fe católica.

32. Por fin, no obstante, viendo Ramon que no podía obtener nada del Sumo Pontífice, marchó a la ciudad de Génova, donde compuso algunos libros. Luego acudió al rey de Mallorca y, celebrada con él una entrevista, tomó el camino de París, y allí leyó públicamente su *Arte* y compuso gran número de libros. Más tarde habló con el rey, suplicándole sobre algunas cosas extremadamente útiles a la Iglesia santa de Dios. Pero viendo que poco o nada obtenía respecto de tales cosas, regresó a Mallorca, en donde, permaneciendo por algún tiempo, se esforzó, tanto con debates como también con predicaciones, por atraer a vía de salvación a los innumerables sarracenos que allí moran. Hizo también allá mismo algunos libros.

33. Sucedió, pues, mientras Ramon se afanaba en tales trabajos, que corrieron nuevas de que el emperador de los tártaros, Casán, había ata-

cado el reino de Siria y codiciaba someterlo todo a su dominio. Cuando lo oyó también Ramon, encontrando una nave aparejada, pasó el mar hasta Chipre y encontró allí que aquella nueva era del todo falsa. Viéndose, pues, Ramon frustrado en la intención con que viniera, trató de buscar otro camino en el que pudiera consumir el tiempo que Dios le había concedido, no en ocio, si no alguna obra acepta a Dios y provechosa al prójimo. Pues había escondido en su corazón siempre vigilante aquel consejo del apóstol, que dice: «Haciendo el bien no desfallezcamos, a su tiempo segaremos sin desfallecer», y el del profeta, que dice: «Al ir, iban y lloraban al sembrar su simiente; al volver empero, vendrán con alborozo, llevando sus manojos».

34. Por esta causa fue Ramon al rey de Chipre, suplicándole con gran afecto que exhortara a algunos infieles y cismáticos, es decir, jacobinos, nosculinos, momminos, para que acudieran a su predicación y a debate con él. Al mismo tiempo le suplicó también que, hecho lo que pudiese en edificación de los predichos, quisiera el rey de Chipre enviarle al sultán, que es sarraceno, y al rey de Egipto y de Siria, para instruirlos en la santa fe católica. Pero de todo ello el rey se mostró descuidado. Entonces Ramon, confiando en aquel «que predica la palabra en mucha virtud», sólo con el auxilio de Dios, por medio de predicaciones y debates, comenzó a trabajar entre ellos con denuedo. Pero, al fin, persistiendo en las predicaciones y adoctrinamientos, quedó abatido por una no leve enfermedad corporal. Dos personas le servían: un clérigo y un fámulo, que, sin poner a Dios ante sus ojos, olvidados de su salvación, discurrieron arrebatar con manos criminales los bienes del varón de Dios; y, al saberse envenenado por ellos, Ramon los echó de su servicio con manso corazón.

35. Llegado a Famagusta, fue recibido con alegría por el maestre del Temple, que se hallaba en la ciudad de Limisol, y permaneció en su casa hasta recuperar la salud de antes. Posteriormente, pasando a Génova, publicó allá gran número de libros. Luego marchó a París, donde leyó su *Arte* con éxito y compuso libros numerosos.

En el tiempo, pues, del señor papa Clemente quinto, dejando la ciudad de París, llegó a Lyon, y morando allá suplicaba al sumo pontífice en favor de algo de fecundísimo provecho para la fe, a saber, que el mismo señor papa ordenara la fundación de monasterios donde se instruyeran varones devotos y aptos que, aprendiendo los idiomas de las diversas na-

267

ciones, pudieran predicar el Evangelio a todos los infieles según el mandato del Señor, que dice: «Id al universo mundo y predicad el Evangelio a toda criatura». Pero esta súplica, tanto el señor papa como los cardenales la tuvieron poco en cuenta.

36. Desde aquí, regresado a Mallorca, pasó el mar hacia una tierra de sarracenos llamada Bugía, y, en la plaza principal de la ciudad, puesto en pie, clamaba Ramon en alta voz, prorrumpiendo en tales palabras: «La ley de los cristianos es verdadera, santa y acepta a Dios; la ley de los sarracenos, falsa y errónea; y dispuesto estoy a probarlo». Pero mientras decía tales cosas en lengua sarracena, exhortando a la fe de Cristo a una multitud ya asistente de paganos, se precipitaron muchos sobre él con manos nefandas, queriendo lapidarle a muerte; mientras así se ensañaban contra él, el antístite u obispo de la ciudad envía emisarios con orden de traer a su presencia a aquel hombre; cuando Ramon se halló presente ante su vista, le dijo el obispo: «¿Cómo te enzarzaste en tanta locura hasta atreverte a impugnar la ley verdadera de Mahoma? ¿No sabes que quien así se atreve a ello, está expuesto a la sentencia capital?». Respondió Ramon: «El verdadero servidor de Cristo que ha conocido la verdad de la fe católica, no debe temer los peligros de la muerte corporal cuando puede alcanzar la gracia de la vida espiritual para las almas de los infieles».

37. El obispo le dijo: «Si crees, pues, que la ley de Cristo es verdadera, y consideras falsa la ley de Mahoma, aduce una razón necesaria que lo pruebe». Pues era aquel obispo reputado en filosofía. Y Ramon respondió: «Convengamos ambos en algo común; luego te daré la razón necesaria». Como le agradase al obispo, le interrogó Ramon, diciendo: «¿No es Dios perfectamente bueno?». Respondió el obispo que así era. Entonces Ramon, queriendo probar la Trinidad, comenzó así a argüir: «Todo Ente perfectamente bueno es en sí de tal manera perfecto que no necesita hacer el bien fuera de sí mismo, ni mendigarlo; tú dices que Dios es perfectamente bueno desde la eternidad para toda la eternidad; luego no necesita mendigar ni hacer el bien fuera de sí mismo; porque, si así fuera, no sería entonces perfectamente bueno en toda simplicidad. Y ya que tú niegas la beatísima Trinidad, suponiendo que no sea, Dios no fue perfectamente bueno desde la eternidad hasta que produjo el bien del mundo en el tiempo. Pero tú crees en la creación del mundo y, por tanto, cuando creó el mundo en el tiempo, Dios fue más perfecto que antes en bondad; ya que la bondad es mejor difundiéndose que existiendo ociosa. Esto

infiero por ti. Tengo, empero, para mí que la bondad es difusiva desde la eternidad, para toda la eternidad; y es propio del principio del bien que sea difusivo de sí mismo; por lo cual Dios Padre bueno engendra al Hijo bueno de su propia bondad, y de ambos procede en su bondad el Espíritu Santo».

38. Atónito, pues, el obispo ante razón semejante, no rebatió en modo alguno la réplica; pero ordenó al punto que fuera encerrado en la cárcel; con todo, hizo público un edicto el obispo para que de ningún modo se tramara la muerte de aquel varón, pues se proponía él mismo condenar a muerte a dicho varón, con sentencia condigna. Al salir, pues, de la casa del obispo, golpeado, camino de la cárcel, aquí a palos, allí a puñetazos, o arrastrado ásperamente por la barba, que llevaba muy larga, fue recluido en la letrina de la cárcel de los ladrones, donde por algún tiempo llevó vida penosa; pero luego le pusieron en una celda de la misma prisión.

39. Al día siguiente, empero, se congregaron los clérigos de la ley ante el obispo, pidiendo que se le diera muerte. Entrados en consejo para ver cómo lo perderían, determinaba la mayor parte que fuera traído Ramon ante ellos y, si pudieran advertir que fuese varón lleno de ciencia, sería muerto sin remisión; pero, si resultase ignorante o necio, como necio le perdonarían. Oyendo lo cual uno de ellos, que hiciera la travesía de Génova a Túnez con Ramon y oyera con frecuencia sus pláticas y razones, les dijo: «Ved que éste no comparezca en el pretorio, pues tales razones moverá contra nuestra ley que nos será difícil o imposible deshacerlas». Acordando entonces que no compareciera, al cabo de breve tiempo lo enviaron a una prisión más suave. Luego, reunidos los genoveses y catalanes que allí se hallaban, obtuvieron que fuera puesto en lugar más decente; lo cual también se hizo.

40. Estuvo, pues, Ramon encarcelado allí durante medio año, y venían a él los clérigos o enviados del obispo, prometiéndole esposas, honores, casa y dinero en abundancia para convertirlo a la ley de Mahoma; pero, fundado sobre firme roca el varón de Dios, Ramon, decía: «Si queréis creer en el Señor Jesucristo y cuidáis de renunciar a esta ley errónea, yo os ofrezco las más altas riquezas, y os prometo la vida eterna». Como insistieran con frecuencia sobre tales cosas, acordaron que cada uno de ellos hiciera un libro en el que una y otra parte confirmara su ley con las razones más eficaces que pudiera hallar; además, la ley del que se sirvie-

ra de razones más firmes sería considerada como más veraz. Y cuando Ramon ya se aplicaba con eficacia a su libro, ocurrió que, de parte del rey de Bugía, que en aquel tiempo residía en Constantina, fue enviada una carta ordenando que al punto de leerla Ramon fuera expulsado del país.

41. Subido, pues, a bordo de una nave en aquel puerto, el dueño de dicha nave recibió la orden de no permitir en adelante que aquel hombre regresara a tierra. Mientras, pues, aquella nave pasaba a Génova, sucedió que, a la altura del puerto de los pisanos, se levantó una fuerte tempestad (pues estaban diez millas lejos del puerto predicho), y como la nave sufriera por todos lados los gravísimos embates del temporal y padecieran, por fin, naufragio, unos fueron muertos y sumergidos, pero otros se salvaron con el previo auxilio de Dios; entre los cuales, Ramon y su compañero, perdidos todos los libros y efectos, casi desnudos, alcanzaron en una barca la orilla del mar. Y llegado a la ciudad de Pisa, algunos de los ciudadanos le acogieron con honor; y aunque anciano y débil, persistiendo siempre en su labor por Cristo, terminó allí el varón de Dios su *Arte general última*. De la inmensa eficacia y del gustoso y perfecto conocimiento de esta *Arte*, así como de los demás libros suyos, es digno quien no aspira a la gloria del mundo, ni a la vana filosofía, sino a la firme dilección y sabiduría de Dios como fin último y supremo bien.

42. Acabada, pues, el *Arte* predicha, y terminados allá mismo otros muchos libros, queriendo también incitar al común de Pisa al servicio de Cristo, propuso a su Consejo que sería bueno que allá mismo se constituyeran en Orden unos religiosos soldados cristianos destinados a este fin, a saber: que sostuvieran continua guerra contra los pérfidos sarracenos para la recuperación de la Tierra Santa. Condescendiendo agradecidos a su parlamento y a su admonición, escribieron sobre tan saludable negocio al sumo Pontífice y a los cardenales. Obtenidas, pues, estas cartas en la ciudad de Pisa, tomó el camino de Génova, donde obtuvo otras semejantes y donde devotas matronas y viudas que en gran número acudían a él, nobles de la misma ciudad, le prometieron veinticinco mil florines en auxilio de la Tierra Santa. Partido, pues, de Génova, llegó al papa, que en aquel tiempo residía en Aviñón. Viendo, no obstante, que no podía obtener allá nada en cuanto a su propósito, tomó el camino de París, donde leyó públicamente su *Arte* y otros libros muy numerosos que escribiera en tiempos pasados. Asistió a su lectura una gran multitud, tan-

to de maestros como también de escolares, ante los cuales no sólo exponía una doctrina corroborada por razones filosóficas, sino que profesaba una sabiduría confirmada también de manera admirable por altos principios de fe cristiana.

43. Pero como viera que a causa de las doctrinas del comentador de Aristóteles, es decir, de Averroes, muchos se desviaban no poco de la rectitud de la verdad, principalmente de la fe católica, diciendo que la fe cristiana es imposible en cuanto al modo de entender, pero opinando que es verdadera en cuanto al modo de creer, hallándose inmersos en la comunidad de los cristianos, habituándose Ramon a rechazar por vía demostrativa y científica este concepto de ellos, los reducía de múltiples maneras a refutación: pues si la fe católica no se puede probar con el entendimiento, es imposible que sea verdadera. Sobre lo cual hizo ciertamente algunos libros.

44. Más tarde, sabiendo Ramon que el santísimo padre, señor papa Clemente quinto, había de celebrar concilio general en la ciudad de Vienne, en el año del Señor MCCCXI, en las calendas de octubre, se propuso acudir a dicho concilio, a fin de impetrar allá tres cosas para reparación de la fe ortodoxa. La primera, que se constituyera lugar adecuado donde varones devotos y de fuerte inteligencia quedaran estudiando en los diferentes géneros de lenguas, a fin de saber predicar la doctrina evangélica a toda criatura. La segunda, que de todos los religiosos cristianos de condición militar se formara una sola orden que promoviera guerras incesantes en ultramar contra los sarracenos, hasta la recuperación de la Tierra Santa. La tercera, que el señor papa ordenara rápidamente remedio contra las opiniones de Averroes, que en muchas se había mostrado corruptor de la verdad, tratando, por medio de varones católicos de gran entendimiento y que no fueran en busca de su propia gloria, sino del honor de Cristo, de levantar oposición contra las predichas opiniones y contra quienes las sustentan, que parecen cerrar el paso a la verdad y sabiduría increadas, al Hijo de Dios Padre. Y a este propósito compuso Ramon un librito, que lleva el título de *Liber natalis*, prometiendo, además, tener prevenidas contra ellos razones compulsivas, tanto filosóficas como teológicas. De las cuales usó a fondo, con la mayor claridad, en algunos de sus libros. Pues este siervo de Dios, verdadero desvelador de la suma verdad y profundísima Trinidad, compuso, entre sus cotidianos trabajos, más de ciento veintitrés volúmenes.

45. Habían transcurrido ya cuarenta años desde que dirigiera a Dios todo su corazón y toda su alma, y por entero todas sus fuerzas y todo su pensamiento. En este lapso de tiempo hizo continuamente libros, cuando pudo a ello vacar, con toda diligencia. Y pudo, con razón, pronunciar la palabra del profeta David, que dice: «Eructó mi corazón la buena palabra, digo mi obra al rey. Mi lengua, cálamo de escriba que escribe velozmente».

En verdad que fue su lengua cálamo de aquel escriba increado, del Espíritu Santo, que da la palabra a los que predican en mucha virtud, hablando del cual dijo el Salvador a los apóstoles: «Pues no sois vosotros los que habláis, sino el Espíritu de vuestro Padre quien habla en vosotros». Queriendo que la utilidad de sus libros fuera común a todos, publicó muchos en lengua arábiga, como conocedor de aquel idioma. Se divulgaron sus libros por todo el mundo, pero en tres lugares principalmente los hizo reunir, a saber: en el monasterio de Cartujos, en París; en casa de un noble de la ciudad de Génova, y en casa de un noble de la ciudad de Mallorca.

Notas

[1] Lo «inteligible» y lo «espiritual», como se ha de ver más adelante (Segunda parte), mantienen en Llull una estrecha relación de identidad. Cf. *Llibre de contemplació en Déu*, OE II: «XXVIII distinció. Qui tracta de cogitació, qui és seny esperitual ente.lectual en home», págs. 432-ss.

[2] El desconocimiento de la relación entre posibilidad y realidad conduce a un desorden en el uso de la vida teórica y a su consiguiente aplicación a la vida práctica.

[3] Para la comprensión de la santidad como la perfecta unión entre vida teórica y práctica, véase el siguiente fragmento del *Fèlix*: «santedat de orde no està en multiplicament de persones, ni de riqueses, ni de honraments mundanals, ans està en santedat de persones qui sien reglades a bé acostumades en servir, amar e conèixer Déus», OS II, pág. 41.

[4] Sobre la estrecha relación entre vida y lectura en un autor casi coetáneo de Llull como el Maestro Eckhart –a quien Martin Heidegger puso de relieve en su breve escrito *Der Feldweg*–, véase Haas 1995, pág. 19. Por otro lado, se hace casi obligado tener presente esta relación de cara a una mejor comprensión de la actividad predicativa en estos autores, muy especialmente cuando la predicación se concibe como la facultad del lenguaje adquirido mediante el nacimiento espiritual de la Palabra. En el caso de Llull, además, la inmensa capacidad de la escritura hay que verla en estrecha relación con la naturaleza inspirada de la obra.

[5] *Vita coaetanea* es el título utilizado más habitualmente en la literatura científica; también se conoce con los siguientes títulos: *De Beato Raymundo Lull, De conversione Raymundi Lullii, Epitome Vitae Raymundi Lulli, Vita ab anonimo coaevo scripta ipso Beato adhuc superstite, Vita Beati Raimundi Lulli, Vita Beati Raymundi Lulli, Doctoris Illuminati et Martyris, Vita Magistri Raymundi Lulii*. Véase ROL 8, edición de H. Harada, 1980, págs. 259-309. La edición catalana de la *Vida coetània*, con introducción y comentarios de M. Batllori basándose en un manuscrito del siglo XV, ciertamente mistificada a causa de una campaña previa antilulista, desencadenada por el inquisidor Nicoláu Eimeric, en OE I, págs. 31-54. El texto latino es el más importante y a partir de él se puede reconstruir la vida de Llull hasta pocos años antes de su muerte, acontecida en marzo de 1316 según los últimos datos. La *Vita* llega hasta agosto de 1311, momento en que se supone la redacción de esta obra por los monjes de la Cartuja de Vauvert en París, anteriormente a las afueras de la ciudad y actualmente lugar de los Jardines de Luxemburgo. Para la reconstrucción de la *Vita*, se ha tenido en cuenta el texto latino, que es el de más antigüedad. Pero la *Vita* no es el único texto que nos proporciona datos significativos sobre su vida; un texto alternativo y crucial para la comprensión de la personalidad de Llull es *Lo desconort* (véase nuestra Selección de textos). Otras obras que aportan datos son: el *Llibre de con-*

templació en Déu (OE II, págs. 97-1258), el *Llibre de meravelles* (OE I, págs. 309-511) y el *Blanquerna*, así como *Obras rimadas de Ramón Llull*, ed. de J. Roselló, Palma de Mallorca 1859; *Poesies*, ed. de R. d'Alòs-Moner, Barcelona 1925, cit. en Carreras y Artau, vol. I, 1939, pág. 238. Los estudios más relevantes sobre la vida de Llull son los de Misch 1967, págs. 55-89; Platzeck 1962, vol. I, págs. 3-59; Llabrés Martorell 1968; Gayà 1982; Domínguez 1987; Batllori 1993, págs. 3-93, para quien la *Vita* se aleja de los modelos hagiográficos y aduce diferentes argumentos en favor de la autenticidad de la autobiografía; véase, por ejemplo, pág. 54; Hillgarth 1998, especialmente págs. 27-71 y 73-74, en donde se manifiesta la gran autoridad de este texto debido a su datación, aunque se recuerda la tesis de Rufini («Il ritmo prosaico nella Vita beati Raymundi Lulli», SL 5,1961, págs. 5-60, cit. por Domínguez 1987), para el cual la *Vita* muestra una gran habilidad literaria, lo que pondría en cuestión que se trate de una transcripción directa de los recuerdos de Llull.

[6] Según el último catálogo cronológico elaborado por Bonner, son 265 obras. Cf. OS II, págs. 530-589.

[7] «El "discurs de la confessió" té el seu fonament primordial en l'experiència religiosa, tot i que, en un segon moviment, s'expressa mitjançant el "discurs de la religió"», Duch 1984, pág. 358.

[8] A pesar de que la «consciencia individual» es, según Weintraub 1982, pág. 105, lo que caracteriza el nacimiento de la autobiografía moderna, frente a los relatos de la Edad Media, en el caso de Llull vemos un empeño por adquirir una imagen de sí mismo, como modelo de santidad, que da al texto de la *Vita* una intención cognoscitiva y experiencial al mismo tiempo. En el capítulo dedicado a las autobiografías medievales, Weintraub dice: «Ocasionalmente aparece un autor que sí revela algo de sí mismo en esa peculiar forma de la autobiografía que es la autobibliografía; Gregorio de Tours, Beda, el rey Alfredo en su traducción de Boecio, imparten una mínima información acerca de sí mismos al comentar o, simplemente, listar sus actividades literarias». Este dato puede confirmar nuestra idea de que el texto de la *Vita* muestra una clara consciencia de sí.

[9] Cf. Hillgarth 1998, págs. 73-163.

[10] Llull escribió indistintamente en catalán, árabe y latín y algunas de sus obras fueron traducidas a otra de estas lenguas por él mismo. Es interesante observar que en muchas se hallan datos autobiográficos suficientemente relevantes como para formar una unidad de comprensión con el conjunto de la obra teórica destinada a la conversión. Cf. Lohr 1986, pág. 9.

[11] Ruh 1993, pág. 380, dice que en la Edad Media la equivalencia entre dictado y escritura es más amplia de lo que hoy somos capaces de entender.

[12] Véase la introducción de Riquer 1975 a su obra sobre los trovadores, págs. 9-ss.

[13] *Breviculum*, pág. 3. Las miniaturas de la *Vita* pueden verse en el *Breviculum seu Electorium Parvum* que escribió uno de los primeros discípulos de Llull en París, Thomas Le Myésier, hacia el año 1325.

[14] «Denique, dante Patre luminum (Stg. I, 17), considerauit Christi mansuetudinem, patientiam ac misericordiam, quam habuit et habet circa quoslibet peccatores. Et sic intellixit tandem certissime Deum uelle, quod Raimundus mundum relinqueret Christoque

corde ex tunc integre deseruiret», *Vita coaetanea*, pág. 274, 40-44. Respecto al «considerauit», Batllori 1993, págs. 39-ss., opina que tal decisión no estuvo causada por una manera «extraordinaria y mística», sino «natural y racional». En efecto, Llull está empeñado en una reforma del entendimiento y la razón, hasta el punto de que su principal actividad misional quedará afectada centralmente por esta orientación racionalista. Pero esto no debiera excluir la experiencia mística; más bien Llull presenta la «consideración», y la certeza fruto de ella, como una comprensión tras la experiencia extraordinaria de las visiones.

[15] La expresión es de James 1986, pág. 209, referida a la «pureza» como una de las características de la santidad: «El cambio del centro emocional comporta, primero, un incremento de pureza. Se eleva la sensibilidad a los desajustes espirituales y se hace imperativo limpiar la existencia de elementos brutales y sensuales».

[16] V. Cirlot 1996, pág. 20: «Pienso que la obra rudeliana contiene una experiencia y no hallo mejor modo de nombrarla que peregrinación interior, un peregrinar en el allí atraído por el rostro de la amada. Y es en este punto que esta poesía conecta directamente con la mística». Esta especial percepción de lo divino se da, según Cirlot, en el contexto del *amor de lonh* (amor de lejos): «desde esta perspectiva pienso que la obra rudeliana no es tanto una transposición de lo sagrado en profano como una depuración del sentimiento amoroso para llegar a la profunda metanoia que significa hacerse hijo de Dios», pág. 30.

[17] Llull estaba casado con Blanca Picany y tenía dos hijos de ese matrimonio, y ante las quejas de su esposa a causa del estado de abandono y pobreza en que los había dejado, tuvo que darles una renta, ya que «eius maritus est in tantum factus contemplativus, quod circa administrationem bonorum suorum temporalium non intendit», Hillgarth 1998, pág. 31, n. 20.

[18] Tanto la visión como el «excesus mentis» o el rapto no deben ser interpretados como momentos de irrealidad y huida del mundo, sino más bien como la adquisición de un modelo de realidad que transforma la vida entera a partir de lo profano. El estudio básico sobre la visión está en Benz 1969; y ahora también en Cirlot/Garí 1999.

[19] Las visiones de Cristo juegan un papel decisivo en el desarrollo de la cristología occidental, como ha estudiado Benz 1969, pág. 517.

[20] Cf. Nishitani 1999, pág. 40.

[21] Cf. «Hinc sibi quandoque dictabat atque consciencia, quod mox relicto mundo Iesu Christo ex tunc integre deseruiret. Illinc vero sua consciencia ream se prius et indignam Christi servitio adclamabat vel accusabat», *Breviculum*, págs. 3-4.

[22] Expresión muy extendida en la mística renano-flamenca. Tiene un origen probable en Beatrijs von Nazareth († 1268). Cf. Cirlot/Garí 1999, págs. 107-135.

[23] En *Lo desconort* (1295-1296), obra poética de alto valor testimonial, el pecado se presenta como un estado necesario para la conversión; propiamente no hay consciencia de pecado hasta que se produce aquélla.

[24] Aun cuando las visiones tienen lugar hacia los treinta años de edad, la conversión de Llull, según nuestra hipótesis en este libro, no cumple su ciclo completo hasta la «iluminación de Randa», cuando tiene aproximadamente cuarenta y dos años.

[25] Cf. Brown 1993, pág. 559.

[26] ORL, cap. 86, págs. 19-20.

[27] La conversión indica un desplazamiento de la vida egoica: la muerte al yo y al hombre viejo da paso a la vida, a Dios mismo. Pero no se trataba de un olvido cualquiera, sino del olvido del amor de Dios. Cf. Weinrich 1999, pág. 51.

[28] El sufrimiento como «imitatio Christi» en su valor de predicación al pueblo ha sido estudiado por Haas 1996, pág. 148, en la vida del místico dominico alemán Heinrich Seuse (siglo XIV), y como forma alternativa de misión en Llull frente a los modelos de la época, en Gayà 1994, pág. 5.

[29] Hillgarth 1998, pág. 176, sitúa la etapa de formación entre 1265 y 1274, desde el retorno de su peregrinación.

[30] A esa edad, pasados ya los treinta años, Llull no parecía un candidato idóneo para el estudio académico según los programas tradicionales, al tiempo que su propósito personal necesitaba un tipo muy diferente de formación de la que se impartía en las escuelas europeas. La realidad en la que Llull quería aplicar su celo misional en tierra de infieles precisaba unas condiciones para la disputa muy especiales, empezando por el conocimiento fluido de la lengua árabe, cf. Hillgarth 1998, págs. 31-32. En ningún lugar como en Mallorca iba a encontrar mejores condiciones para su preparación. Una vez confirmada su realidad por un gran maestro, puede proseguir entonces con su propio modelo de formación. ¿Para qué ir a buscar argumentos para la conversión de los infieles en los grandes tratados de teología que se leían en París, bien lejos de la realidad meridional en donde a diario convivían cristianos y musulmanes? Llull confiaba encontrar en el mismo lugar de su primera experiencia, y con el contacto directo con el otro, los elementos de su propia gramática, para sólo después elevar ésta a la categoría de libro académico. De nuevo vemos cómo la experiencia sirve como base de comprensión.

[31] Sobre el ambiente musulmán en la isla, cf. Urvoy 1980; Lohr 1986.

[32] Sólo se conservan traducciones latinas y catalanas del mismo Llull.

[33] Según un documento fechado el 13 de marzo de 1275, Blanca Picany demanda al juez el poder de administrar sus bienes porque su esposo ya no se ocupa de ellos; véase n. 17, supra. Cf. P. Pasqual, *Vindicae Lullianae*, t. I, c. 6, 6, pág. 45, cit. en Llabrés Martorell 1968, pág. 27, n. 120.

[34] Hillgarth 1998, pág. 33.

[35] El poder de la palabra para la predicación tiene su referencia bíblica en el pasaje de Pentecostés en Hch 2, 1-4, pero la comprensión de este hecho como un nacimiento espiritual, en época coetánea de Llull, hay que buscarlo en la tradición mística nórdica y particularmente en el Maestro Eckhart (1260-1328), véanse Haas 1989, pág. 160, y Vega 2001, pág. 14.

[36] El *Compendium* no incluye sólo partes de la *Lógica de Algazel*, sino también del *Libro de Filosofía*, así como del principio anselmiano «credo ut intelligam»; para las fuentes del *Compendium*, véanse Carreras y Artau 1939, vol. I, págs. 348-356; *Lògica*, págs. 111-ss., y principalmente Lohr 1967, págs. 11-17.

[37] Cf. Carreras y Artau 1939, vol. I, págs. 345-ss.

[38] He estudiado en diversos lugares este texto y su evolución en la obra posterior de Llull: Vega 1992 y 2000.

[39] Acerca de la influencia de este autor en Llull, véase Yates 1985, págs. 78-125.

[40] *Lògica*, pág. 153, vv. 673-707. El texto latino dice así: «Quattuor modis secretum investigari potest: Primo enim, per unum sensuale debet investigari aliud sensuale. Unum enim sensuale signum alterius dare potest, ut forma artificialis suum magistrum significat./ Secundo vero, per sensuale demonstratur intellectuale, ut per istum mundum sensuale aliud saeculum demonstratur./ Tertio autem, per unum intellectuale aliud intellectuale significatur, ut verum et falsum, quae contrariantur ad invicem, Deum esse demonstrant. Nam si supponeretur Deum non esse, verum et falsum essent ex eo in diversitate et contrarietate minora. Ex eo autem quod ponitur, Deum esse, existit maior contrarietas et diversitas inter ipsa. Et quia verum et falsum propoter maiorem contrarietatem et diversitatem melius conveniunt cum maiori, et maius convenit cum esse; et propter minorem contrarietatem et diversitatem conveniunt cum defectu et privatione; sequitur igitur ex eo necessario Deum esse./ Quarto vero, per intellectuale sensuale demonstratur, ut per theoricam secreta practice propalantur», *Compendium*, pág. 118.

[41] En versiones posteriores, Llull asoció estos cuatro grados de significación a la doctrina de los «puntos transcendentes», pues son causados por el exceso que toda potencia humana tiene sobre otra, en una relación dialéctica entre lo inferior y lo superior. Cf. MOG V, pág. 47.

[42] En el *Compendium*, la enumeración de los «individua» entre los «praedicabilia», como un método de ascenso y descenso del espíritu, parece tener un antecedente en la escuela de los Ikhwān al-Ṣafāʾ o «Hermanos de la pureza». Véase la Introducción de Lohr 1967, pág. 68.

[43] Cf. Pring-Mill 1991, págs. 53-ss.

[44] Según la tripartición agustiniana de las visiones (visio corporalis, visio imaginalis, visio intellectualis), parece que, si a las primeras visiones de la cruz corresponde el modelo de «visio imaginalis», ahora, con el Libro bajado del cielo, puede entenderse que Llull sufre una «visio intellectualis», dado el acento que se pone posteriormente en el nuevo lenguaje adquirido. Cf. Haas 1999, pág. 17.

[45] Cf. Ess 1992, págs. 47-ss.

[46] Las Dignidades divinas del *Llibre de contemplació* aparecen aquí como principios por los que puede hallarse la verdad: tanto principios de conocimiento como principios del ser, siendo ambos combinables. La expresión «hermenéutica espiritual» es de Corbin 1986, págs. 21-ss.

[47] Acerca de la relación entre histórico-transhistórico, véase Corbin 1981.

[48] Ivo Salzinger, en la introducción a MOG I, las entiende de este modo. Véase n. 53.

[49] Es el tema de toda la última «distinción» del libro (XL: D'oració), OE II, págs. 1005-1258. Llull se da cuenta de la importancia que tiene situar el discurso de las facultades, y principalmente de la imaginación, en el centro de su mística cristológica: de la misma manera que la naturaleza humano-divina de Jesucristo puede conciliar los dos mundos separados, la imaginación actúa de síntesis entre lo sensible y lo inteligible. En aquella época anterior a Randa, ya había ensayado una figura de la cruz en la que quedaban integradas tanto las virtudes divinas como las facultades del alma, así como la lista de virtudes y vicios.

[50] Cf. Platzeck 1964 y 1978.

[51] La idea de Dios como «esfera inteligible» se sitúa en una larga tradición cuya muestra intercultural se observa, por ejemplo, en el *Libro de los veinticuatro filósofos*, vol. II, pág. 47.

[52] Carreras y Artau 1939, vol. I, pág. 369.

[53] «Secundum Exemplum. De potentia et Obiecto Secreti. Qui vult adorare et contemplari sanctum secretum Dei, convenit, quod sciat formare et figurare sensualiter et intellectualiter tres Figuras Orationis, cum quibus scias adorare et contemplari sanctum Secretum virtuosum in sancta Unitate et Trinitate gloriosa et in Virtutibus perfectis Dei», MOG I, pág. 424.

[54] Es el caso del ángel en la tradición iraní, pero también del texto *Pastor de Hermas* en la tradición hermética y cristiana. Cf. Corbin 1995, pág. 59.

[55] Llull se interesó en varias ocasiones por la angelología, cf. *De locutione angelorum* (1312), ROL XVI (1988), págs. 207-236.

[56] Se barajan estas fechas como probables de su composición, pues cita el *Ars compendiosa* (1274). Aunque podría haber escrito una parte en Montpellier. Nada impide pensar que, con el proyecto de la escuela oriental de Miramar, fuese redactado en Mallorca. Véase NEORL II, págs. xix-xx, ed. de A. Bonner 1993.

[57] Cf. Domínguez 2000.

[58] El papel de san Raimon de Penyafort fue decisivo en el nuevo ambiente que se fraguó en torno a la literatura polémico-apologética con un fondo racional. Resultado de este impulso fueron, por ejemplo, la *Summa contra Gentiles* (1258) de Tomás de Aquino y la *Explanatio symboli* (1257) y el *Pugio fidei contra Iudaeos* (1278) de Raimon Martí. Cf. Hillgarth 1998, págs. 32-33, y Colomer 1997, págs. 181-238. Sobre los contenidos de la formación de Llull, que iban desde la Biblia, el Corán, el Talmud, Platón, Aristóteles, Algazel, san Anselmo, Richard de St. Victor, Avicena, entre otros posibles, véase Bonner/Badia 1988, págs. 16-17.

[59] A diferencia, por ejemplo, de Roger Bacon, quien pensaba que la sabiduría no debía difundirse, inspirado, quizás, por el pseudo-aristotélico *Secretum secretorum*. Cf. Hillgarth 1998, pág. 69. En Llull la actitud es universalista, pero parte de una comprensión previa especial.

[60] Bonner, autor de la edición crítica de esta obra, piensa sin embargo que se trata de la obra más importante de apologética de Llull; véase la introducción a sus OS, vol. I, pág. 91.

[61] La escuela de Miramar tenía que encontrarse entre Deià y Valldemosa, en donde el 17 de octubre de 1276 recibió la confirmación papal con una Bula de Juan XXI (Petrus Hispanus). Allí se instalaron trece frailes menores para aprender la lengua árabe. Cf. Bonner/Badia 1988, pág. 22.

[62] Parece que el retorno de Montpellier a Mallorca sucede en 1276, en donde pudo haber estado hasta 1287, aunque se le sitúa de forma indistinta entre Miramar, Montpellier o entre los tártaros en Asia. Cf. Hillgarth, pág. 176. Bonner 1988, pág. 23, por su parte, supone que Llull estuvo antes, durante los once años de formación, en Montpellier. Lo que parece decisivo es que la *Vita* no quiere decir nada al respecto y, según nuestra lectura, en donde la topología espiritual es de crucial importancia, Llull no se habría movido de Mallorca.

⁶³ Si atendemos a las diferencias establecidas por N. Söderblom y continuadas por F. Heiler entre «piedad mística» y «piedad profética» (cf. Martín Velasco 1999, pág. 27), nos damos cuenta de que en Llull se combinan en gran parte la experiencia extática, pasiva y contemplativa, con el carácter activo en virtud de la naturaleza histórica de la experiencia. Esta diferencia que la fenomenología de las religiones establece entre tipologías no se cumple aquí, a causa de la especial recepción de la tradición que encontramos en Llull. Aun cuando la experiencia visionaria no está directamente asociada a la profética, en Llull es de la experiencia contemplativa de la que surge la fuerza profética de su lenguaje.

⁶⁴ Algunos autores escriben Blaquerna (sin la n), haciendo el juego de palabras a que da lugar el nombre de la imagen de una virgen a la que se rendía culto cerca del antiguo palacio imperial de Constantinopla; de esta manera habría una cierta asociación entre el personaje de Llull y la idea de blancura que supone la pureza y la virginidad como sus virtudes principales. Nosotros seguimos la tradición defendida por Batllori en su Antología de 1981, véase el prólogo de Badia al *Blanquerna*, pág. 10.

⁶⁵ Más que preguntarnos sobre la función literaria del *Blanquerna* en el conjunto de la obra luliana, cabe dirigirse inmediatamente a la intención primordial de su autor. Siguiendo modelos retóricos acostumbrados en la Edad Media, este libro ha sido leído frecuentemente como una novela ejemplar u obra utópica que desarrolla un ideal de vida cristiana sobre la tierra. Pero en la idea misma de utopía aplicada a algunas de las grandes obras de la literatura medieval debemos preguntarnos por los elementos religiosos que las han formado. Finalmente, en el contexto cultural del cristianismo medieval, el sentido escatológico es muy fuerte, pero sería equivocado entenderlo en el plano de una utopía religioso-política, más propia del mesianismo judío, del que Llull se halla muy lejos. No carece sin embargo de sentido ver en esa obra un modelo de vida espiritual destinado a una conversión personal y a una llamada interior, más próxima, pues, a una escatología cristiana, que frecuentemente –sobre todo desde ámbitos místico-contemplativos– pone en suspenso la validez de interpretaciones precipitadas sobre el curso de la historia fáctica. Ciertamente, Llull se halla en el centro de discusiones políticas muy reales y nada ficticias, pero toda realización en la tierra debe ser vista como la aplicación de un modelo de sabiduría espiritual y aun intelectual o teórico.

⁶⁶ «E cor estar en lo món és perill, e majorment a home jove, per açò vull fugir al món: anar vull a Déu, qui m'apella», *Blanquerna*, pág. 38.

⁶⁷ Op. cit., pág. 45.

⁶⁸ Son muchos los elementos susceptibles de una generosa comparación en ambos relatos. Más adelante Natana, a pesar de los esfuerzos de su madre por impedirlo, ve pasar el cuerpo de un hombre muerto que llevan a enterrar, op. cit., pág. 70.

⁶⁹ Op. cit., pág. 51.

⁷⁰ Véase, más adelante, la Segunda parte.

⁷¹ «Segons que la divinal ordenació ha volgut ordenar home, és ordenat que home deja usar ordenadament de sa vista corporal, en tal manera que se'n seguesca ordenació en la vida espiritual; e per açò és bo que sia fet ordenament e establiment enfre nosaltres amb de la corporal vista sapiam usar. On, primerament sien ordenats nostres ulls a veer lo Crucifici, e en la image de nostra dona Santa Maria, e en altres figures qui ens representen-

ten la vida dels sants qui són passats d'aquest segle. Honradament façam a aquestes figures, soplegant a elles tota hora que les vejam, e en nostra ànima remembrem ço que ens signifiquen», op. cit., pág. 83.

[72] Cf. id., pág. 99.

[73] Gayà 1994, pág. 5.

[74] Cf. Hillgarth 1998, págs. 75-76.

[75] MOG v, págs. 1-211.

[76] Cf. MOG iii, pág. 452.

[77] Habría que ver en qué medida el modelo de martirio encuentra puntos comunes en el islam y el cristianismo. Cf. Massignon 1975.

[78] Cf. Hillgarth 1998, pág. 69.

[79] Hillgarth 1998, pág. 50, señala que ya entonces Llull se daba cuenta de que ningún argumento es invencible, reconociendo el papel necesario de la gracia en la teología cristiana. Pero quizás sea más plausible pensar que el modelo contemplativo propuesto de los Nombres o Dignidades era más fácilmente comprensible que la gracia que venía a sumarse a la razón.

[80] «On, parme, Sènyer, que lo conqueriment d'aquella sancta terra nos deja conquerir si no per la manera on la conquesés vos e ls vostres apòstols, qui la conquerís ab amor e ab oracions e ab escampament de lagremes e de sanc», OE ii, pág. 340, 10.

[81] XI, véase pág. 224.

[82] Hillgarth 1998, pág. 23.

[83] El documento histórico sobre la polémica puede consultarse en Flasch 1989.

[84] ROL vi, ed. de H. Riedlinger.

[85] Le Myésier fue discípulo directo suyo, y se habrían conocido durante la primera visita parisiense entre 1287 y 1289, siendo aquél un joven *socius* de la Sorbona. Más tarde, cuando era canónigo de Arras, envió a Llull una serie de *Quaestiones* con la intención de probar la aplicabilidad del *Arte*. Llull le contestó con una breve obra titulada *Liber super quaestiones Magistri Thomae Attrebatensis* (1299). La amistad continuó viva y volvieron a verse durante el último viaje de Llull a París, entre 1309 y 1311, época por la que Le Myésier ya proyectaba su *Electorium*. Cf. Hillgarth 1998, págs. 194-195.

[86] Hillgarth 1998, pág. 76, n. 8.

[87] Badia 1991, págs. 211-229.

[88] «Vita activa, secundum quam aliquis praedicando et docendo contemplata aliis tradit, est perfectior quam vita quae solum contemplatur», Tomás de Aquino, *Summa theologica*, iii 40 a.1 ad 2.

[89] Acerca de la «mors mystica» entendida como un nuevo nacimiento espiritual, cf. Haas 1989, 1994.

[90] McGinn 1995, cree más adecuado hablar de «presencia de Dios» o de «consciencia inmediata de la presencia de Dios», como lo que se diferencia de otras formas de consciencia religiosa (pág. xix), y considera la contemplación o visión de Dios, junto a la deificación, el nacimiento del Verbo en el alma, el éxtasis y otras, entre las categorías mayores de la mística y, en cualquier caso, como formas diferentes y complementarias de mostrar aquella presencia directa de Dios, pág. xvii.

⁹¹ Cf. *Libre de oracions i contemplacions de l'enteniment*, *Art de contemplació*, *Contemplatio Raymundi*, que incluye *Quomodo contemplatio transit in raptu*, *Contemplatio compendiosa*, etc. Véase el catálogo de Bonner en OS II.

⁹² «Primera entenció es tal/ qui.s cové ab causa final; la segona l'estrument», *Lògica*, pág. 157, 1048-1049; *Llibre de contemplació*, OE II, cap. XLV, págs. 194-196. Cf. *Art demostrativa*: «L'objet d'esta Art és la fi, la qual és la primera entenció, qui és conèixer e amar A, e la segona entenció està en los térmens d'esta Art, segons que ab ells se cové», OS I, pág. 375. Cf. también *Doctrina pueril*, cap. 92, 4-9; *Ars compendiosa inveniendi veritatem*, MOG I, dist. II, 1.

⁹³ Hay que situar a Llull en la tradición cristiana de «agapē» y «gnōsis». Acerca de estos términos, como los más importantes en la historia del cristianismo, juntamente a «visión» y «contemplación» (theōria), véase McGinn 1995, pág. 72.

⁹⁴ ORL XVII, 4, cit. en OS II, pág. 501, n. 12. Bonner indica que la experiencia mística pertenece a la segunda categoría, es decir, a la «amància», aunque esto no implica separación entre ellas. Pero es más bien el conjunto de ciencia y amancia lo que supone todo el proceso de la experiencia mística, pues el ascenso «científico» o discursivo de las facultades, que podría ser equiparado a la vía purgativa o ascética, forma parte de todo el proceso. Otra cosa es asignar a la «amància» el momento de la «unio mystica».

⁹⁵ Según Haas, para el místico ésta «no es simplemente una figura constructiva, sino que implica del modo más acusado todas sus potencias de pensamiento y amor», Haas 1999, pág. 99.

⁹⁶ Ibid., pág. 105.

⁹⁷ McGinn 1995, pág. 23.

⁹⁸ Cf. Brian Stock 1998, págs. 17-18.

⁹⁹ «Ah Sènyer! Per ço com vós m'havets girada ma cara a vós, e tota ma confiança havets posada en vós, és raó, Sènyer, que jo lou vós e.us benneesca, plorant, suplegant-vos e confiant en la granea de l'auta vostra eternitat», OS II, pág. 118, 25.

¹⁰⁰ «Qui vol haver art e manera per la qual sàpia contemplar en aquest libre e per aquest libre, cové que sàpia formar quatre maneres de contemplació: la primera és que hom començ al cap primer d'aquest *Libre de contemplació* e que arreu liga tot lo libre; segona manera és que home qui sàpia lo libre e haurà molt lest en lo libre, que vaja ligent a aventura d'un palàgrafi en altre e d'un capítol en altre trinitat aquelles raons qui a ells mills se covenran en aquell temps, car enaixí com les viandes se convenen mills ab lo cors en diverses temps les unes que les altres, així les raons les unes se convenen mills ab lànima en un temps que en altre; terça manera de contemplar és que hom lija en la taula les rúbriques; quarta manera és que hom entel.lectueig la raó que haurà lesta d'un palàgrafi o d'un vers a altre, membrant e entenent e volent», id., pág. 1255, 19.

¹⁰¹ «Emperò, Sènyer, enaixí com l'home qui s'aventura per tal que conseguesca ço que molt ama, enaixí nós volenterosament nos gitam a aventura en lo tractament d'esta obra», id., prólogo, pág. 107, 23.

¹⁰² «Vós, Sènyer, sabets bé que jo som vil e per natura pobre e per mes males obres; per què jo no som digne que en esta obra mon nom sia escrit, en que a mi sia atribuïda esta obra; per què jo mon nom exil e delesc d'esta obra, e ella, Sènyer, atribuesc e dó a vós, qui sóts nostre senyor Déus», id., pág. 108, 30.

[103] Id., caps. 328-ss., págs. 1064-ss.

[104] Sobre el simbolismo numérico de la obra luliana en el contexto de la cultura medieval, véase Pring-Mill 1991, págs. 53-ss., y, en una perspectiva más amplia, Schimmel 1993.

[105] OE II, pág. 120, 10.

[106] «Car jo, Sènyer, he amades persones, moltes de vegades, tant, que nit ni dia no era altra cosa en mon cor sinó en amar aquelles. On, per gran follia, Sènyer, prenia aquelles coses que amava així com Déus, en ço que les amava segons la manera on vós devets éser amat», ibid., 17.

[107] Id., pág. 121, 29.

[108] Véase n. 99.

[109] Cf. Fromaget 2000, pág. 17.

[110] Aunque hay también un sentido negativo de la alegría luliana, por ejemplo: «mala alegria e desordonada», OE II, pág. 112, 24, es la característica principal de su impulso de conocimiento. Cf. James 1986, págs. 208-ss.: «Una libertad y una alegría inmensas son los perfiles de esa individualidad ajena al egoísmo, que se une a la ternura».

[111] Id., pág. 108, 8.

[112] Id., pág. 109, 15.

[113] Id., pág. 111, 25.

[114] «Sènyer Déus! Pus que mon enteniment defall a compendre la granea de la vostra essència, prec-vos, si vostre plaer és, que posets tan gran amor en mon cor en amar vós, que.l meu enteniment defallesca a imaginar la granea d'aquella amor», id., pág. 113, 6.

[115] «Sequitur de prima et secunda intentione./ Quoniam cognitio primae intentionis et secundae et ipsarum recta ordinatio sunt plurimum necessariae hominibus huius mundi, ideo eas volumus breviter declarare./ Prima enim intentio instrumentum est primae, ad quarum maiorem evidentiam potest exemplum tale breviter assignari. Quicumque pervenire desiderat ad gaudia sempiterna, ipsum oportet Deum intentione prima diligere; secunda autem intentione oportet, quod ipse aliquid sub Deo existens diligat, ut ex hoc Deum valeat honorare», Compendium, pág. 123. El texto catalán, en verso, dice así: «Saps qu'es primera entenció/ ni segona?; si dius que no,/ mostrar t'o ay voleter,/ car a ton saber son mester./ Primera entenció es tal/ qui.s cové ab causa final; la segona l'estrument./ Eiximpli t'en daray breument./ Primera entenció a Deu/ la dona, si vols esser seu;/ la segona entenció es/ si sots Deu ames qualque res,/ per çó que Deus pusques honrar», Lògica, pág. 157, vv. 1044-1056.

[116] OS II, pág. 113, 15.

[117] «Oh Sènyer Déus qui sóts gran, meravellós, Senyor perdurable per tots temps! Pus vós sóts infinit, bé fort tenc per desastrucs aquells qui vos perden; car pus vós, Sènyer, sóts per tots locs e per totes les dreceres, en tots los locs vos pot hom trobar, si cercar vos hi vol», id., págs. 113-114, 22.

[118] Cf. Gayà 1994, pág. 11.

[119] Pero también la poesía trovadoresca está llena de este mismo espíritu, véase V. Cirlot 1996, págs. 9-33.

[120] «Déus nostre e amador nostre! No cal que hom vos vaja cercar luny, car molt sóts prop, pus que nós som fenits en vós», OS II, pág. 114, 13.

[121] Otto 1980, pág. 9.

[122] OS II, pág. 118, 10.

[123] OS II, pág. 132, 2.

[124] Los fundamentos ontológicos de esta «protología» de la contemplación no son extraños a la escuela mística especulativa del norte de Europa; también el Maestro Eckhart en uno de sus sermones (In occisioni gladii mortui sunt) dice que «lo propio de Dios es ser... En la medida en que nuestra vida es un ser, está en Dios», cf. Vega 2001, pág. 58.

[125] La idea de que a Dios se llega a través del mundo es uno de los fundamentos del pensamiento místico que se distancia de la «religión gnóstica». Los medievales parten de una consideración sobre los signos de la naturaleza y sólo después, en el lenguaje de lo inefable, se acercan a los misterios de la tiniebla divina.

[126] Gayà 1979, págs. 84-ss.; Fromaget 2000.

[127] Para una tipología reciente de los fenómenos místicos puede consultarse Martín Velasco 1999, págs. 466-ss.

[128] Panikkar 1999.

[129] «Oh Déus, Pare e Senyor de quant és! Sanctetat, e autea, e noblea e unitat sia coneguda ésser en vós, car enaixí, Sènyer, com la vostra substància és en tres persones, enaixí les tres persones són una substància», OS II, pág. 126, 1.

[130] Id., pág. 141, 20.

[131] «On açò és, Sènyer Déus, gran meravella, que nos siam aquella cosa que no sabem ni entenem què s'és en si mateixa. On, com a saber la cosa que som nos defall saber e enteniment, quant més, Sènyer nos deu defallir a saber e conèixer la vostra substància què és en si mateixa», id., pág. 142, 9.

[132] Id., pág. 127, 18.

[133] «Encara, Sènyer, podem apercebre lo nostre saber ésser poc e frèvol, e.l vostre gran e noble, car si parlen dos hòmens coses contràries, ja aquell qui.ls oirà parlar, no porà apercebre l'enteniment de les paraules en un temps, car les unes paraules perdrà, per les altres a entendre. Mas lo vostre saber, Sènyer, no s'embarga per multitud de paraules diverses, enans tot ho sap e tot ho entén», id., pág. 145, 18.

[134] Id., pág. 148, 8.

[135] «On pus se pensa hom, Sènyer, en lo vostre saber, pus vertuós e pus meravellós lo troba, beneit sia ell, car vós sabets totes les muntanyes e tots los plans quants són, e sabets tots los flums, e totes les fonts, e tots los pous e totes les mars, e sabets quants són los locs del món, e sabets quants grans són d'arena ni quants àtomus són. De tot sabets lo compte», id., pág. 146, 6.

[136] «Vós, Sènyer Déus, qui sots pare e sostenidor de tot lo món! La nostra salvació, la qual nós esperam que venga de la vostra pietat e misericòrdia, no és altra cosa sinó veer vós, e contemplar en vós, e alegrar en vós e mar-vos», id., pág. 137, 10.

[137] «Meravellosament, Sènyer, me par aquest vida mundana cosa vana e ab poca de veritat, quant per ella mateixa, car en un moment hic és hom viu, e en altre mort. On, beneit siats vós, Sènyer, car en aquesta vida d'est món, jo no veig altra veritat mas tan so-

lament que per ella pervé hom a vida vera, ab que sia enamorat de la vostra glòria», id., pág. 155, 18.

[138] Las páginas 156-157 ofrecen buen material para una reflexión sobre una «teodicea» en Ramon Llull.

[139] Todo el pasaje dedicado a «Gloria» (cap. 97, págs. 304-ss.), en donde intervienen los cinco sentidos espirituales, da ocasión para una exposición sobre lo que Hans Urs von Balthasar (1985) ha llamado una «estética teológica».

[140] OS II, pág. 164, 7-9.

[141] «Ah Rei de glòria! Com jo sia loc on vicis e pecats se són meses, e com jo sia vil e sutze esdevengut per pecats, parme que no som digne que lo firmament sia mon loc, per ço car, si hi entrava, la mia sutzura ensutzaria aquell», id., pág. 166, 9.

[142] «Avinent Senyor, vertuós, font de pietat! Santetat e glòria e mercè sia coneguda a vós e atribuïda, car enaixí com vós creàs lo solell e.l mig del firmament per il.luminar e per escalfar la terra, enaixí volgués posar la sancta crou en la terra, per enluminar los cecs e per escalfar lo cor dels catòlics», id., pág. 167, 25.

[143] «Humil Senyor, en totes quantes coses hom pusca pensar ni cogitar que viltat pusca caer en mort d'home, totes les troba hom en la vostra passió qui hi pensa, car vós fos penjat en vil loc, ab ladres, e fos penjat en alt, per tal que tuit veessen, e fos crucificat en lo mig loc del món, per tal que tuit sabessen l'honta que vós prengués, e per los vostres deixebles fos desamparat a la mort, per tal que tuit veessen que vós no havíets amics, e les pus vils gents qui sien vos turmentaren e us auciren, e sens tota ocasió e sens tota raó que no havien que us auciessen, vos aucieren. On tot açò, Sènyer, covenc que fos enaixí com se feú, car enaixí com per la vostra passió se devía seguir gran honrament, covenc que vostra passió fos en gran viltat», id., pág. 217, 5.

[144] Eliade 1979, págs. 392-393: «Se puede hablar de un cristianismo cósmico por el hecho de que el misterio cristológico es proyectado sobre la naturaleza en su totalidad, mientras que se descuidan los elementos históricos del cristianismo y se insiste en la dimensión litúrgica de la existencia en el mundo». También, Eliade 1981[2], págs. 298-300.

[145] Sobre la teoría elemental de Llull, véanse Yates 1985, págs. 29-120, y Pring-Mill 1991, págs. 56-ss.

[146] «Ah Jesucrist Sènyer! Enaixí com l'arbre qui renovella en tres coses, en fulla e en flor e en fruit, enaixí vós renovellàs l'arbre on morís, ab tres coses: ab divinal essència, e ab la vostra natura humana, e ab la mort que prengués en ell. 14. Laors e glòries e honors sien conegudes a vós, senyor Déus, car per raó del pujament que la vostra sancta humanitat féu en la crou, se renovellà tot lo món. 15. E per l'enclinament que Adam pare nostre féu a pecat, s'envellí e s'endureí en pecat lo coratge dels hòmens. 16. Ah Senyor misericordiós! Loat e graït siats vós, qui havets haüda membrança dels pecadors, car enaixí com vós havets posat en l'arbre fruit, per tal que prena vida lo cors de l'home, enaixí posàs en l'arbre de la sancta crou lo vostre cors, per tal que sia salvació e glòria de les nostres ànimes. 17. Piadós Senyor, enaixí com vós havets volgut que los aucells se deporten e s'alegren cantant en les branques e en les rames dels arbres, enaixí volets que los hòmens s'alegren cantant, davant la figura del sant arbre croat, en lo qual vós ploràs per nosaltres pecadors. 18. Pacient Senyor, enaixí com los aucells s'ajusten e s'acosten enans a l'arbre on

pus és fullat e florit e ramat, e enans hi mou cascú sos lais e sos cants, enaixí se deurien los hòmens enans acostar a la sancta crou que a null altre arbre; e pus hi deurien plorar, on pus la veem tinta de sang e de làgremes. 19. Beneit Rei de glòria! Lo pus noble vegetable e mellor qui anc fos creat, fo l'arbre de la sancta crou, on vós fos marturiat; car aquell arbre fo en lo començament cobert de verdor e de fulles, e de flors e de fruits douços e saborosos, e puixes en la fi fo cobert e vestit de la vostra deïtat e de la vostra humanitat, e fo tot banyat de sang preciosa e de làgremes de vida. 20. Per la gran noblea que fo en l'arbre d'on la vostra crou fo feta, són, Sènyer, ennobleïts tots los altres arbres d'on són fetes totes les crous qui representen la figura de la sancta creu preciosa. 21. E doncs, Sènyer, beneits sien tots los arbres qui aquell arbre remembren als nostres ulls, e beneits sien tots los hòmens qui denant les crous aoren, e ploren, e loen e beneeixen vós», pág. 172.

[147] Id., pág. 172 y pág. 297, 23.

[148] «Ah Senyor douç, ple de douçor e de benedicció e de plaer! Glòria e honor sia donada per tots temps a vós e a tot quant de vós és, per ço com vós nos havets donada carta en la qual nos demostrats la vostra ajuda; car vós, Sènyer, nos havets dada la figura de la sancta crou, en la qual la vostra figura està ab los braços estesos, per demostrar que vós sóts aparellat a abraçar e ajudar a tots aquells qui per vós se combatran ne qui per amor de vós morran», id., pág. 276, 25.

[149] «Loada e beneita sia, Sènyer, la vostra gloriosa larguea qui féu escampar la vostra sang sobre la roca on la crou fo ficada, e la beneita aigua de vostre cors féu decórrer sobre la terra; e la mia cobeea sia coneguda per molt gran, per ço car jo no he escampada l'aigua de mos ulls sobre los mels de la cara, ni la mia suor no és escampada en mes vestidures per bones obres», id., pág. 271, 15.

[150] «Si los romeus van cercar vós, Sènyer, cavalcants en palafrens ni en muls ni en mules, vós volgués cercar nostra salvació cavalcant en la somera. Si los pelegrins vos cerquen portant lo senyal de la crou en lur muscle, vós cercàs ells portant la crou en vostre muscle, en la qual fos clavat e mort. E si los romeus van cercant ab blancs draps en què jagueren e ab atzembles carregades de roba, vós cercàs nós en la crou, la qual fo lit de mort. E si los romeus porten salses ni barals plens de vi, e vós portàs en la crou fe e suja e vinagre. E si los romeus porten aur e argent e diners per despessa, e vós vengués a la crou pobre e despullat de tots vestiments», id., pág. 342, 5.

[151] «Los pintors, Sènyer, veem que pinten als prínceps e als hòmens rics, palaus e cambres e portxes e cases, d'aur e d'argent e de diverses colors. Mas lo vostre palau e la cambra que vós haguès en est món no hac altre pintura sinó de sol e de vent e de pluja; car altre loc no havíets on estiésets sinó defora los palaus e les cambres, en l'espai qui és enfre.l cel e la terra. Misericordiós Senyor, on és tota pietat e tota dolçor e tota benedicció! Los pintors pinten als reis les corones, d'aur e d'argent, e de perles e de péres precioses. Mas la vostra corona, Sènyer, fo pintada d'espines qui per tot lo cap vos entraven, e pintada fo de sang. E si los reis e.ls hòmens rics fan pintar los capells de diverses colors, lo capell que vós portàvets, aquell era pintat de sol e de pluja, e de neu e de fred; car en lo vostre cap no havia altre capell sinó tan solament los cabells vostres, qui estaven defora al sol e al vent e a la pluja», id., pág. 361, 9-10.

[152] «Qui bé guarda, Sènyer, en la crou ab los ulls corporals e ab los ulls espirituals, e

contempla en ço que la crou significa, en la crou porà veer la vostra gran misericòrdia e la vostra gran humilitat e la vostra gran pietat e la gran amor que vós havets al vostre poble; car la crou és mirall en lo qual se poden veer, remembrant e cogitant, totes les vostres vertuts e les vostres noblees», id., pág. 369, 3, y también en pág. 436, 26.

[153] «Oh Déus amorós! A vós sia coneguda tota altea e tota granea e tota honor, com a franc Senyor e a beneit que vós sóts, car nosaltres veem que.ls lauradors lauren la terra e l'assaonen per tal que dó fruit; e veem, Sènyer, que la terra on mills és laurada ni pensada, que mills dóna fruit. On si la terra, qui és cosa morta e cosa sens enteniment e raó, dóna fruit on mills és pensada e laurada, semblant és que l'ànima humana deja dar fruit, si lo cors és obedient e sotsmès a ses vertuts», id., pág. 363, 1.

[154] «Com lo vostre servidor e.l vostre sotsmès sia estat, Sènyer, tan malvat pintor, clam-vos mercè que vós en lo meu cor, per imaginació e per obra de contemplació, pintets la vostra amor e la vostra passió e.ls vostres plors e les vostres langors e la vostra greu mort; car si vós, Sènyer, plantats ni posats en mon cor aitals remembraments e aitals enamoraments, porà's esdevenir que mon cors esdevenga tint de sang e mos ulls de làgremes, per donar laor e honrament de son senyor Déus», id., pág. 363, 30.

[155] Id., pág. 227, 6.

[156] Es el tema de la teología cristiana oriental, como en Gregorio de Nisa y Máximo el Confesor.

[157] OE II, pág. 244, n. 2.

[158] Id., pág. 229, 21; cf. «Honorable Senyor, piadós, vertuós! Enaixí com lo gra del blat no pot renovellar ni multiplicar, tro que és en la terra compodrit e transportat de sa forma e és renovellat, enaixí vós volgués que.l vostre benauirat cors fos mortificat e turmentat e mort, per tal que.ns aportàssets novell fruit e multitud de perdurable glòria», id., pág. 232, 16.

[159] «Celestial Senyor, enaixí com lo malaute mellora e revé per la carn que menuga adoncs com lo mal l'ha jaquit, enaixí havets vós ordonat que l'ànima de l'home sia fortificada per la vista de la vostra passió en la crou, e per lo remembrament d'aquella sia pecat delit en ell», id., pág. 217, 12.

[160] «Aquells qui són, Sènyer, savis lauradors, veem que fan diferència enfre temps e temps, e loc e loc, e sement e sement; car segons que són les sements, cové que sien los locs e los temps. Mas d'açò fan los hòmens mundans tot lo contrari, car no esperen temps, ni fan diferència de loc a loc ni de persona a persona. E per açò quaix tot quant fan és fet vilment e àvolment e falsa», id., pág. 364, 6.

[161] Cf. Pring-Mill 1991, págs. 35-ss.

[162] OE II, págs. 180-ss.

[163] La «mortificación» comúnmente se entendía desde un cierto exceso, que probablemente habría que reinterpretar desde una concepción mística y no simplemente ascética, que ya en su tiempo llevó a algunos espirituales, como el Maestro Eckhart, a criticar tales posturas, como también lo harían después santa Teresa y otros.

[164] «Ah Déus gloriós, gran sobre totes granees, e meravellós sobre totes meravelles! Beneita sia la vostra vertut e.l vostre ordenament, qui ha ordonat en home la potència sensitiva, per la qual potència ha l'home cinc senys sentibles: oir, veer, gustar, odorar, sen-

tir; car per oir ha coneixença de la diversitat dels lenguatges e de les vous, e per lo veer ha coneixença l'home de les deversitats de les formes e dels colors, e per lo gustar ha l'home coneixença de les coses dolces e de les coses amargoses, e per l'odorar ha l'home coneixença de les odors, e per sentir ha l'home coneixença de les coses tocants e ha coneixença de sanitat e de malautia e de coses dures e molles», OE II, pág. 184, 1.

[165] «Honrat Rei de glòria, loat, e amat, e colt e obeït siats vós, qui havets ordonat en home, que per raó de la potència sensitiva venga l'home a coneixença de les coses entel.lectuals, car en ço que los hòmens han coneixença de les coses sentides, aperceben veritat de les coses invisibles; e per açò se fa per ço car, jassia ço que vós siats als hòmens en est món essència invisible, no roman per tot ço que los hòmens no hagen coneixença de vostra essència; la qual coneixença que n'han, Sènyer, és en ço que saben aquella vostra essència ésser tota poderosa, e tota misericordiosa, e tota dreturera, e tota vertuosa, e tota bona e tota acabada», id., pág. 184, 7.

[166] «Déus gloriós, vertuós, granea e noblea sia donada a vós, car vós, Sènyer, havets ordonat home en ço que li havets dades dues entencions; primera entenció e segona entenció. E per ço car havets volgut que sien dos segles, aquest segle e l'autre, per açò havets volgut que sien dues entencions», id., pág. 194, 1.

[167] «On com vós, Sènyer Déus, siats vengut en est món per deslliurar e per reembre la natura humana del pecat original, prec-vos, Sènyer, que us plàcia que vós delliurets la mia potència racional de la cativetat en què ha long temps estat sots la potència sensitiva; e plàcia-us que d'aquí en avant tota hora la potència sensitiva sia serva e sotsmesa de la potència racional; car enaixí.s tany, segons ço que vós, Sènyer, ho havets ordonat», id., pág. 191, 26.

[168] Id., cap. 43, págs. 189-191.

[169] Id., pág. 192, 13.

[170] Id., pág. 201, 10.

[171] Id., pág. 204, 25.

[172] El cap. 45, especialmente párrafos 10-13, desarrolla toda una teoría de la justificación del mal y del valor de los actos buenos a partir de la doctrina de las dos intenciones, págs. 195-196.

[173] Cf. id., pág. 325, 15.

[174] «Senyor amat, Senyor servit, Senyor honrat, enaixí com la dona qui.s mira en lo mirall pot veer en lo mirall la bellea o la legea de sa cara ni de ses faiçons, enaixí, Sènyer, lo vostre servidor com guarda en la creu totes ses belees e totes ses legees veu e apercep en si mateix», id., pág. 322, 28.

[175] «Per ço car temps, Sènyer, ha començament e fi, per açò lo temps present se muda en temps passat e.l temps esdevenidor se muda en temps present, e.l temps passat nulls temps no.s muda, per ço car ja ha haüda fi», id., pág. 322, 2.

[176] Cf. id., pág. 327, 6.

[177] Cf. id., pág. 348, 17-21.

[178] «Divinal Senyor, gran sobre totes granees, a vós, Sènyer, devem fer gràcies e mercès, qui.ns havets dada vista per la qual podem pendre exempli en ço que fan les bèsties, car enaixí com les bèsties van cercant en los vegetables les fulles, e les flors e.ls brots

e.ls fruits per tal que.n prenen vida, enaixí nosaltres, Sènyer, si savis érem, deuríem cercar e cúller en vós les vertuts e les bonees, per tal que.n vivíssim», id., pág. 329, 1.

[179] Cf. id., pág. 334, 28.

[180] «Car los hòmens qui són, Sènyer, religiosos e bons crestians, aquells vencen ab la potència racional la potència sensitiva; e car cascuna de les potències és en home, per açò home venç si mateix ab cosa qui és de si mateix», id., pág. 332, 5.

[181] «Aquells qui volen atrobar en la natura de l'ànima la malaltia d'on és malauta, cerquen-la, Sènyer, en les cinc potències de l'ànima, e en les tres natures de l'ànima, e en los cinc senys espirituals; car enaixí com la malaltia del cors humà és atrobada en les rails de les quals és compost, les quals rails se són desordenades en los cors, enaixí la malautía de l'ànima és atrobada en les rails e en les potències e en los senys de l'ànima qui.s són desordenats en ella», id., pág. 349, 29.

[182] Cf. id., pág. 350, 5.

[183] Cf. id., pág. 354, 18.

[184] Cf. id., pág. 358, 4.

[185] Como en los anteriores sentidos, también la imagen de la cruz lo preside todo, por los graves dolores que Cristo sintió allí. Cf. pág. 395, 19.

[186] Cf. id., pág. 397, 5.

[187] Cf. id., pág. 432, 27.

[188] Cf. id., pág. 428, 1.

[189] «Com l'home religiós guarda, Sènyer, en la creu la vostra figura, qui demostra les vostres nafres e.ls vostres treballs e la greu mort que sostengués, adoncs és sensible sensualment; e com per la sensualitat sensual comença a remembrar la vostra passió e la vostra mort, adoncs sent intel.lectualment; e com comença a plorar e a sospirar e a amar e a haver contrició e devoció, adoncs és lo sentiment compost corporalment e intel.lectualment», id., pág. 428, 5.

[190] Cf. id., pág. 428, 12.

[191] Cf. id., pág. 431, 14.

[192] Id., pág. 207, 8.

[193] Id., pág. 187, 10.

[194] Id., pág. 190, 14.

[195] «Car en ço, Sènyor, que lo sentiment comú, lo qual davalla dels cinc senys corporals, és ocasió a la imaginativa que dó a la potència racional, per açò s'esdevé que la imaginativa és mijà enfre la potència racional e la sensitiva, e és subjecta de la potència racional», id., pág. 187, 5; cf. también pág. 184, 5-6.

[196] «Per raó, Sènyer, com los ulls corporals són termenats e finits, cové que los ulls espirituals s'estenen e passen los térmens tro als quals los ulls corporals són finits. On per açò, Sènyer, los ulls de l'ànima passen e veen part les coses que los ulls corporals no poden veer... On, per est semblant podem entendre, Sènyer, los ulls espirituals en qual manera s'estenen part los térmens on són termenats los ulls corporals, car com los ulls corporals defallen a veer les coses espirituals, en la demostració que los ulls corporals fan als espirituals, los ulls espirituals veen e parceben en les sensualitats les coses intel.lectuals», id., pág. 372, 5-6. Id., pág. 431, 12; cf. todo el cap. 148, págs. 430-ss. Cf. cap. 106, págs. 324-326.

[197] «Benigne Senyor, enaixí com la vista corporal és termenada en les coses invisibles, enaixí los ulls de l'ànima, qui són ulls espirituals, són termenats en les coses visibles; car los ulls de l'ànima no veen sinó cogitant e remembrant e imaginant e entenent», id., pág. 373, 17. Acerca de los «sentidos espirituales» en la tradición cristiana, aunque alejado del sistema luliano, pueden verse Rahner 1975, págs. 139-ss., y Balthasar 1985, págs. 323-375, y en las tres tradiciones monoteístas, Wolfson 1935.

[198] Rahner 1975, págs. 142-143.

[199] «XXVIII Distinció, qui tracta de cogitació, qui és seny espiritual entel.lectual en home», OE II, pág. 432.

[200] «Tota la mellor contemplació en què home pusca ésser, és, Sènyer, que hom tenga sa cogitació en la vostra noblea e en la vostra vertut, sens que l'ànima de l'home no sia ocupada de nulla cosa sensual; car la fervor e l'amor és mellor e major com una cosa intel.lectual contempla en altra intel.lectual, que no és com cosa intel.lectual contempla en cosa sensual», id., pág. 432.

[201] «Enaixí com los hòmens qui estogen, Sènyer, lurs tesaurus e lurs relíquies en lurs caixes, enaixí volria, si a vós plaïa, que la mia ànima fos armari de la vostra cogitació; e enaixí com los aucells fan lurs nius en los arbres, enaixí prec la mia ànima que pos sa cogitació en l'arbre de la crou, per tal que lo vostre servidor sia cogitant e contemplant en la sancta humanitat de son noble senyor Jesucrist», id., pág. 437, 30.

[202] «Qui cogita, Sènyer, en vós de totes les forces de la sua ànima, sens embarg e sens empatxament de les coses sensuals, aquelles cogitacions són bones e plenes de douçor e de plaer e d'amor; car adoncs és l'ànima ab vós unida e acostada, contemplant en la vostra gloriosa deïtat», id., pág. 434.

[203] «En aquest món, Sènyer, home veu la vostra humanitat intel.lectualment, cogitant; mas no la pot hom veure sensualment en aquella figura en la qual ella és. On, en açò pot hom conèixer la noblea que hom ha major en la vista intel.lectual que en la sensual; car los ulls de l'ànima basten e atenyen a açò a veer en què los ulls corporals no poden bastar ni atènyer», id., pág. 436, 15.

[204] «En l'entel.lectual natura venits vós, Sènyer, als hòmens per gràcia, e en aquella trametets a hom los àngels, e aquella trameten los hòmens a vós amant, e cogitant, e entenent, e volent e remembrant...», id., pág. 480, 29.

[205] Cf. id., pág. 445, 10 y 15.

[206] Cf. id., pág. 446, 28 y 29.

[207] En la medida en que se trata de un tipo de apercibimiento espiritual, creemos oportuno traducir por «apercepción», dándole el sentido transcendental implícito.

[208] «On, enaixí, Sènyer, com la dona encerca mirall dreturer e clar per tal que no li desmenta ses faiçons, enaixí qui vol apercebre les coses intel.lectuals ab les coses sensuals, primerament se guard que les sensualitats no sien torbades ni desordonades ni empatxades a dar demostració de les coses intel.lectuals, e esforç-se hom aitant com pusca d'encercar aquelles sensualitats les quals són pus covinents a demostrar e a significar aquelles intel.lectuïtats de les quals hom vol ésser certificat», cf. id., pág. 483, 3.

[209] Cf. id., pág. 483, 6.

[210] «Car enaixí, Sènyer, com l'home anant per la via posa la un peu per tal que l'altre

pusca levar e mudar a avant, enaixí qui vol apercebre ço qui és segons natura, cové que pos son enteniment en ço qui és sobre natura; e qui vol apercebre ço qui és fora natura, cové que pos son enteniment en ço qui és segons obra de natura; car ço qui és segons cors de natura és apercebut per çó qui és fora de natura, e ço qui és fora de natura apercep hom per ço qui és segons cors de natura; car la un és ocasió a l'autre com sia apercebut la un per l'autre», id., pàg. 492, 26.

[211] Véase n. 226.

[212] «On, segons que serà, Sènyer, la color negra, significarà la color blanca, e segons que serà la color blanca, darà significació de la color negra, car on pus contràries seran les colors, més se demostraran l'un per l'autra», id., pàg. 586, 5.

[213] Cf. id., 25.

[214] Cf. id., pàg. 497, 5.

[215] Cf. id., pàg. 499, 21 y todo el cap. 175, págs. 503-507.

[216] Cf. id., pàg. 500, 1.

[217] Cf. id., pàg. 502, 21.

[218] Cf. id., pàg. 512, 6.

[219] Cf. id., pàg. 514, 24.

[220] Cf. id., pàg. 514, 30.

[221] Cf. id., pàg. 610, 2.

[222] Cf. id., pàg. 626, 1.

[223] Cf. id., pàg. 632, 1.

[224] Cf. id., pàg. 665, 1.

[225] Véase n. 208.

[226] «Ah Déus Pare e Senyor, qui guarits e sanats nostres langors e nostres dolors! Qui vol prendre art ne manera com pusca apercebre e conèixer les contrarietats sensuals e entel.lectuals, quatre maneres ha mester: la primera és, Sènyer, que hom començ a les contrarietats sensuals e que per un contrari sensual encerc hom l'autre; la segona manera és que per los contraris sensuals encerc hom los contraris entel.lectuals; terça manera és que ab les unes contrarietats entel.lectuals encerc hom les altres contrarietats entel.lectuals; quarta manera és que ab les contrarietats entel.lectuals sia hom encercador de les contrarietats sensuals», id., pàg. 586, 1.

[227] Cf. Burckhardt 1975, págs. 159-173.

[228] Véanse nn. 50 y 51.

[229] Cf. OE II, pág. 276, 25.

[230] Véase n. 152.

[231] Cf. Haas 1989, pág. 160: «mystisches Kommunikationsmodell» se da cuando se produce una unidad entre el emisor de la revelación, el predicador, y el receptor, el oyente.

[232] «Per istas quinque figuras potest homo invenire veritatem sub compendio, et contemplari et cognoscere Deum, et vivificare virtutes, et mortificare vitia», MOG I, pág. 443.

[233] Cf. Yates 1974 y Rossi 1983.

[234] Cf. Carreras y Artau 1939, vol. I, págs. 370-ss.

[235] «A. ponimus, quod sit noster Dominus Deus; cui A. attribuimus sedecim Virtutes; non tamen dicimus, quod sint cardinales, neque theologicae, nec quod sint accidentales,

sed essentiales: de quibus formantur centum viginti Camerae, per quas amatores hujus artis poterunt habere cognitionem de Deo, et poterunt facere et solvere quaestiones per necessarias rationes», MOG I, pág. 434.

[236] «Deus est illud Ens in quo Bonitas, Magnitudo, Aeternitas et aliae Dignitates Dei convertuntur in eoden numero», cit. en Carreras y Artau 1939, vol. I, pág. 372, n. 106.

[237] «Triangulo viridis continet tres angulos, scilicet differentiam, concordantiam, contrarietatem: in angulo differentiae haec tria membra scribuntur, videlicet sensualis a sensualis, sensualis ab intellectuali, intellectualis ab intellectuali...», MOG I, pág. 487.

[238] «Oportet, quod S. tentet cum T. ipsum E. I. & N., ut intelligat, in qua suarum specierum recipere majorem significationem & majorem notitiam ab A. V. X.; oportet, quod recipiat habitum illius speciei, cum qua camerae ei melius significantur; & quod sciat per significationes sensuales ad intellectuales ascendere, intelligendo & percipiendo quatuor quaestiones & quatuor causas universales», MOG I, pág. 444.

[239] «Sensualitates sunt fenestrae, per quas S. producit suas species & individua illarum de potentia ad actum, dum sensus sensuales moventur de una sensualitate in aliam, & sensus intellectuales per unam sensualitatem intelligunt aliam, & per una vel plures sensualitates intelligunt unam vel plures intellectualitates, & per unam vel plures intellectualitates secundum artem, quam S. habet in T., intrando ad cognoscendum suas proprias cameras, & cameras A. V. X.», MOG I, pág. 445.

[240] «Descensus universalium rerum ad particulares et ascensus particularium ad universales sit mediante T.», id., pág. 474.

[241] «De modo VII: De Oratione. C. intelligit, quod B. recolit, quod Oratio est triplex, scilicet: Oratio Sensualis, Intellectualis, et Composita ex utraque: Sensulis est, quando motiva sensualis movetur ad laudandum et benedicendum A. et suas cameras: Intellectualis, cum motiva intellectualis movetur ad contemplandum A. et suas cameras absque motiva sensuali: Oratio Composita est, quando sensualitas et intellectualitas simul moventur ad laudandum, orandum et glorificandum A., et suas cameras», id., pág. 445.

[242] MOG IV, págs. 11-14; ORL XVI, págs. 289-294.

[243] MOG IV, págs. 18-ss.

[244] MOG III, págs. 503-564.

[245] «Ab Arte demonstrativa trahit hoc opus exordium, & quoniam per ipsius artis modos & regulas investigativas necessarium est quodlibet particulari in universali suo invenire, ideo ipsa arte variata in hoc praesenti opere ad investigandum unum quodque particulare, ut sequatur ejus inventio», id., pág. 503.

[246] Id., pág. 504.

[247] Id., págs. 293-452.

[248] Id., págs. 366-371.

[249] MOG V, págs. 1-211.

[250] «In omne materia punctum transcendentem dicimus invenire posse... Quomodo autem in omne materia ejusmodi puncta inveniantur, ad praesens exemplificare volumus, & primo a natura elementali incipimus, deinde gradatim procedendo, secundo de natura vegetativa, tertio de sensitiva, quarto de imaginativa, quinto de intellectiva, sexto de morali, septimo de caelesti, octavo de angelica, nono de divina», id., pág. 47.

[251] *Compendium*, págs. 122-ss.; *Lògica*, pág. 157.

[252] «Los senys particulars translat./ Ben can ensems son ajustat/ ymaginativa.ls scriu,/ infantazia.y ha son niu/ de la qual pren demostrament,/ ço sapia ton entendiment,/ de ço qui es de sensual,/ e puys puga en alt ostal/ qui es d'entellectuitat,/ on mant secret son ajustat», *Lògica*, pág. 157, 987-996.

[253] «Sàpies, fill, que la ànima ab la ymaginació pren e ajusta en comú tot ço que li offeren los v seyns corporals, veent, oent, odorant, gustant, sintent; e offer-ho en la fantasia a l'enteniment, e puxes lo enteniment puya més a ensús entendre Déu e àngels e les coses intel.lectuals les quals la ymaginativa no pot ymaginar. La phantasia és cambra qui és en lo paladar sobre lo front; e en lo front la ymaginativa ajusta ço que pren de les coses corporals, e entra-sse'n en la phantasia açò que pren, e il.lumina aquella cambra per ço que l'enteniment pusque pendre ço que ymaginativa ly offer. On, com per algú accident açò se desordona, adonchs esdevé lo home fantàstich, o à gros enteniment, o es orat», *Doctrina pueril*, pág. 204, 31-43.

[254] Debo esta idea de la imaginación como representación de la figura de Jesucristo al profesor Francesco Santi (Universidad de Lece), con quien hablé de estas cosas en nuestra época de estudiantes en Friburgo.

[255] En su libro del año 1961 Colomer, que estudió la influencia de Llull en Nicolás de Cusa, quien poseía en su biblioteca un importante número de manuscritos y copias de Llull en las que hacía numerosas anotaciones (Cod. Cus. 83, 229r-273v), puso en relación los «puntos transcendentes» con el método del ascenso y descenso del entendimiento, objeto de una obra de Llull con este título (Liber de ascensu et descensu intellectus, de 1305). Entre los libros que tenía el Cusano se cuenta el *Arbre de filosofia desiderat*, en cuyo pasaje relativo a la doctrina de los «puntos transcendentes» leemos: «Punt trascendent és estrument del human enteniment ab lo qual ateny son object sobre les natures de les potències que estan depús, e ateny sobre natura lo subira object. Aquesta diffinició, fil, te sia molt cara en esta sciencia, car per ela pots aver conexensa de Deu e de la obra que ha en sí mateix, e de les altres obres que son sobre cós de natura», *Arbre de filosofia desiderat*, dist. I, part III, «De les diffinicions de f» (ORL XVII, pág. 415). En el ejemplar de Nicolás de Cusa en 157r anota: «De operationibus supra cursum naturae». Puede contrastarse con la definición del *Ars amativa boni* (ORL XVII, págs. 1-398): «6. De la regla qui es de punts transcendents. Punts trespassants consiram en dues maneres. La primera es com l'enteniment trespassa entendre les coses veres sobre les potencies qui li son desots, e aquelles coses veres ateny en sí mateix segons sa natura. Les potencies qui son al entendiment desots, son la elementativa, vegetativa, sensitiva, imaginativa, qui son potencies del cors ab lo qual l'umà enteniment es conjunct. La segona manera es com l'enteniment entén sobre sí mateix, ço es a saber, sobre sa natura, atenyent veritat de les coses, lo qual atenyiment fa en vertut del object e en la natura d'aquell» (*Art amativa*, parte II, regla sexta, págs. 44-46). Cf. el texto latino: «Puncta transcendentia consideramus duobus modis: quorum primus est ascensus intellectus ad intelligendum vera super potentias eidem subjectas, quae vera attingit in se ipso secundum suam naturam; potentia vero, quae sunt subjectae intellectui, sunt hae: scilicet elementativa, vegetativa, sensitiva, imaginativa, quae sunt potentiae corporis, cum quo humanus intellectus est unitus. Secundus modus est transcen-

sus intellectus ultra vel supra propriam naturam, attingens veritatem rei in natura & virtute objecti» (Ars amativa boni, MOG VI, pág. 22). Para Colomer, los puntos transcendentes pueden ser resumidos en tres niveles (sensual-fantástico, espiritual y divino), que se corresponden con tres formas de demostración lógica. Estos tres niveles se corresponden, a su vez, con tres grados de comparación (básico, comparativo, superlativo) y con las tres formas lógicas de demostración (argumentum quia, propter quid, per aequiparantiam). Al ámbito sensible equivale el «argumentum quia», al espiritual el «propter quid» y al divino el «per aequiparantiam» (op. cit., pág. 78). A la última de ellas corresponde la figura simbólica A., que, como hemos visto, consiste en convertir a Dios con cada una de sus virtudes, así como entre ellas mismas, y éste, dice Colomer, es a un tiempo un discurso lógico y un método de contemplación espiritual. Nicolás de Cusa encontró un método del ascenso intelectual que tiene su paralelo en su obra *De docta ignorantia*. En el tercer nivel, el intelecto asciende hasta el Dios infinito, en donde todos los contrarios son superados (De docta ignorantia I, 12), dando por finalizado en este paso el ascenso. Se insiste en que el momento decisivo es el segundo paso, de lo sensible a lo imaginable. Tanto el método de ascenso de Llull como el de Nicolás de Cusa ofrecen un mismo transcenso de lo sensible-imaginable a lo inteligible, cuya necesidad hay que entender en el contexto de la polémica antiaverroísta que ocupó a Llull durante muchos años. El Cusano se encargó de anotarlo: «Argumenta Averroys contra fidei articulos soluta per Raymundum in libro praefacto», cit. por Colomer 1961, pág. 79, n. 62. En cualquier caso el Cusano insiste en el ascenso «super sensum et imaginationem» como condición de la filosofía y la contemplación. En el *De docta ignorantia* se adopta un método similar para superar la sensibilidad, la imaginación y la misma *ratio*, a fin de alcanzar la comprensión intelectual del Infinito: «Imaginativa, quae genus sensibilium non trascendit, non capit lineam posse triangulum esse, cum improportionabiliter ista in quantis differant. Erit tamen apud intellectum hoc facile» (De docta ignorantia, I, 14, pág. 27, cit. por Colomer 1975, pág. 156). Donde Llull habla de transcender el intelecto, el Cusano lo hace de la *ratio*. En cualquier caso, todos los niveles deben ser superados para alcanzar la contemplación intelectual de la divinidad. De esta manera, lo que en el nivel de lo meramente conceptual parece contradictorio, en Dios no halla oposición, estando en perfecta identidad. Según esto, el Cusano piensa en Dios como «coincidentia oppositorum», mientras que Llull supera lo meramente conceptual por medio de la fe. Sería interesante, con todo, ver hasta qué punto los sentidos espirituales-intelectuales del *Llibre de contemplació* experimentan el transcenso del intelecto (nivel intelectual-intelectual) por medio de una vía contemplativa y no meramente por la fe.

[256] También Platzeck 1962, vol. I, pág. 270, ve necesario este círculo marcado por los secretos: «Puncti transzendentes –die transcendenten Punkte betreffen die Grenzen der menschlichen Erkenntnis Vermögen: der sinnenhaften Vorstellung, des diskursiven und intuitiven Denkens. Jenseits der Grenzen liegen die Geheimnisse des Seienden. Solche Geheimnisse bieten sich in der untermenschlichen Natur dar, aber auch im eigenen Sein der menschlichen Natur, besonders jedoch im Sein, das die menschliche natur übersteigt». También en el análisis que este autor hace del *Liber de ascensu et descensu intellectus* podemos observar la importancia que se da al descenso sobre lo inteligible: «Man könn-

te wegen dieser Stufung zweifeln, ob die Kreisanlage für die gennanten fünf Ausdrücke berechtigt ist (sensibile, imaginabile, dubitabile, credibile, intelligibile). Sie wäre durchaus unberechtigt, wenn es von "intelligibile" keinen Rückweg mehr zum "sensibile" gäbe. Aber theoretische Physik, philosophische Kosmologie wie auch poetisch-symbolisches und theologisch-symbolisches Denken zeigen die Berechtigung der Relation vom "intelligibile" zum sensibile», id., pág. 380.

[257] Ruh 1990, pág. 387.

[258] Id., pág. 394.

[259] La expresión pertenece a Wittgenstein.

[260] Cf. Haas 1989b, pág. 24: «Noch anders und schärfer stellt sich das sprachproblem für alle christliche Mystik. Eine Religion wie die christliche, deren Logos-Charakter nicht hintergehbar ist, deren tiefste mystische Erfahrung in der Geburt des ewigen Wortes in der Seele des Menschen gesehen wird (und das ist hier nicht eine Metapher unter anderen möglichen!), deren entscheidendes Grund-Geschehen die historische Inkarnation des Wortes Gottes ist, kann nie und nimmer –auch in ihren sublimsten Abstraktionsbewegungen auf Erfahrung hin– den Verzicht auf Sprache leisten, als ob es sich dabei um eine blosse hülse handelte, die abfällt, damit die Süsse der Erfahrung sich verströme».

[261] Baruzi 1996, pág. xxxi: «Et pourtant, nous en disposons guère que de textes... c'est aux textes, et non aux êtres, que nous pouvons avoir recours»; McGinn 1995, pág. xv: «If mysticism needs to be understood contextually, and if the mystical text and its place in the tradition –not mystical experience (whatever it may be)– are the primary objects of study, we must still ask what mysticism is». Para una aproximación a los problemas generales de lenguaje y experiencia mística, véase Martín Velasco 1999, págs. 49-64.

[262] Baruzi 1996, pág. xxix: «Si nous suivons les mystiques eux-mêmes jusqu'aux ultimes phases du devenir décrit, ce n'est pas sur leur langage que nous mettrons l'accent, mais sur leur silence».

[263] Cf. Haas 1989b, págs. 28-29.

[264] Martín Velasco 1999, pág. 62: «El simbolismo nos revelaría, directamente acaso, un hecho que ningún otro modo de pensamiento nos hubiese permitido alcanzar. Y, por tanto, ya no habría traducción de una experiencia por un símbolo, habría, en el sentido estricto del vocablo, experiencia simbólica».

[265] Certeau 1982, pág. 217: «conversar», en el ámbito de la espiritualidad española (específicamente en el siglo XVI), significa conversar con Dios o conversar con los otros, es decir, la oración y el intercambio oral.

[266] Misch 1967, pág. 89. Tras la muerte de su autor, la *Vita Beati Raimundi Lulli* encontró una inmediata recepción, pero, al igual que había sucedido con otros espirituales de su tiempo que escribieron en vulgar, el lulismo sufrió también las reticencias por parte de la institución religiosa a aceptar los nuevos modos de lenguaje que se desprendían de la experiencia religiosa naciente en Europa. Con todo, el temor a la condena y a la mirada siempre atenta de la ortodoxia eclesiástica provocaron que la tendencia mística de la obra luliana quedara relegada en favor del aspecto enciclopedista y «artístico». Está todavía por ver, sin embargo, si en los seguidores de Llull del

Renacimiento y posteriores, como Nicolás de Cusa, Pico della Mirandola, Giordano Bruno, Agrippa von Netthesheim, Johannes Alsted, Athanasius Kircher o G. W. Leibniz, es posible separar tanto el núcleo de la mística del aspecto mnemotécnico que sirvió a las especulaciones sobre la «lingua universalis». En cualquier caso, la fascinación por los lenguajes lógicos del *Arte* ha tenido como contrapunto una falta de comprensión global de su pensamiento, de modo que la parte más técnica ha venido a funcionar como una máscara que oculta el verdadero asunto místico de la doctrina contemplativa, a la que las «artes de la memoria» de origen cabalista estaban, sin embargo, destinadas. De hecho, una de las principales aportaciones de Llull a la tradición es la comprensión del sistema cabalista judío en conjunción con la doctrina de las facultades –lo que constituiría una cábala cristológica–, y su uso en la contemplación mediante las técnicas sufíes de recitación. Éste es el aspecto de verdadera naturaleza ecuménica de su mensaje y no tanto un diálogo de religiones desde planteamientos eclesiásticos. La difusión del saber debía ser universal, pero su comprensión requería un contexto contemplativo e intelectual apropiado de donde surgiría el nuevo lenguaje. Sobre el lulismo renacentista, véase Carreras y Artau 1943, vol. II, y sobre la «kabbala» cristiana en esta época, Secret 1979 y también Idel 1997.

[267] Certeau 1982, pág. 220: «De diverses manières, l'énonciation qui détermine les élaborations "spirituelles" part du postulat que l'acte de connaître se situe dans le champ de la prière (ou, comme le disait déjà saint Anselme, dans le champ de l'invocatio)».

[268] Cf. Heiler 1969.

[269] Certeau 1982, pág. 220.

[270] «Novell saber hai atrobat;/ pot hom n'hom conèixer veritat/ e destruir falsetat./... Som hom vell, paubre, menyspreat,/ no hai ajuda d'home nat/ e hai trop gran fait emparat./ Gran res hai de lo món cercat;/ mant bon exempli hai donat:/ poc som conegut e amat./... Vull morir en pèlag d'amor», OE I, págs. 1301-1302; véase pág. 244.

[271] En efecto, como ha estudiado Hösle 1996, pág. 77, frente a la *Vita coaetanea*, que informa con claridad de las estaciones principales de la trayectoria vital, *Lo desconort* es fundamental para quien quiera profundizar en la personalidad de Llull.

[272] Id., pág. 93, «Wer also ist er? Es scheint mir offenkundig, dass der Eremit –Lull selbst ist, so scharf auch dieses Resultat mit der üblichen Struktur eines Tenso konstrartiert. Der eremit ist eine Projektion, durch die es Lull gelingt, sich selbst zu objektivieren, sich gleichsam von aussen zu beobachten».

[273] Id., pág. 99.

[274] NEORL II, pág. 5.

[275] La expresión es de Wittgenstein: «Theologie als Grammatik» (Philosophische Untersuchungen, n. 373).

[276] NEORL II, pág. 6.

[277] Acerca del simbolismo del árbol y su proyección en las religiones, véase J.-E. Cirlot 1997, págs. 89-92, y Eliade 1981[2], págs. 277-ss.

[278] NEORL II, págs. 12, 193-198.

[279] Cf. Domínguez 2000.

[280] Hemos puesto en otro lugar de relieve el aire comunitario de esta oración, cf. Vega

2000. Hames 1995 dice que se trata de la clásica invocación del nombre de Dios entre los cabalistas.

[281] NEORL II, pág. 207.

[282] Un texto muy elocuente de lo que aquí se dice es el del *Fèlix*: «Lo filosof dix al jueu aquestes paraules: "Lonc temps ha que jo, per filosofia, volia haver coneixença de Déu; e de l'obra que Déus ha en les creatures venia a coneixença per filosofia tan solament. Mas per la teologia que el senyor ermità ha dita en sa diputació la qual ha haüda ab tu, e per la filosofia que jo sé e que he oïda en ell, són vengut a coneixença de la trinitat de Déu; a la coneixença de la qual tu pots venir si sotsposes esser trinitat, e si has plaser en esser trinitat en Déu, car provar trinitat no és sens subposició, ni hom no pot provar trinitat a entendement rebel.la que sia en coratge de hom ergullós"», OS II, pág. 34.

[283] En el *Compendium* se decía que en lo intelectual quedan señalados los secretos de lo sensible, del mismo modo que en la «teoría» se hallan ocultos los secretos de la «práctica». El modelo de vida teórica se ha llegado a configurar gracias a los secretos sensibles de la revelación divina, pero ello constituye también un modelo de vida práctica. El esquema de los secretos es epistemológico y místico, pero su dimensión moral en la vida del individuo es fundamental, pues, aun cuando se pueda alcanzar la contemplación divina de las esencias, el tiempo histórico tiene su propio sentido y continuidad. En efecto, el modelo de vida teórica, que en Llull es la vida intelectual-espiritual, proporciona los secretos de la vida del cuerpo, de la vida sensible y, en definitiva, de la vida activa en referencia a la vida contemplativa o de sabiduría. En un esquema científico como el del *Ars*, el paso de lo inteligible a lo sensible no queda sino manifestado en forma simbólica, en la vida moral, en la oración y en la predicación. Pero tanto los «secretos» como los «puntos transcendentes» han mostrado también su intención místico-contemplativa en los tratados sobre la oración.

[284] «On, com açò, Sènyer, sia enaixí, doncs segons açò són figurades a l'humà enteniment tres figures d'oració. La primera és oració sensual, així com home qui nomena e parla adorant vostres vertuts e vostres honraments demanant a vós gràcia e perdó e benedicció; la segona és oració entel.lectual, així com home qui en sa oració vós remembra e.us entén e.us contempla membrant e entenent e volent vostres honraments e vostres vertuts; la terça és així com l'home qui fa bones obres e fa bé e usa de dretura e de misericòrdia e de veritat e de les altres vertuts», OE II, pág. 1005, 2.

[285] Cf. id., pág. 1005, 6.

[286] Cf. id., pág. 1005, 7 y 9.

[287] «Senyor humil, per lo qual mos ulls ploren e.l meu cor s'enamora! La terça figura d'oració se diu com hom fa bones obres e usa de vertuts, car tota hora que hom sia dreturer, e misericordiós, e vertader, e humil, e pacient, e continent e devot, vos adora hom e.us prega e.us reclama, jassia ço que en aquell temps hom no.us remembre ni.us entena e hom és remembrant e entenent e volent alcuna altra cosa dreturament e vertuosament», id., pág. 1006, 10.

[288] Cf. id., pág. 1007, 26.

[289] Cf. id., pág. 1008, 1.

[290] «Amorós Déus de glòria, lo vostre servidor adorant, soplegant a la vostra unitat

sancta, diu al firmament, e al sol, e a la luna, e a totes les esteles e a totes les vertuts creades en lo cel, que adoren e sopleguen a la vostra unitat gloriosa, e açò mateix diu als quatre elements e a tots los genres e les espècies e.ls indivíduus d'ells; car totes quantes coses són, Sènyer, són creades e sostengudes e beneficiades de la vostra sancta unitat, qui és mare de totes unitats e de totes pluritats creades; on, per açò lo vostre servidor adora de totes ses forces la vostra unitat amorosa», id., pág. 1009, 5.

[291] Cf. id., pág. 1009, 8.

[292] Cf. id., pág. 1040, 7.

[293] Cf. id., pág. 1064, 2.

[294] *Art Amativa*, ORL XVII, págs. 44-46; *Ars amativa boni*, MOG VI, págs. 22-23.

[295] Lohr 1986, pág. 11, y Vega 2000, págs. 766-767.

[296] Cf. Scholem 1998, págs. 155-ss., y Idel 1997 y 1998.

[297] Cf. Idel 1988, págs. 156-ss.

[298] Hames 1995, pág. 99: «The use of combination and visualization of letters in order to include mystical experience and indeed help one progress along the mystical path, culminating in the knowledge and combination of the different names of God, was popular in certain Kabbalistic circles with whose-members llull could have engaged in conversation in Barcelona and its environs».

[299] *Art breu*, OS I, pág. 577, y *Ars generalis ultima*, ROL XIV, pág. 346; cf. Hames 1995, pág. 101.

[300] Cf. Vega 2000.

[301] *Blanquerna*, págs. 100-ss.

[302] Id., pág. 101, cf. también págs. 102-103.

[303] Id., pág. 104.

[304] Ibidem.

[305] Ibidem. Hay que observar la gran semejanza que mantiene esta explicación con la de santa Teresa en el *Libro de la Vida*.

[306] Cf. «Estant en oració, devem remembrar, entendre, amar, les virtuts e les obres de Déu, e ab fe, esperança, caritat, justícia, saviea, força, temprança, devem ordenar nostra ànima e nostre cors per tal que pusquem en alt pujar memòria, enteniment e volentat a contemplar e a desirar sa glòria; e enaprés cové que membrem e entenam e desamem nostres colpes e la viltat d'aquest món», *Blanquerna*, id., pág. 105.

[307] Cf. págs. 262-ss. «Companyos e senyors, amics, fills amables –dix l'apostoli als cardenals–: per la passió de Jesucrist a honrar, vos requir que m'ajudets a tractar com tots los llenguatges qui són puscam tornar a un tan solament; cor si no és mas un llenguatge, seran les gents entenents los uns los altres, e, per l'enteniment, amar s'han e pendran-ne mills semblants costumes en les quals se concordaran. E per aquest tractament, los nostres preïcadors iran als infeels pus ardidament e pus secreta, e enans n'entenran veritat de la vida salutable; e per aquest negoci pot tot lo món venir en bon estament, on poden ésser los errats aduits a convertimen», id., pág. 264.

[308] Badia 1992, pág. 99.

[309] *Blanquerna,* pág. 270.

[310] Cf. Ueda 1994.

[311] Sobre la noche como motivo de contemplación mística, véase Haas 1999, págs. 55-56.

[312] *Blanquerna*, págs. 273-274.

[313] Cf. Schimmel 1985, pág. 22.

[314] Cf. Valente 1991, pág. 242.

[315] *Blanquerna*, pág. 274.

[316] Haas 1998, págs. 13-34.

[317] A pesar de la inmensa dificultad por establecer una tipología conjunta de los estados de éxtasis y de los modelos de «unio mystica» en las diferentes tradiciones, tampoco parece ser éste el momento más perfecto de conocimiento o iluminación, pues tras él siempre queda el retorno a la vida, como también vemos en el «jivanmukta» (liberado en vida) indio.

[318] Cf. Nishitani 1999, págs. 53-ss.

[319] Citamos, según traducción nuestra, entre paréntesis a partir de la edición crítica de Soler. Cf. también n.º 149.

[320] Cf. «Demanaren a l'amich qual cosa era benança. Respòs que malanança sostenguda per amor. –Digues, foll, quina cosa és malanança? –Membrança de les desonors qui són fets a mon amat, digne de tots honraments», n.º 65.

[321] Cf. n.ᵒˢ 51, 22.

[322] «No' ha en l'amat nulla cosa en què l'amich no aja ànsia e tribulació. Ni l'amich no ha cosa en si en què l'amat no aja plaer e senyoria. E per açò la amor de l'amat és en acció e l'amor de l'amich en languiment, passió», n.º 110.

[323] Cf. Valente 1991, pág. 241.

[324] Id., pág. 243.

[325] Ibid. Cf. Massignon 1999, pág. 103: «Se puede objetar que no se trata aquí de un lenguaje corriente, sino de su consumación apocalíptica. Y que, mientras tanto, no se puede mantener la memoria del Encuentro, del diálogo con Dios, sino entrando "en la noche del símbolo". Y que los símbolos que enmarcan la meditación se vuelven cada vez más abstractos, como ha advertido san Francisco de Sales, para aquellos que se ejercitan asiduamente en ello. De tal modo que el lenguaje, primitivamente "inspirado", desemboca en fórmulas cuasi algebraicas de una logística, o, para los que no saben, de una retórica, de un género literario. Algunos exégetas se ven atrapados ahí, como aquellos que reducen la acción de gracias a un "encantamiento", las bienaventuranzas del Sermón de la Montaña a un "recitativo rítmico", el paso del mar Rojo a un ardid hidráulico. Reduciendo el rito a lo instrumental, y a Dios a un demiurgo retórico, cuando su existencia es el milagro de los milagros».

[326] *Art breu* X 74, OS I, págs. 975-976.

[327] OE I, pág. 842. «Quaestio est petitio ignota. Hoc est petere aliquid, quod homo non intelligit, sed intelligere diligit», *Logica nova* I, 6, pág. 26.

[328] OS II, pág. 22; cf. también pág. 27: «Per una aforest en la qual un ermità estava, passà un cavaller cavalcant en son cavall, guarnit de totes armes, lo qual cavaller encintrà lo ermità qui cullia de les herbes ab què vivia en aquell ermitatge. Aquell cavaller demanà a l'ermità què era Déu: e lo ermità respòs e dix que Déus és ço per què és creat e ordonat tot quant és; e Déus és ço que ressuscitarà los hòmens bons e mals, e darà glòria per

tots temps als bons hòmens e pena als mals; e Déus és aquella cosa qui fa ploure e florir e granar, e que dóna vida e sosteniment a tot quant és».

[329] Id., pág. 70.

[330] Cf. Schneider 1998, págs. 17-ss.

[331] OS II, pág. 72.

[332] Tras el suceso en el que la pastora, que confiaba en la bondad divina, es devorada por un lobo, el texto sigue: «Dementre que Fèlix en açò cogitava e.s meravellava de Déu, qui a la pastora no hac ajudat, pus que en ell se confiava, caec en gran temptació, e dubtà en Déu, e hac opinió que Déu no fos res, car semblant li fo que si Déus fos res, que a la pastora ajudàs», OS II, pág. 21.

[333] Id., pág. 38.

[334] Ibid.

[335] Cf. Nishitani 1999, cap. 2.

[336] OS II, pág. 84: «Cant Fèlix fo partit del rei e del pastor, ell se mès en la via, e venc en aquella vila on estaven los dos fills del rei».

[337] Id., pág. 85: «Dels quatre elements, lo foc és simple element en quant ha pròpia forma e pròpia matèria, la qual forma e matèria ha apetit la un a esser en altre, sens mesclament de nengun element; e açò mateix se segueix de la simplicitat que és en los altres elements, ço és saber, àer, aigua e terra; car tots los elements són mesclats, e cascun està en l'altre. E per açò lo foc simple no pot esser en loc sens los altres elements, ab los quals se compon donant sa calor e l'àer, e reebent secor de la terra, e escalfant l'aigua, per ço que la destruesca; e escalfant lo foc la àer, escalfa l'aigua, car l'àer dóna humiditat escalfada a la aigua, e la aigua la resep, que mortifica la fredor de la aigua; la qual aigua mortifica en si mateixa aquella calor, la qual calor passa a la terra qui de la aigua resep fredor, en la qual fredor la terra resep la calor del foc entrada en la aigua per la àer. Aquella terra resep humiditat de la aigua, reebent d'ella fredor, la qual humiditat entra en la aigua reebent de l'àer humiditat; la qual humiditat contradiu en la terra a secor, ab la qual secor mortifica la terra la humiditat de l'àer; e, resebent lo foc de la terra secor, resep en si la humiditat de l'àer que passa en la aigua, e resep la freor que passa en la terra, e recobra la calor que mès en la àer, e que la àer mès en la aigua, e que l'aigua mès en la terra, e que la terra mès en lo foc; la qual calor és digesta e mortificada con és passada per tots los altres elements».

[338] Acerca de la relación de los elementos con el simbolismo del número cuatro, cf. Zolla 1991, págs. 25-ss.

[339] Cf. OE II, pág. 802.

[340] Id., pág. 111: «En aquell dia que Jesucrist venc cavalcant humilment sobre la somera, fo significat que Déus participa, en la natura humana de Crist, ab totes creatures; car per lo cors de Jesucrist fo significat que los arbres participaven ab la vegetativa de Crist, per ço car volia que la vegetativa dels arbres faés honrament al seu cors, on és vegetable natura. E per la somera fo significat que la virtut sensitiva de Crist e dels animals inracionals, és una en creació. E per los hòmens qui feien a Crist reverència e honor, fo significat que Crist era en semblant natura humana ab ells. E car Crist és una persona en què són dues natures, ço és saber Déus e hom, per ço volc Déus que aquell dia totes creatures faessen reverència a la deïtat e humanitat de Crist».

[341] Id., pág. 114.

[342] Jauss 1989, pág. 25.

[343] El *Llibre de les bèsties* está construido con materiales diferentes: las aventuras de los chacales Calila y Dimna en la corte del León, procedentes de la India y llegadas a Europa a través de versiones griegas, hebreas y árabes, y el «Roman de Renart» francés (siglos XII-XIII), nacido de fuentes latinas. Cf. Bonner/Badia 1988, pág. 138.

[344] OS II, pág. 143: «Sènyer –dix lo Bou–, natura és dels reis dels hòmens, con trameten lurs missatgers, que.ls trameten de lur consell e dels pus nobles qui sien en son consell. Los pus nobles consellers que vós havets, m'és semblant que sien la Onça e lo Leopard. De la altra part lo gat és en semblança de vostra image, e lo rei tenrà-s'ho a gran gràcia, si vós li trametets per joies lo gat e lo ca; lo gat per çó com és a vós semblant, e lo ca per ço que en caç, car los hòmens se alten molt de caça».

[345] Cf. Zambon 1984.

[346] Canta 1947, vol. I, pág. 103, cit. por Jaffé 1983, pág. 213.

[347] James 1986, págs. 207-213.

[348] «Faktische Lebenserfahrung», cf. Heidegger 1995, págs. 11-ss.

[349] Luhmann/Fuchs 1989, págs. 104-106.

[350] Pereira 1987.

[351] Certeau 1982, pág. 133.

[352] Id., pág. 135.

[353] Tanabe 1986 destaca esta «filosofía que no es una filosofía» vista como la autorrealización de la consciencia metanoética, pág. li.

[354] Una «lógica del topos» como principio de una filosofía religiosa es el proyecto del último Nishida 1999.

[355] V. Cirlot 2001.

[356] Cf. Ueda 1994.

[357] Mancini 1991, pág. 11.

[358] Enders 1998.

[359] Muchas de las peculiaridades de los nuevos modos de lenguaje en la filosofía de Heidegger, por ejemplo, hay que verlos en la perspectiva de las tradiciones místicas que tan bien conocía el pensador de la Selva Negra.

Bibliografía

I. Abreviaturas utilizadas y obras de Ramon Llull

MOG: *Raymundi Lulli Opera Omnia*, ed. de Ivo Salzinger, 8 vols., Moguntia 1721-1742; n. e. Francfort del Main 1965.

NEORL: *Nova Edició de les Obres de Ramon Llull*, Palma de Mallorca 1990-ss.

OE: *Ramon Llull, Obres Essencials*, 2 vols., Barcelona 1957.

ORL: *Obres de Ramon Llull*, ed. de S. Galmés y otros, 21 vols., Palma de Mallorca 1906-1950.

OS: *Obres Selectes de Ramon Llull*, 2 vols., ed. de Antoni Bonner, Palma de Mallorca 1989.

ROL: *Raimundi Lulli Opera Latina (Corpus Christianorum, Continuatio Mediaevalis)*, ed. de F. Stegmüller y otros, Turnhout 1959-2001.

SL: *Studia Luliana*, Palma de Mallorca.

Blanquerna: Ramon Llull, *Llibre d'Evast e Blanquerna*, ed. de M. J. Gallofré, prólogo de L. Badia, Barcelona 1987.

Breviculum: *Breviculum seu Electorium Parvum Thomae Migerii* (Le Myésier), ed. de Ch. Lohr, T. Pindl-Büchel y A. Büchel, ROL, Suplementi Lulliani, tomus I, Turnholti 1990.

Compendium: *Raimundus Lullus. Compendium logicae Algazelis*, tesis doctoral, Friburgo de Brisgovia 1967.

Lògica, en: J. Rubió i Balaguer, *Ramon Llull i el lul.lisme*, Barcelona 1985.

Antología de Ramón Llull, ed. de M. Batllori, trad. de A. M.ª de Saavedra y F. de P. Samaranch, 2 vols., Madrid 1961.

Ramon Llull, *Llibre d'amic i amat*, ed. de A. Soler, Barcelona 1995.

Ramon Llull, *Autobiografía*, ed. de M. Batllori, trad. A. M.ª de Saavedra, Barcelona 1987.

Ramon Llull, *Doctrina pueril*, ed. de Gret Schib, Barcelona 1972.

Ramon Llull, *Die neue Logik/Logica Nova*, ed. de Ch. Lohr, trad. e intr. de V. Hösle, Hamburgo 1985.

Ramon Llull, *Libro de amigo y amado*, trad. y notas de M. de Riquer, Barcelona 1985.

Ramon Llull, *Antologia filosòfica*, ed. de M. Batllori, Barcelona 1984.

Ramon Llull, *Llibre del gentil e dels tres savis*, NEORL II, ed. de A. Bonner, Palma de Mallorca 1993.

Ramon Llull, *El desconsuelo*, trad. de M. de Riquer, Barcelona, Madrid, Lisboa 1950, págs. 128-160.

II. Bibliografía luliana citada

Badia, L.

1991: *Teoria i pràctica de la literatura en Ramon Llull*, Barcelona.

Batllori, M.

1993: *Obra completa, vol. II: Ramon Llull i el lul.lisme*, Valencia.

Bonner, A./Badia, L.

1988: *Ramon Llull. Vida, pensament i obra literària*, Barcelona.

Carreras y Artau, T. y J.

1939: *Historia de la filosofía española. Filosofía cristiana de los siglos XIII al XV*, vol. I, Madrid.

1943: vol. II, Madrid.

Colomer, E.

1961: *Nikolaus von Kues und Raimund Lull. Aus handschriften der kueser Bibliotek*, Berlín.

1975: *De la Edad Media al Renacimiento*, Barcelona.

1997: *La filosofia als Països Catalans durant l'Edat Mitjana i el Renaixament*, Barcelona.

Domínguez, F.

1986: «El *Libre d'amic e amat*. Reflexions entorn de Ramon Llull i la seva obra literària», en *Randa* 19, págs. 111-135.

1987: «Idea y estructura de la *Vita Raymundi Lulli*», en SL 27, págs. 1-20.

1999: «Der Religionsdialog bei Raimundus Lullus», en *Gespräche lesen. Philosophische Dialoge im Mittelalter*, ed. de K. Jacobi, Tubinga.

2000: «Philologia sacra», *Explicatio mundi. Aspekte theologischer Hermeneutik*. Festschrift für W. J. Hoye, R. Mokrosch, K. Reinhardt, ed. de H. Schwaetzer y H. Sthal-Schwaetzer, Regensbrug, págs. 35-64.

Gayà, J.

1979: *La teoría luliana de los correlativos*, Palma de Mallorca.

1980: «De conversione sua ad poenitentiam. Reflexiones ante la edición crítica de *Vita coaetanea*», en SL 24, págs. 87-91.

1982: *Ramon Llull*, Palma de Mallorca.

1994: «Ascensio, Virtus: dos conceptos del contexto original del sistema luliano», en SL 34, págs. 3-49.

Hames, H. J.

1995: *Judaism in Ramon Llull (1232-1316). Dissertation submited for the degree of Doctor of Philosophie*, Sydney Sussex College, octubre.

Hillgarth, J.

1998: *Ramon Llull i el naixement del lul.lisme*, Barcelona.

Hösle, V.

1996: «Rationalismus, Intersubjektivität und Einsamkeit: Lull's *Desconort* zwischen Heraklit und Nietzsche», en *Philosophiegeschichte und objektiver Idealismus*, Munich, págs. 75-100.

Idel, M.

1988: «Ramon Lull and Ecstatic Kabbalah», en *Journal of the Warburg and Courtauld Institutes*, vol. 51, págs. 170-174.

1997: «Dignitates and Kavod: two theological concepts in catalan mysticism», en SL 36, págs. 69-78.

Llabrés Martorell, P.

1968: «La conversión del Beato Ramón Llull, en sus aspectos histórico, psicológico y teológico», en SL 12, págs. 161-173.

Lohr, Ch.

1967: *Raimundus Lullus. Compendium logicae Algazelis*, Phil. Diss., Friburgo de Brisgovia.

1986: «Ramon Llull: Christianus arabicus», SL 19, págs. 7-33.

1988: «Metaphysics», en *The Cambridge History of Renaissance Philosophy*, ed. de Ch. B. Schmitt, Londres, págs. 535-638.

Misch, G.

1967: Geschichte der Autobiographie, 4 Band/1 Hälfte: «Die Selbstzeugnisse des Raimund Llull», Francfort del Main, págs. 55-89.

Pereira, M.

1987: «La leggenda di Lullo alchimista», en SL 27, págs. 145-163.

Platzeck, E. W.

1962: *Raimund Lull, Sein Leben-seine Werke, die Grundlagen seines Denkens*, 2 vols., Bibliotheca Franciscana 6, Düsseldorf.

1964: «Descubrimiento y esencia del arte del Bto. Ramón Llull», en SL 8, págs. 137-154.

1978: «La contemplación religiosa de Ramón Llull en los primeros años de su actividad literaria (1271-1276)», en SL 22, págs. 87-115.

Pring-Mill, R.

1991: *Estudis sobre Ramon Llull*, Barcelona.

Rossi, P.

1983: *Clavis universalis. Arti mnemoniche e logica combinatoria da Lullo a Leibniz*, Milán.

Urvoy, D.

1980: *Penser l'Islam. Les présupposés islamiques de l'Art de Lull*, París.

Vega, A.

1989: «Lógica y monadología: algunos aspectos de la herencia luliana en G. Bruno y G. W. Leibniz», en SL 29, págs. 59-75.

1992: *Die Sinnlichkeit des Geistigen, die Geistigkeit des Sinnlichen und die metaphorische Sprachverwendung bei Ramon Llull*, Phil. Diss., Friburgo de Brisgovia.

1995: «Sprache des Denkens, Sprache des Herzens. Zur mystischen Topologie der Bedeutung bei Ramon Llull», en *Aristotelica et Lulliana*, Festschrift Charles H. Lohr (Instrumenta Patristica XXVI), ed. de F. Domínguez, R. Imbach, T. Pindl y P. Walter, La Haya, págs. 443-454.

2000: «Die religiöse Imagination bei Ramon Llull. Elemente für eine Theorie des kontemplativen Gebets», en *Deutsche Mystik im abendländischen Zusammenhang*, ed. de W. Haug y W. Schneider-Lastin, Tubinga, págs. 749-772.

Yates, F.

1974: *El arte de la memoria*, Madrid.

1985: *Assaigs sobre Ramon Llull*, Barcelona.

Otras obras citadas

Balthasar, H.-U. von

1985: *Gloria. Una estética teológica*, vol. I, Madrid.

1998: *La oración contemplativa*, Madrid.

Baruzi, J.

1996: «Introduction à des recherches sur le langage mystique», en *Encyclopédie des Mystiques*, vol. I, París.

Benz, E.

1969: *Die Vision. Erfahrungsformen und Bilderwelt*, Stuttgart.

Brian Stock, M.

1998: «La connaissance de soi au Moyen Âge», en *Collège de France* 144, París.

Brown, P.

1993: *El cuerpo y la sociedad*, Barcelona.

Burckhardt, T.

1975: *La civilización hispano-árabe*, Madrid.

Certeau, M. de

1975: *L'écriture et l'histoire*, París.

1982: *La fable mystique* 1, París.

Cirlot, J.-E.

1997 (1.ª ed. 1969) *Diccionario de símbolos*, Madrid.

Cirlot, V.

1996: *Les cançons de l'amor de lluny de Jaufré Rudel*, Barcelona.

2001 (2.ª ed.): *Vida y visiones de Hildegard von Bingen*, Madrid.

Cirlot, V./Garí, B.

1999: *La mirada interior. Escritoras místicas y visionarias en la Edad Media*, Barcelona.

Corbin, H.

1981: «De Heidegger à Sohravardî», en *L'Herne*, París, págs. 23-56.

1983: *La imaginación creadora en el sufismo de Ibn'Arabî*, Barcelona.

1986: *Histoire de la philosophie islamique*, París.

1995: *El hombre y su ángel*, Barcelona.

Dinzelbacher, P.

1994: *Christlicher Mystik im Abendland*, Paderborn, Munich, Viena, Zurich.

Duch, L.

1984: *Religió i món modern*, Barcelona.

Eliade, M.

1979: *Historia de las creencias y de las ideas religiosas, vol. II: De Gautama Buda al triunfo del cristianismo*, Madrid.

1981: *Tratado de historia de las religiones*, Madrid.

Enders, M.

1998: «Heinrich Seuses Konzept einer geistlichen Philosophie», en *Heinrich Seuse- Diener der Ewigen Weissheit*, ed. de J. Kaffanke, Friburgo de Brisgovia, págs. 46-86.

Ess, J. van

1992: «Déu en l'islam», en *El Déu de les religions, el Déu dels filòsofs*, ed. de A. Vega, Barcelona, pág. 49.

Flasch, K.

1989: *Aufklärung im Mittelalter? Die Verurteilung von 1277*, Maguncia.

Fromaget, M.

2000: *Dix essais sur la conception anthropologique «corps, âme, esprit»*, París, Montreal.

Haas, A. M.

1989a: *Gottleiden, Gottlieben*, Francfort del Main.

1989 (2.ª ed.)b: «Mors mystica», en *Sermo mysticus. Studien zu Theologie und Sprache der Deutschen Mystik* (Dokimion 4), Friburgo (Suiza), págs. 507-ss., y también 392-480.

1989 (2.ª ed.)b: «Mystische Erfahrung und Sprache», en *Sermo mysticus. Studien zu Theologie und Sprache der Deutschen Mystik* (Dokimion 4), Friburgo (Suiza), págs. 19-36.

1994: «Correspondance entre la pensée eckhartienne et les religions orientales», en *Voici Maître Eckhart*, ed. de E. Zum Brunn, Ginebra, págs. 373-383.

1995 (2.ª ed.): *Meister Eckhart als normative Gestalt geistlichen Lebens*, Friburgo (Suiza).

1996 (2.ª ed.): *Kunst rechter Gelassenheit*, Berna.

1998: «La nada de Dios y sus imágenes explosivas», en *Nada, mística y poesía*, ed. de V. Cirlot y A. Vega, Barcelona.

1999: *Visión en azul. Estudios de mística europea*, Madrid.

Heidegger, M.

1995: *Phänomenologie des religiösen Lebens* (Gesamtausgabe 60), Stuttgart.

Heiler, F.

1969, *Das Gebet*, Munich, Basilea.

Jaffé, A.

1983: *C. G. Jung. Bild und Wort. Eine Biographie*, Friburgo de Brisgovia.

James, W.

1986: *Las variedades de la experiencia religiosa*, Barcelona.

Jauss, H. R.

1989: *Alterità e modernità della letteratura medievale*, Turín.

El Libro de los veinticuatro filósofos (2000): Madrid.

Luhmann, N./Fuchs, P.

1989: *Reden und Schweigen*, Francfort del Main.

Mancini, I.

1991 (3.ª ed.): *Filosofia della religione*, Génova.

Martín Velasco, J.

1999: *El fenómeno místico. Estudio comparado*, Madrid.

Massignon, L.

1975: *La passion de Hallaj*, 5 vols., París.

1997: *Les trois prières d'Abraham*, París.

1999: *Ciencia de la compasión. Escritos sobre el Islam, el lenguaje y la fe abrahámica*, ed. de J. Moreno Sanz, Madrid.

McGinn, B.

1995: *The Pressence of God. A History of Western Christian Mysticism, vol. I: The Foundations of Mysticism*, Nueva York.

1998: *The Pressence of God. A History of Western Christian Mysticism, vol. II: The Flowering of Mysticism*, Nueva York.

Nishida, K.

1999: «Ortlogik und religiöse Weltanschauung», en *Logik des Ortes*, ed. de R. Elberfeld, Darmstadt, págs. 204-284.

Nishitani, K.

1999: *La religión y la nada*, Madrid.

Otto, R.

1980: *Lo santo*, Madrid.

Panikkar, R.

1999: *La intuición cosmoteándrica*, Madrid.

Rahner, K.

1975: «Die Lehre von den "Geistlichen Sinnen" im Mittelalter», en *Schriften zur Theologie*, vol. XII, Zurich, Einsiedeln, Colonia, págs. 137-172.

Riquer, M. de

1975: *Los trovadores*, vol. I, Barcelona.

Ruh, K.

1990: *Geschichte der abendländischen Mystik, vol. I: Die Grundlegung durch die Kirchenväter und die Mönchstheologie des 12. Jahrhundert*, Munich.

1993: Id., *vol. II: Frauenmystik im Abendland*, Munich.

Secret, F.

1979: *La kabbala cristiana en el Renacimiento*, Madrid.

Schimmel, A. M.

1985: *Mystische Dimensionen des Islam*, Colonia.

1993: *The Mystery of Numbers*, Nueva York, Oxford.

Schneider, M.

1998 (2.ª ed.): *El origen musical de los animales-símbolos en la mitología y la escultura antiguas*, Madrid.

Tanabe, H.

1986: *Philosophy as Metanoetics*, Berkeley, Los Ángeles, Londres.

Ueda, Sh.

1994: «The Practice of Zen», en *The Eastern Buddhist*, New Series, vol. XXVII, 1, págs. 10-20.

Valente, J. Á.

1991: *Variaciones sobre el pájaro y la red, precedido de «La piedra y el centro»*, Barcelona.

Vega, A.

2001 (3ª. ed.): ed. y trad., *Maestro Eckhart. El fruto de la nada*, Madrid.

Weinrich, W.

1999: *Leteo. Arte y crítica del olvido*, Madrid.

Weintraub, K.

1982: *La formación de la individualidad*, Madrid.

Wittgenstein, L.

1984: *Philosophische Untersuchungen*, Francfort del Main.

Wolfson, H. A.

1935: «The internal senses in latin, arabic, and hebrew philosophic texts», en *Harvard Theological Review* XXVIII, n.º 2, págs. 69-133.

Zambon, F.

1984: «Teologia del Bestiario», en *Mvsevm Patavinvm*, año 2, n.º 1, Florencia, págs. 23-51.

Zolla, E.

1991: *Le meraviglie della natura. Introduzione all'alchimia*, Venecia.

Tabla cronológica[*]

1229 Jaime I conquista Ciudad de Mallorca.

1232 Nacimiento de Llull en Ciudad de Mallorca.

1257 Llull en la corte del príncipe Jaime, a quien su padre Jaime I había concedido Mallorca. Boda con Blanca Picany, de quien tendrá dos hijos.

1263 Primeras visiones de la cruz y conversión. Llull tiene unos treinta años.

1264 Peregrinaciones a Santiago de Compostela y Santa María de Rocamadour.

1265 De paso por Barcelona conoce a san Raimon de Penyafort, que le aconseja no marchar a París y retornar a Mallorca.

1265-1274 Primer silencio en la vida de Llull. Probablemente se dedica al estudio del árabe.

1271-1272 *Compendium logicae Algazelis* (en árabe).

1274 *Llibre de contemplació en Déu* (en árabe). Revelación de la montaña de Randa, en la que se le transmite la manera y la forma de su *Arte*, cuya primera redacción es el *Ars compendiosa inveniendi veritatem*. Llull tiene cuarenta y dos años. Escribe el *Llibre del gentil i dels tres savis*.

1274-1275 Viaje a Montpellier, en donde el *Llibre de contemplació* es aprobado por un franciscano por encargo del príncipe Jaime.

1276 A la muerte de Jaime I, su hijo el príncipe pasa a ser Jaime II de Mallorca. Fundación del colegio de lenguas orientales de Miramar, inspirado por Llull bajo el patrocinio de Jaime II.

1276-1287 Segundo silencio en la vida de Llull.

1282 Vísperas sicilianas.

1283 *Blanquerna* y *Llibre d'amic i amat*.

1287 Primera estancia de Llull en Roma. No llega a ver a Honorio IV, que había muerto.

[*]Para más datos sobre el contexto histórico, cf. Hillgarth 1993, págs. 21-24.

1287-1289 Primera visita a París. *Fèlix o Llibre de meravelles.* Llull tiene cincuenta y cinco años.

1289 Estancia en Montpellier. Simplificación del *Arte.*

1290 Contacto de Llull con los espirituales italianos.

1291 18 de mayo: caída de San Juan de Acre.

1291-1292 En Roma.

1292-1293 Crisis en Génova. Llull tiene sesenta años. Primera misión al norte de África. Túnez.

1294 En Nápoles, Mallorca y Barcelona.

1295-1296 En Roma y Agnani. *Arbre de ciència. Lo desconort.*

1297-1299 Segunda visita a París. *Arbre de filosofia d'amor.* Llull tiene sesenta y cinco años.

1299 En Barcelona.

1300-1301 Estancia en Mallorca.

1301 Viaje a Chipre. Conoce al Gran Maestre de los Templarios.

1302 Viaje a Armenia Menor, Jerusalén y Génova, pasando por Mallorca.

1303-1305 Entre Génova y Montpellier.

1305 Montpellier, *Liber de ascensu et descensu intellectus.* Visita a Barcelona.

1306 Tercera visita a París. Llull tiene setenta y cuatro años.

1306-1307 En Mallorca.

1307 Segunda misión al norte de África. Bugía. Prisionero durante seis meses. Una vez expulsado del lugar, el barco en el que viajaba naufraga frente a Pisa.

1308 En Montpellier y Pisa. *Ars brevis. Ars generalis ultima* (comenzada en Lyon en 1305). Probable contacto con Arnau de Vilanova en Marsella.

1309 *Liber de acquisitione Terrae Sanctae.* Llull partidario de la cruzada contra Constantinopla y de la destrucción de los Templarios. En Avignon.

1309-1311 Cuarta visita a París. Obras antiaverroístas.

1310 Cuarenta maestros y bachilleres en artes y medicina de la Universidad de París aprueban el *Ars brevis.*

1311 Redacción de la *Vita coaetanea* en la Cartuja de Vauvert, en los actuales Jardines de Luxemburgo en París.

1311-1312 Viaje al concilio de Vienne. Llull tiene unos ochenta años.

1312 En Montpellier.

1312-1313 En Mallorca. Redacción del testamento (26 de abril de 1313) en el que expone su voluntad de que sus libros se repartan a su muerte entre París, Pisa y Mallorca.

1313-1314 En Mesina.

1314-1315 Tercera misión al norte de África, durante la cual dedica obras al rey de Túnez.

1316 En marzo, hacia los ochenta y cuatro años de edad, Llull muere seguramente en Mallorca.

ISBN: 84-7844-600-1
Depósito legal: M-11.297-2002
Impreso en Rigorma Grafic, S. L.